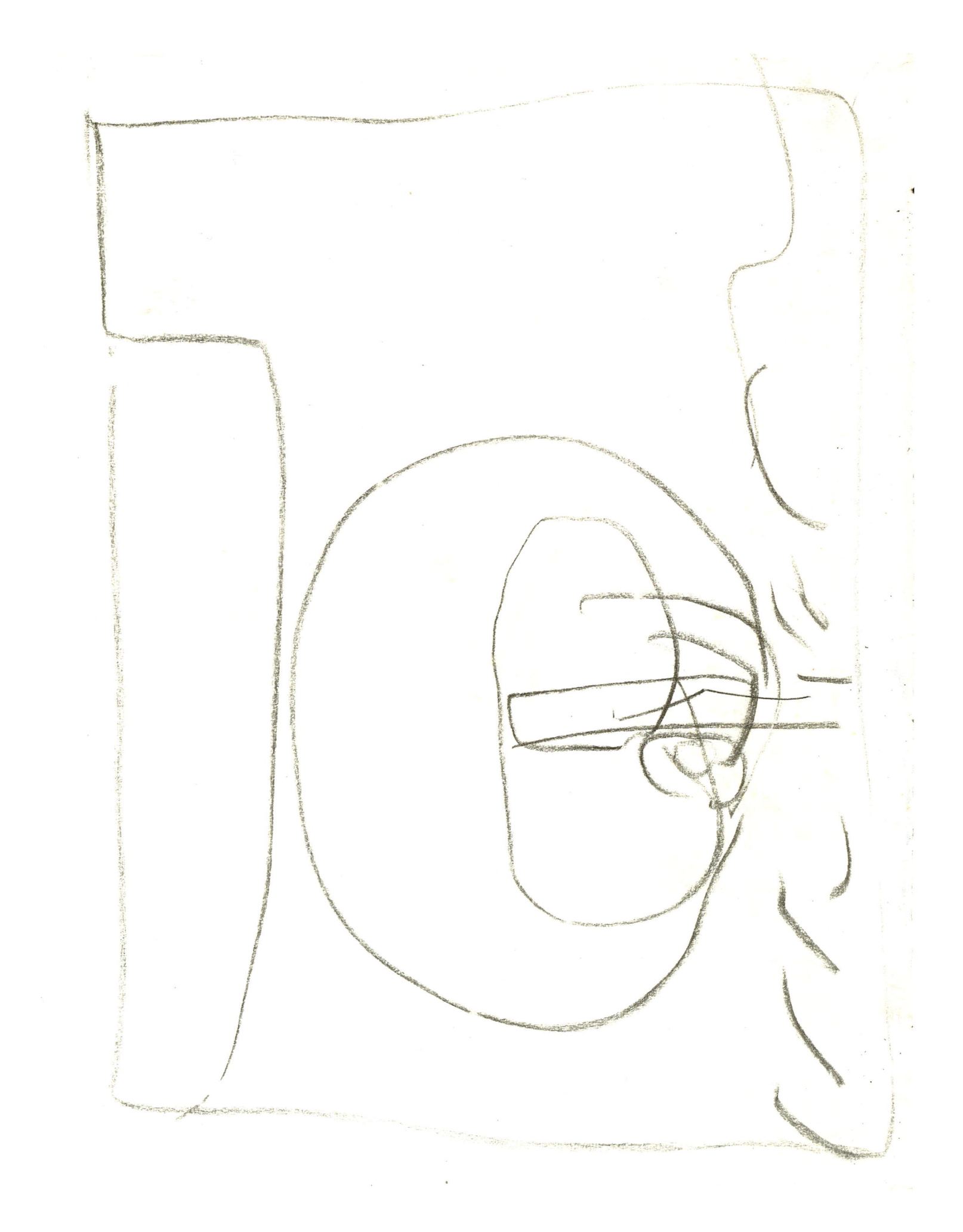

22. Sept

weitergearbeitet, 2 farbige Versuche, 1 grosse Zeichnung, aber die kleinen Skizzen sind intensiver, es steckt mehr Imagination in ihnen ..

23. Sept

Ich lernte den Fischer ‹Haus› kennen. Bevor ich die Arbeit begann fahr ich zum Harbour. Es ist furchtbares Wetter. Es giesst in Strömen. dazu bläst ein Wind, er kommt von Westen. Ganze Schwaden von Nebel ziehen über das Moor. Im Nu verschwindet jede Kontur.

Haus spricht von den schlechten Absatzmöglichkeiten der Fischer. Bei grossen Fängen müssen sie oft einen grossen Teil dem Meer zurückgeben. Es fehlen Transportmittel für schnelle Beförderung, ausserdem sind die Iren keine Fischverzehrende Nation. Kartoffel + Schweinefleisch bilden das Hauptgewicht, hier in Achill.

Ich arbeite einige Stunden und die letzten Versuche sind das beste was ich bis dahin machte. Leider sind sie klein. Farbstiftzeichnungen. Es regnet — regnet. Ich stelle den leeren Wassereimer vor die Türe, er ist in einer Stunde zur Mitte gefüllt. Überall zwischen den dunkeln, schwarzvioletten Torfstichen glänzen Wassertümpel. Das Dorf ist Abends nicht beleuchtet und da jegliches Licht im Westen fehlt, wirkt alles Trostlos. Doch daheim sind alle froh, Lotti hat ihr erstes Brot gebacken.

25. Sept. Ich habe soeben unser Haus geschlossen mit solch einem Schlüssel. wie eine Standarte alter Fürsten. Der heutige Tag begann mit Haushalt arbeiten. Charlotte ist leidend. Hexenschuss. Ich bin am späten Vormittag zu den nahen Cliffs gegangen. und Mittag nochmmal, doch auf der Seite, wo mein Atelier steht. Es ist grossartig, den Formen der Natur nachzuspüren. Stunden sind vergangen — mit Skizzieren und entdecken. Ich war zu voll von Eindrücken. So dass ich zurück ins Atelier, krampfhaft versuchte einiges und doch zu vieles nachzuzeichnen. Alles misslang, doch bin ich daran für mich neues zu schaffen. Wenn ich genug Kraft besitze muss es mir gelingen. Wir haben die Betten neu gestellt

Achill Island, Eintragung ins Skizzenbuch, 1958

Hans Heinz Holz

Hans Falk
Ein Leben – Das Werk

Auf dem Wege
Seite 10
Die Kraft des Archaischen
Seite 34
Londoner Intermezzo
Seite 54
New York – Klärung und Härte
Seite 68
Ankunft
Seite 102
Ernte
Seite 114
Polyphone Satzgefüge
Seite 124
Leuchten eines Lebens
Seite 140
Meisterschaft des Zeichnerischen
Seite 152
Spiel der Körper
Seite 171
Transvestie
Seite 182
Glück des Auges
Seite 183

Weltwoche-ABC-Verlag

Autorenverzeichnis

Hans Falk	Tagebucheintragung, Seite 14
Fritz Billeter	Monographie Hans Falk, ABC-Verlag, Zürich, 1975, Seite 32
Willy Rotzler	Vorwort im Katalog zur Ausstellung Gimpel & Hanover Galerie, Zürich, Seite 36 (Fortsetzung auf Seite 211)
Hans Falk	Skizzenbucheintragung 1961, Seite 40
Manuel Gasser	Hans Falk auf Stromboli Kulturelle Monatsschrift «du» 1968, Seite 50
Hans Falk	Über meine Arbeit im Woodstock-Hotel an der 127 West 43rd Street, New York Tagebucheintragung, Seite 65
Robert Cohen	The Artist As Workman, Hans Falk, A Year's Work 1985/1986, Seite 96
Manuel Gasser	Katalog Galerie Haudenschild und Laubscher, Bern, 1986, Seite 118
Fritz Billeter	Katalog Galerie Hilt, Basel, 1966, Seite 124
Willy Rotzler	Kulturelle Monatsschrift «du» 1969, Seite 142
Hans Falk	Notizen zum Biographischen, Seite 150
Hans Falk	Skizzenbucheintragung, Seite 160
Marco Meier	Das Auge des Elefanten, zeichnerische Börsenberichte 1958–1995, Seiten 163–164
Henry Miller	Brief an Hans Falk, 1978, Seite 174
Hans Falk	Transvestie «Der silberne Cocon», Seite 184
Hans Falk	Transvestie «Der silberne Cocon», Seite 190
Friedrich Dürrenmatt	in: Monographie Hans Falk, ABC-Verlag, Zürich, 1975, Seite 202
Hans Heinz Holz	Falks grosses Glas-Bild Tages-Anzeiger-Magazin, 22. April 1978, Seiten 208–209
Willy Rotzler	(Fortsetzung von Seite 36), Seite 211
Erwin Leiser	Weltwoche, 24. Mai 1990, Seite 213
Willy Rotzler	Das Plakatschaffen im Werk des Malers. Nicht nur Meisterwerke, sondern auch Bekenntnisse Ausstellung Plakatgalerie Bern, 1984, Seiten 217–230
Hans Falk	Expo-Plakate, Auszug aus einem Interview (1964), Seite 230

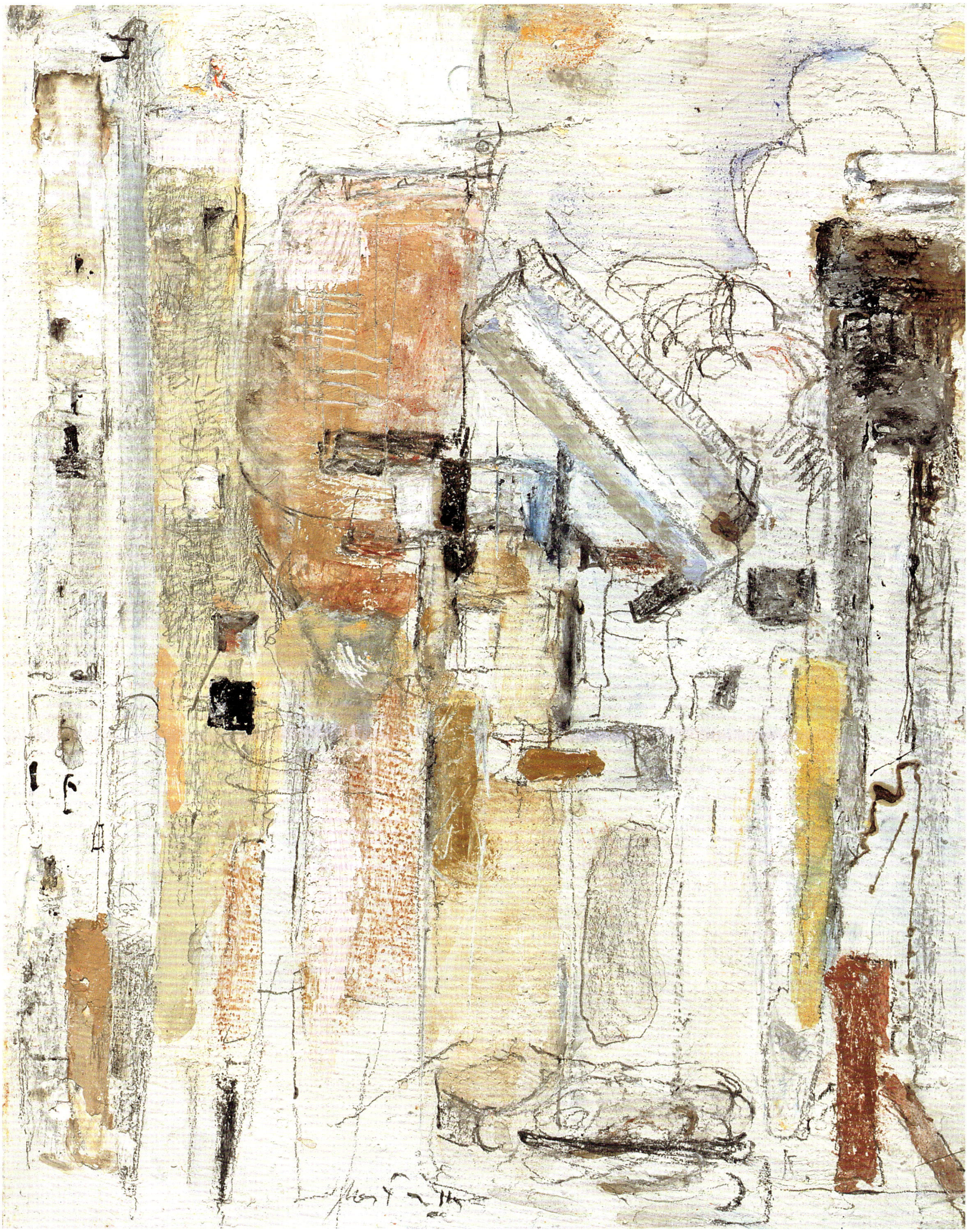

Hans Falk

Stromboli
   Nov. 1997
Die Zeichnung mein innerstes Gerüst, im täglichen Zeichnen schaffe ich mir auch den Kontur, zum Bild – das Gehäuse zum Konstruktiven. Es ist die Linie die mit Fixierungen rumgeht – es ist auch mein Schreiben, die Lust es zu tun – die Phantasie zu bewegen.

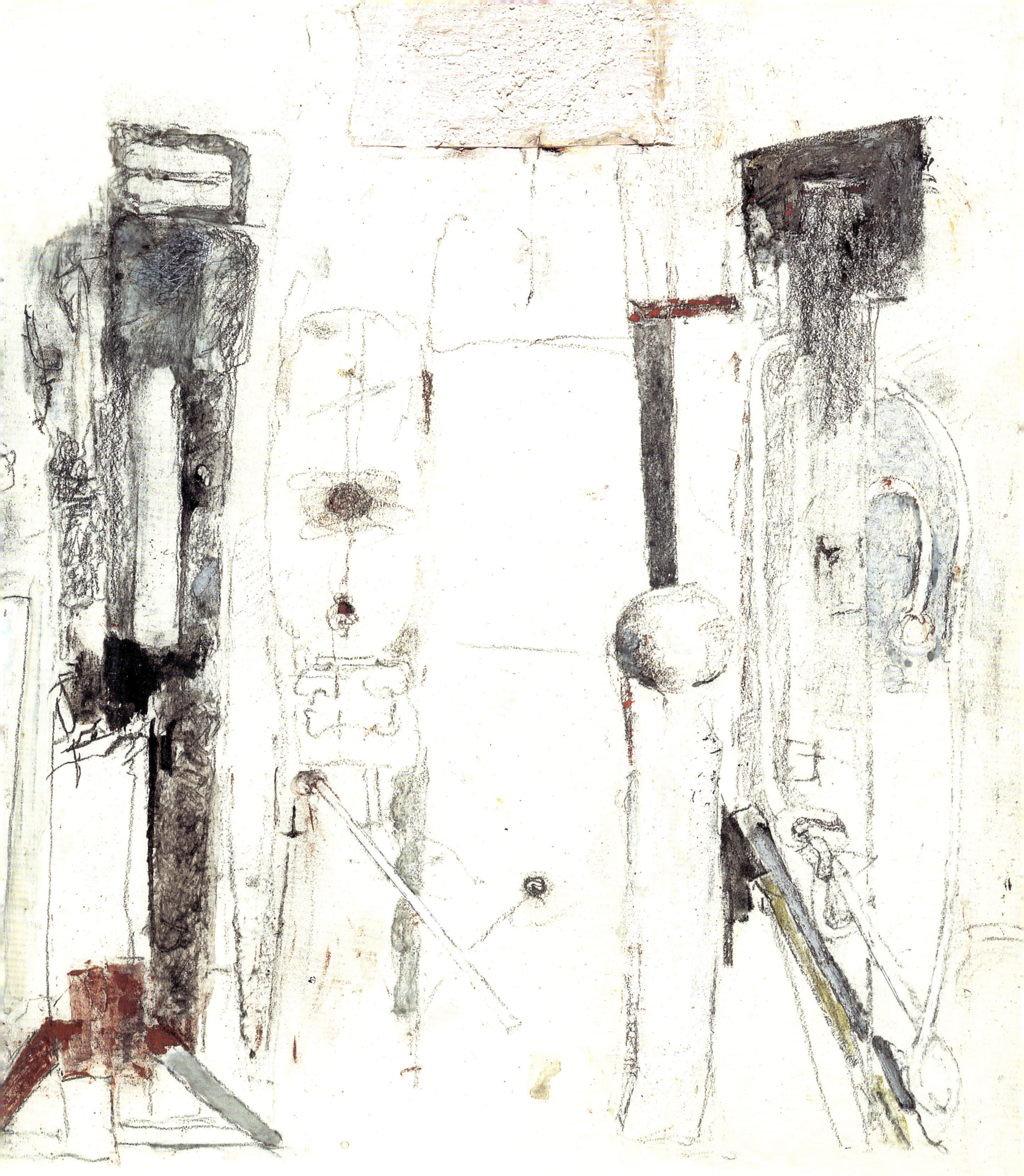

Auf dem Wege

«Gemüt hat jedermann, Naturell mehrere; der Geist ist selten, die Kunst
ist schwer. Eine Ahnung des *Sittlich-Höchsten* will sich durch
Kunst ausdrücken, und man bedenkt nicht, dass nur das *Sinnlich-Höchste* das
Element ist, worin sich jenes verkörpern kann.»

(Goethe über die Kunstausstellung 1805)

«Die leichteste Weise der Existenz ist in der Kunst», schreibt Bertolt Brecht im «Kleinen Organon für das Theater». Er schreibt das von Galileis Lebenskampf, von Antigones Tod, vom langsamen Niedergang der Mutter Courage – vom Schweren und Scheitern, vom Widerspruch und von der Widerwärtigkeit menschlicher Lebensverhältnisse; in der *Darstellung*, die uns das Heroische und das Bedrückende, das Bittere und das Süsse *verstehbar* macht, so dass wir es nicht als Schicksal hinnehmen müssen, sondern als Menschenwerk beurteilen können: darin liegt die Leichtigkeit der Kunst, die uns zu Meistern des Daseins erhebt, wo wir im Leben die Knechte der Umstände zu sein meinen.

Brecht spricht hier allgemein von der Kunst, nicht nur vom Theater. Analoges gilt von der bildenden Kunst, die nicht aus Handlungen, Worten, Gedanken ihre Werke baut, sondern aus Anschauungen. Was immer der Künstler gestaltet, bleibt nicht *blosse* Anschauung, sondern rückt ein ins Reich der Bedeutungen. Bedeutungen sind nicht mehr die Sache an sich, sondern die Sache, gebrochen durch unser Verhältnis zu ihr. Natur im Bild ist Natur, vermittelt mit dem Menschen. Der Mont Sainte-Victoire, den Cézanne malte, ist der Berg, wie ihn der Künstler erlebte; Cézannes Bild des Mont Sainte-Victoire, das ich sehe, ist meine Erfahrung des Berges im Erlebnis Cézannes. Doppelte Reflexion – sie verleiht der Existenz die Leichtigkeit des Spiels, dem Gewordensein des Materiellen die Gelungenheit des Geistigen.

Die Bedeutung der Gegenstände bildet sich im Zusammenhang unserer Handlungen. Ein blühender Apfelbaum bedeutet dem Bauern etwas anderes als dem Wanderer, der unter seinen Zweigen rastet, oder dem Spaziergänger, der sich an seinen Blüten erfreut. Dieser empfängt den Eindruck, ohne einen Zweck damit zu verbinden. Darum meinte Kant, die ästhetische Erfahrung beruhe auf dem «interesselosen Wohlgefallen».

Unser Interesse richtet sich aber nicht nur auf das Nützliche, sondern auch auf die Erkenntnis der Dinge, wie sie an sich sind und in welchen Verhältnissen sie stehen. Tiefer als Kant sagt Aristoteles: «Alle Menschen streben von Natur nach Wissen. Dies beweist die Liebe zu den Sinneswahrnehmungen; denn auch ohne Nutzen werden sie an sich geliebt und vor allen anderen die Wahrnehmungen mittels der Augen.» In der Sinneserfahrung vermählen sich Kunst und Wissenschaft. Das Kunstwerk zeigt uns durch den Sinneseindruck etwas vom Wesen der Wirklichkeit, bevor diese zum Objekt unserer Praxis wird. Ein Apfel Cézannes reizt uns nicht zum Hineinbeissen, ein Stuhl van Goghs nicht zum Draufsitzen. Es gibt kein schlechteres Lob für die Kunst als jene antike Anekdote, die Vögel hätten an den Früchten zu picken versucht, die Apelles gemalt hatte. Täuschung über die Wirklichkeit wäre das Letzte, was einen Künstler zum Künstler macht.

Vom Sehen heisst es bei Aristoteles, «dass dieser Sinn uns am meisten Erkenntnis gibt und viele Unterschiede aufdeckt». In Malerei und Zeichnung bleibt das Sehen rein bei sich – alle anderen Sinne, wie das tastende Erfühlen der Skulptur, die Körperbewegung und das Hören der Musik beim Tanz, die Auffassung des Wortsinns eines Bühnendialogs, sind sozusagen beiseite gesetzt. Vor dem Bilde haben wir nur zu schauen, das aber auch ganz und unbedingt. In ihrem Aussehen zeigt die Sache sich, wie sie an sich selbst ist. Das sagt das griechische Wort *eidos* – Wesen, abgeleitet vom Verbum *idein* – sehen; also das sichtbare Wesen.

Der Maler und Zeichner deckt das Wesen auf und hält es dabei auf Abstand. Wir können ihm nicht zu Leibe rücken, es nicht anfassen (wie ein plastisches Werk), sondern müssen es als etwas Immaterielles, als ein Abstraktum hinnehmen. Und doch kann der Maler nur Materielles darstellen, nur die materielle Welt ist sichtbar. So muss er sich damit auseinandersetzen, dass die Materie selbst das Geistige ist und der Geist nur als materielle Erscheinung besteht. Das zu erspüren, verlangt eine hochempfindliche Reizbarkeit des Auges, eine ausgeprägte Sensibilität, die sich im Hinblick auf das Sichtbare übt. Begabung und Schulung zugleich.

Solche Sensibilität bewährt sich am Unscheinbaren. Es ist nicht schwer, sich vom Auffälligen beeindrucken zu lassen. Aber auch im Grashalm ist die Schönheit der Natur zu entdecken, hat man die Offenheit des Sinns eines Leonardo, der schrieb: «Ich werde es so machen wie derjenige, der aus Armut als letzter zum Markt kommt. Da er nichts anderes bekommen kann, nimmt er alles, was die anderen schon gesehen und nicht gewollt, sondern wegen seines geringen Wertes abgelehnt haben; diese verachtete und verschmähte Ware, welche die vielen Käufer übrig gelassen haben, werde ich auf meinen schwachen Körper laden und sie, nicht durch die grossen Städte, sondern durch die armen Dörfer ziehend, verteilen.»

Von Anfang an war diese Sensibilität für das Unscheinbare in Falk angelegt; doch es brauchte Umwege, damit er für sie die Sprache fand.

Stromboli
7. VI
1996

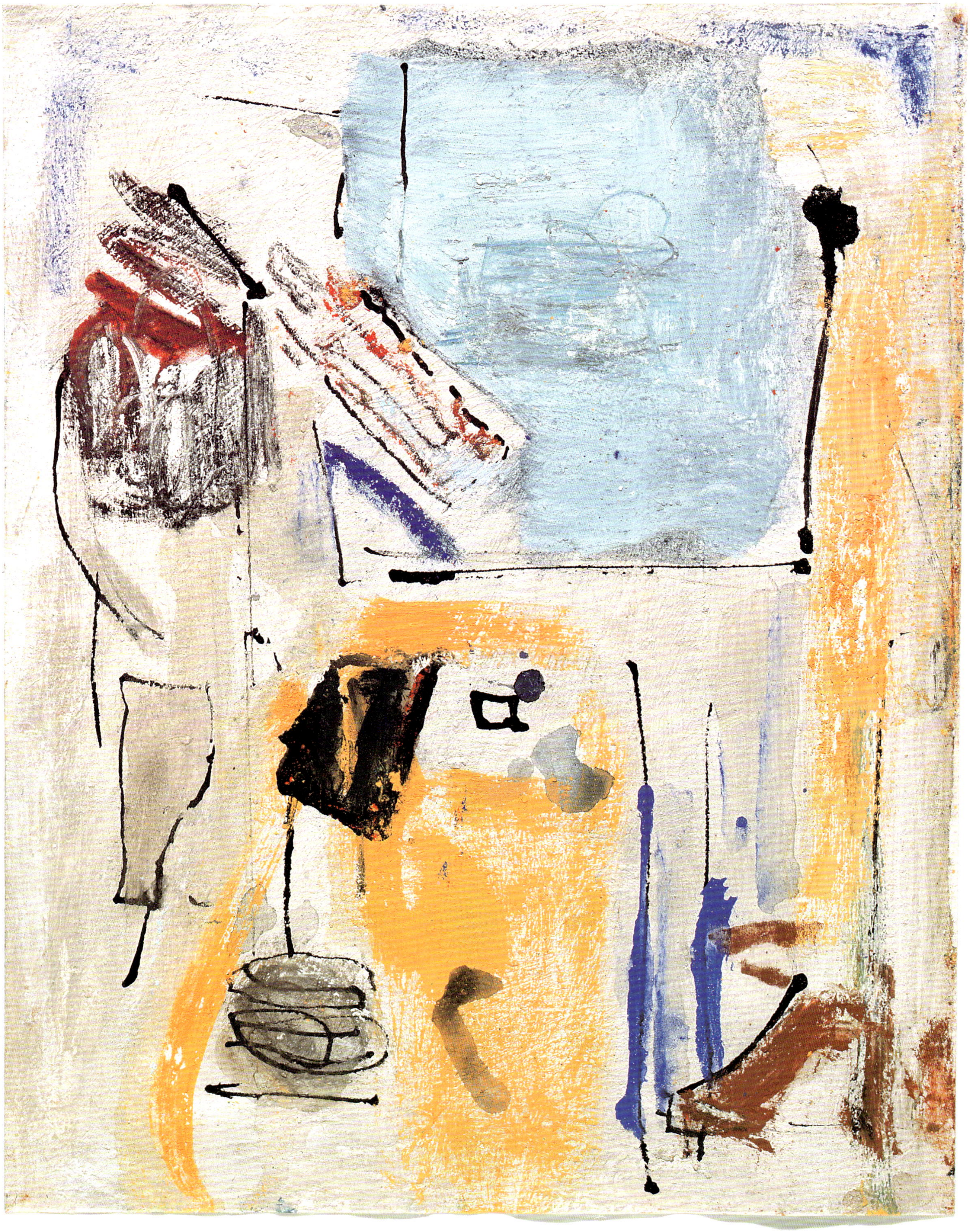

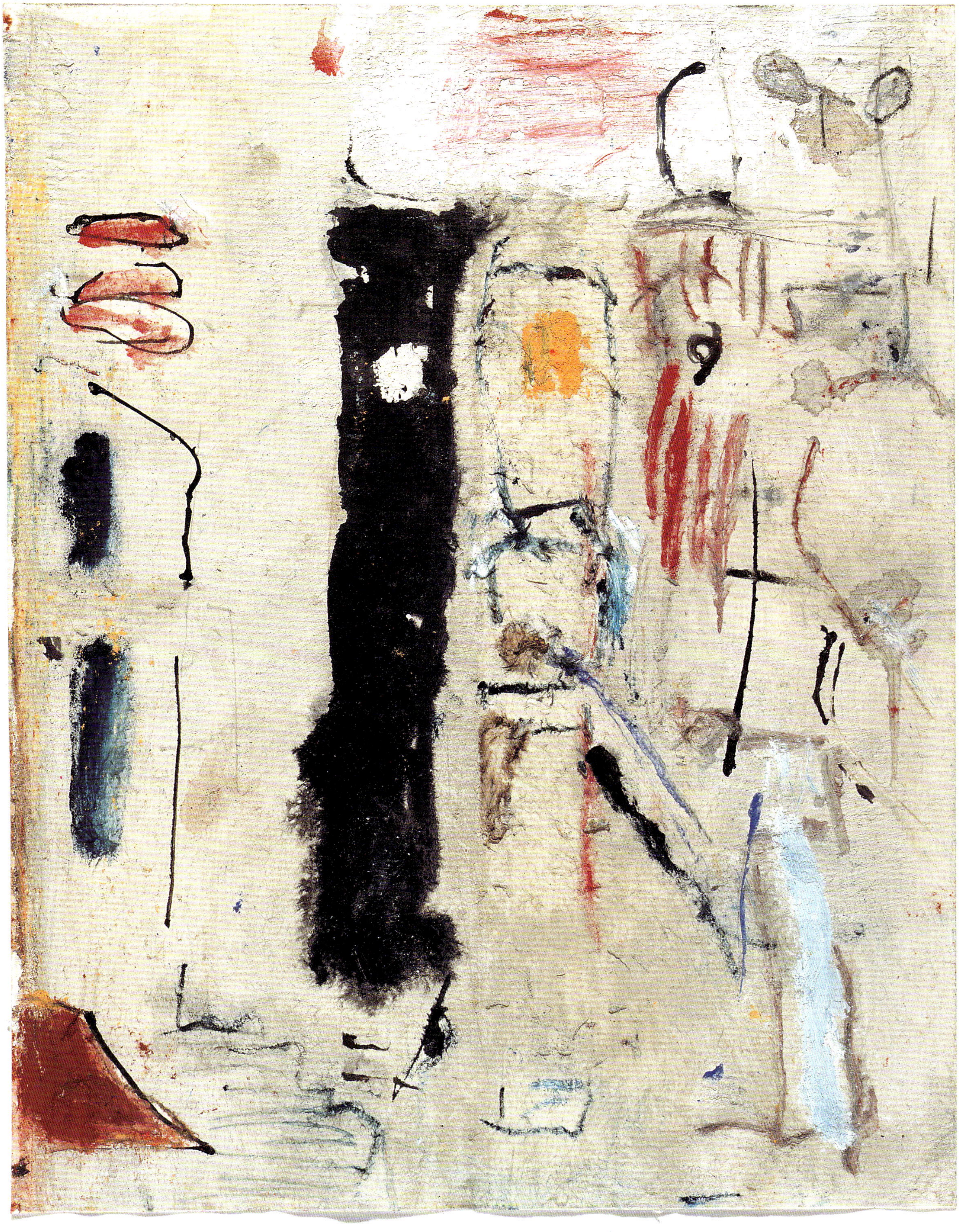

Achill Island County
Majo Keel Bay, die Torffelder,
Aufenthalt 1958–1960

Vom Achtzehnjährigen gibt es die Kreidezeichnung einiger aufgestellter Flaschen, die mit geringstem Aufwand Volumina plastisch auf die Fläche bringt; man denkt an Morandi, auch was die transparente Dichte der Substanz angeht: wahrlich kein schlechter Vergleich für den Anfang! Später wird ihn das Problem der Masse, des Körpervolumens auf der Fläche kaum mehr interessieren; es ist mit jenen ersten Fingerübungen abgetan, Andeutungen genügen dann, um Rundungen sichtbar zu machen.

Dieser Falk, der sich da schon so jung bewährt, ist eine Naturbegabung. Sogleich verblüfft die Sicherheit, mit der er die Mittel handhabt, die Technik beherrscht. Die Gefahr der Virtuosität liegt nahe, sie wird Falk auf seinem Lebensweg begleiten. Aber er ist sich ihrer immer bewusst, und weil er es sehr ernst nimmt mit seiner Kunst, kann er sich immer diesseits der schmalen Grenze halten, wo technische Perfektion in Gaukelei umschlägt. Dieser Ernst ist auf ihn selbst übergegangen, man spürt: Er erlaubt sich keine Kunststückchen, achtet auf die Redlichkeit seines Tuns. So bleibt seine ganz unschweizerisch weltläufig wirkende Brillanz und Eleganz ein Stück seines Talents und wird nie zum Theater.

Nicht nur die Leichtigkeit des Handwerks, auch ein starkes und empfindsames Temperament musste beherrscht werden. Lithographien wie die zu den Gedichten García Lorcas oder zu den Briefen Apollinaires an Madeleine Pagès zeugen von einer Zartheit des Gemüts, die einem Künstler bedrohlich werden könnte. Das ist die Verletzlichkeit eines Menschen, der viel Liebe geben kann und der viel Liebe braucht, um überleben zu können. Er ist einer, der schon im Vorgarten spürt, ob ihn die Atmosphäre des Hauses verstören oder beglücken wird. Als er sich anschickte, die Welt zu *er-fahren*, war er, noch jung, schon empfindsam für das Leiden im alltäglichen Kampf ums Überleben.

Dieser Januarmorgen!!
Zwei Kormorane sah ich im Flug – zwei putzen sich auf den Felsen. Was muss der Maler eigentlich tun? Ist er ergriffen, sieht er Details, die im grossen Zusammenhang leben – so ist seine Aufgabe, die Balance im Bild (Format, Stoff, Papier, Stein oder Holz) herzustellen.

20. Dezember 1959
Achill Island
Oft möchte ich ins Wasser malen! Zusehen, wie sich die Farbe zu Tümpeln, farbigem organischem Leben weiterbildet. Nur noch den Moment des Aufhörens bestimmen. Farbe zuzugiessen.
Hans Falk

Wasserschiff
Stromboli hat kein Wasser. Das Wasserschiff bringt dieses von Kalabrien und Sizilien.
Jedesmal ein Ereignis.
Wasser!
Papierskizze, Kreide, Kohle

Die Welt, in der er sich suchte, lag rund um das Mittelmeer. Italien, Südfrankreich, Spanien gehören seit je zum Bildungserlebnis der europäischen Künstler, die sich der antiken und klassischen Vorbildformen vergewissern wollen; Marokko und Libyen haben auf Klee und Macke befreiend gewirkt, auch hier folgt Falk noch einem bekannten Muster. Dann aber dringt er weiter vor in den Vorderen Orient, bis hin nach Persien. So hat er den ganzen Kreis der Alten Welt ausgemessen, wo von den neolithischen Geburtsstätten der Kultur eine ununterbrochene Linie menschlicher Hervorbringungen bis zur Gegenwart führt. Falk hat immer wieder Orte bevorzugt, wo ihm Lebensweise und Tätigkeiten noch gleichsam zeitlos naturhaft entgegentraten. Er ist nicht nur gereist, er hat an solchen Orten länger gelebt. Und als er sich in Stromboli, London, New York niederlässt, zieht er sich wieder in die Einfachheit von Bethlehems Stall zurück: Die Strandruine auf Stromboli, das Woodstock Hotel in New York kehren der Zivilisation den Rücken.

Auf jenen Reisen, die, eine umgekehrte Odyssee, den Mittelmeerraum von Westen nach Osten umspannten, muss Falk die Erfahrung des Lichts zum unauslöschlichen Urerlebnis geworden sein – gerade in karger Umgebung, in der die physische Dichte des Sonnenglasts die Menschen kompakt umfängt, wenn Mauern und Felsen die Hitze schonungslos zurückwerfen und Pflanzen und Tiere erstarrt scheinen in der Mittagsstunde. Es gibt nicht viele Beispiele aus der Kunstgeschichte, dass Maler sich ganz und gar dem Hellen verschrieben haben. Denn der Maler hat es ja mit Farben zu tun, und jede Farbe ist, wie Goethe in der «Farbenlehre» sagt, «eine Mässigung des Lichts» (später spricht er dann auch von «Trübung»). Das reine Licht an sich wäre ja gar nicht sichtbar, ihm muss das Dunkel beigemischt sein. Nicht das Licht sei es, sondern das Dunkle, mit dem der Maler arbeitet und seine Gestalten modelliert, heisst es bei Leonardo: «Das Dunkel hat mehr Macht als das Licht, denn es kann das Licht abschaffen und die Körper vollkommen des Lichts berauben, und das Licht kann das Dunkel niemals vollständig verjagen, zumindest nicht von den undurchsichtigen Körpern.»

Falk ist dagegen von einer Leidenschaft für die Transparenz des Lichts ergriffen. Er hellt das Dunkle auf, bis es nur noch Licht ist und selbst die Schatten dem Licht zugehören. Auf Stromboli hat er zu diesem unverwechselbaren Selbstsein seiner Kunst gefunden, ist er zum Maler der Helligkeit geworden. Es ist die Klarheit des Verstandes, die die Dinge und Verhältnisse er*hellt*. Als Falk in seinen Bildern auf Gegenstände verzichtete, begann er zu suchen, wie man die Klarheit an sich malen könne. Dahin ist er gekommen. Wir stehen im Hellen, wenn wir zwischen seine Bilder treten.

Um dieses Geschenk des Südens annehmen zu können, brauchte er zuvor die Konfrontation mit dem uralten mythischen Kampf zwischen Licht und Dunkel, aus dem die Glut düsterer Farben entspringt. Dass er sich als Künstler im Norden selbständig machte – zwei Jahre in Cornwall und Irland –, war ein Umweg. Zwar geschah in diesen Jahren der Übergang vom figürlichen zum abstrakten Expressionismus (und zugleich die Aufgabe der gebrauchsgraphischen Arbeiten). Doch die düstere, stürmische Gewalt der Bilder, die dort entstanden, bleibt unausgeglichen, ein grandioses Ringen mit einem neuen Formprinzip. Falk taugte gottlob nicht dazu, ein abstrakter Nolde zu werden. Das ist, als hätte Guardi statt den Dunst der Lagune von Venedig den Nebel der Shetlandinseln malen sollen. Eruptiv setzte sich auch hier Falks koloristische Begabung durch, aber es ist nicht sein Eigentliches, was da entsteht. Doch es ist ein Ausdruck von Kraft, die in ihm liegt und die auch unter dem Schwebenden der lichten Farben, die er auf Stromboli finden wird, erhalten bleibt.

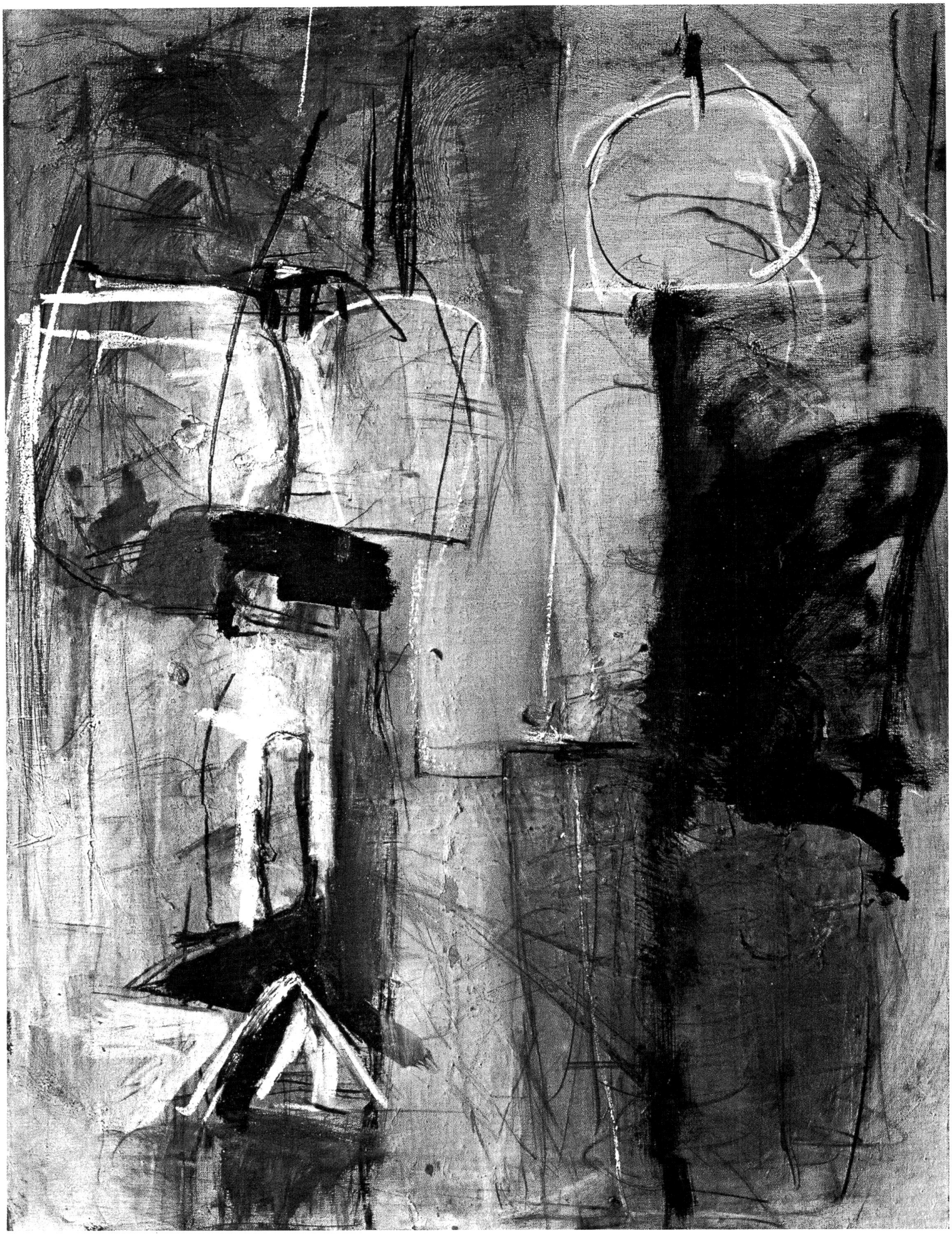

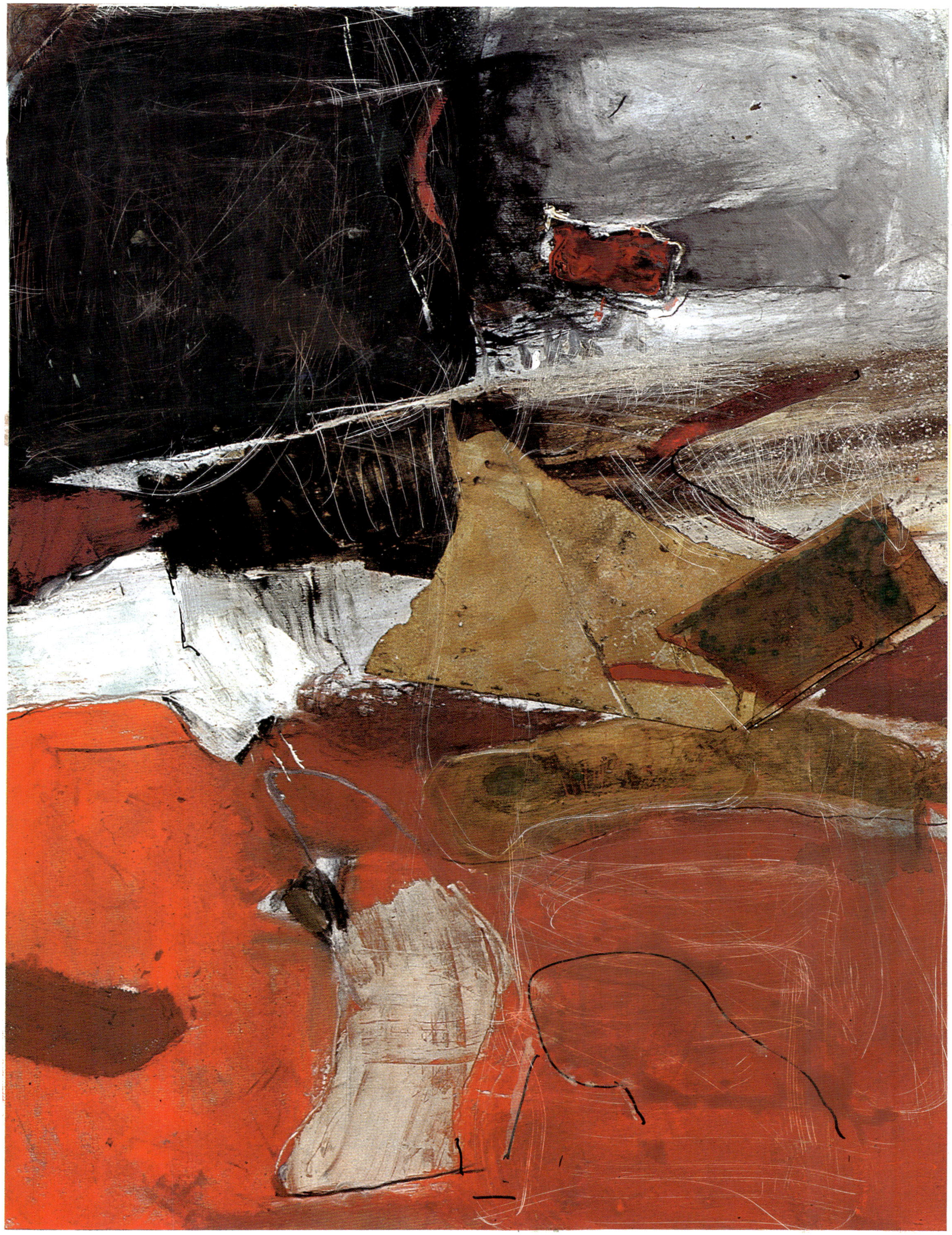

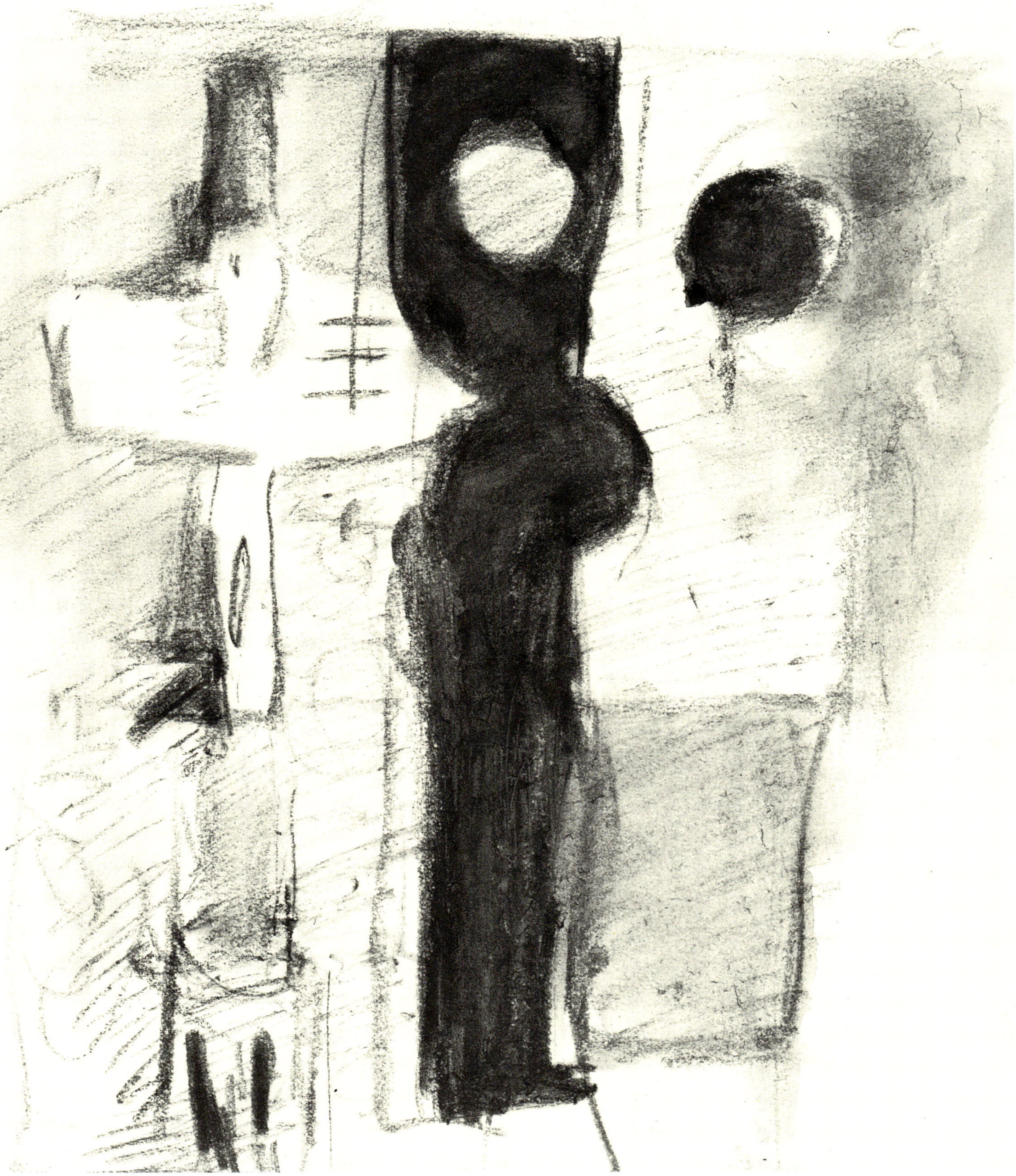

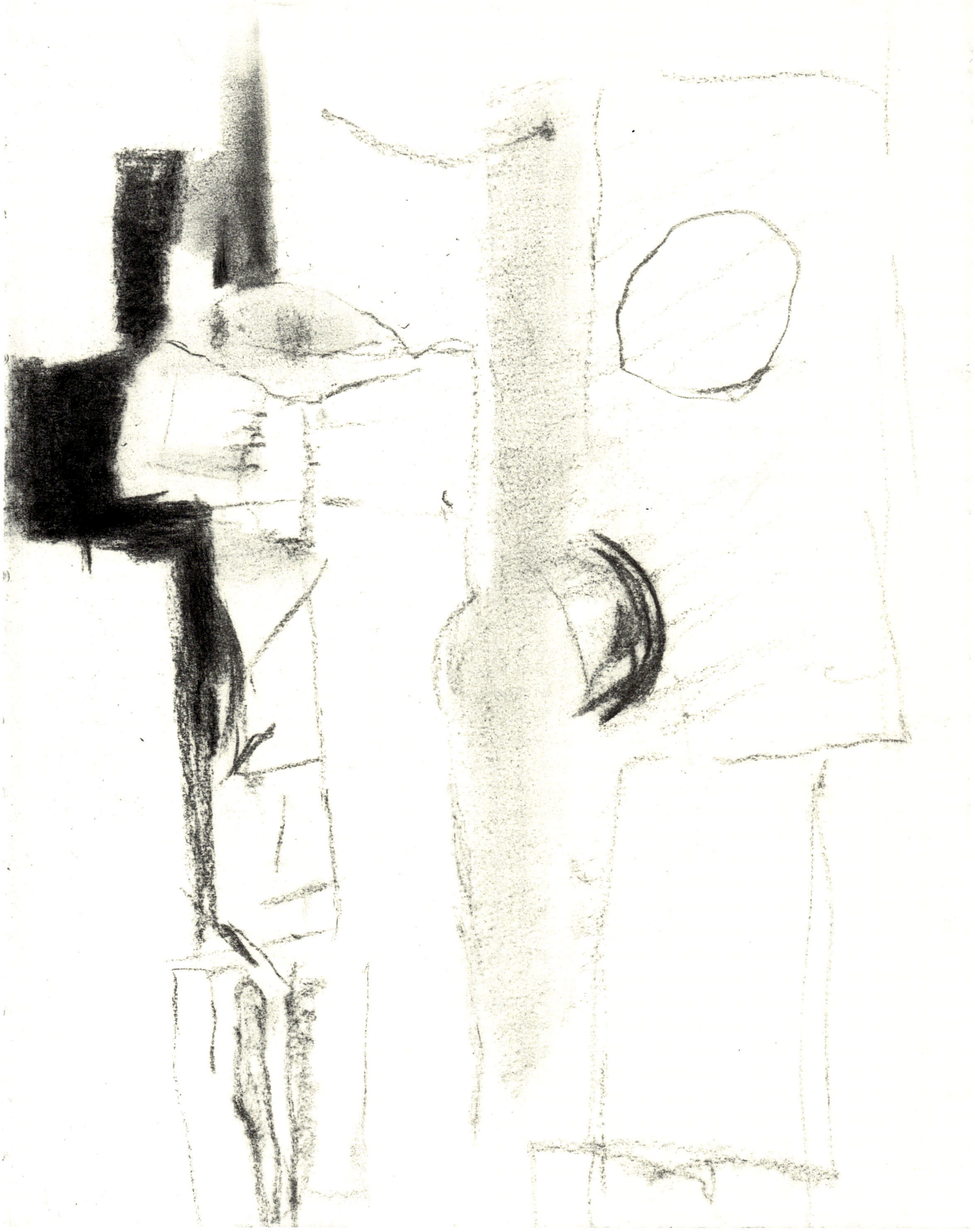

Vorhergehende Seiten

Stromboli, 1961
96 x 70 cm
Kreide, Dispersion auf Leinwand

Stromboli, 1965
200 x 149 cm
Öl, Collage auf Leinwand

Stromboli, 1961
38 x 24 cm
Kohle, Kreide auf Papier

Stromboli, 1961
38 x 24 cm
Kohle auf getöntem Papier

Stromboli, 1962
19 x 24 cm
Dispersion, farbige Kreide auf Papier

Stromboli, 1962
24 x 28 cm
Kohle, Tusche, Kreide auf Papier

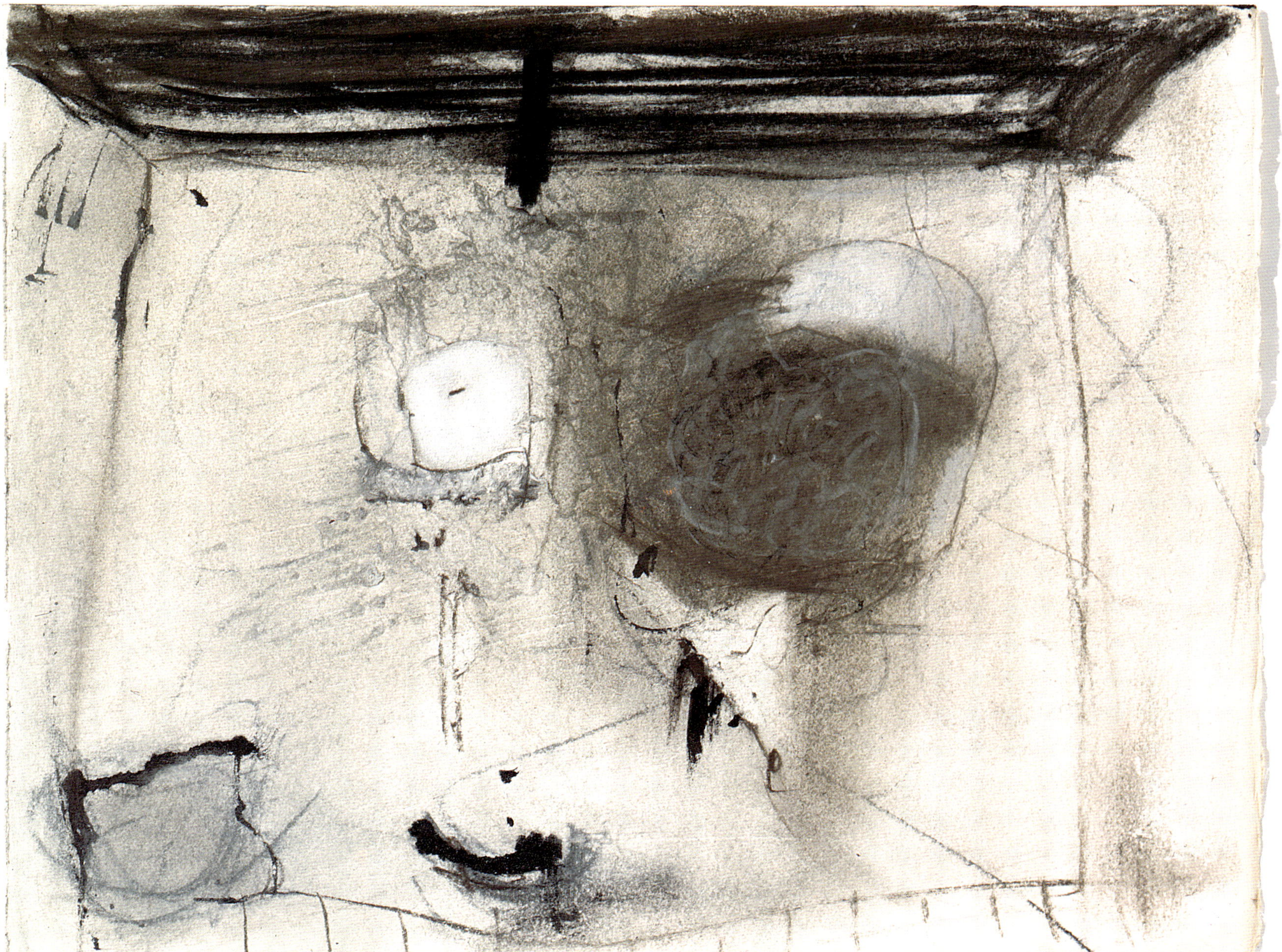

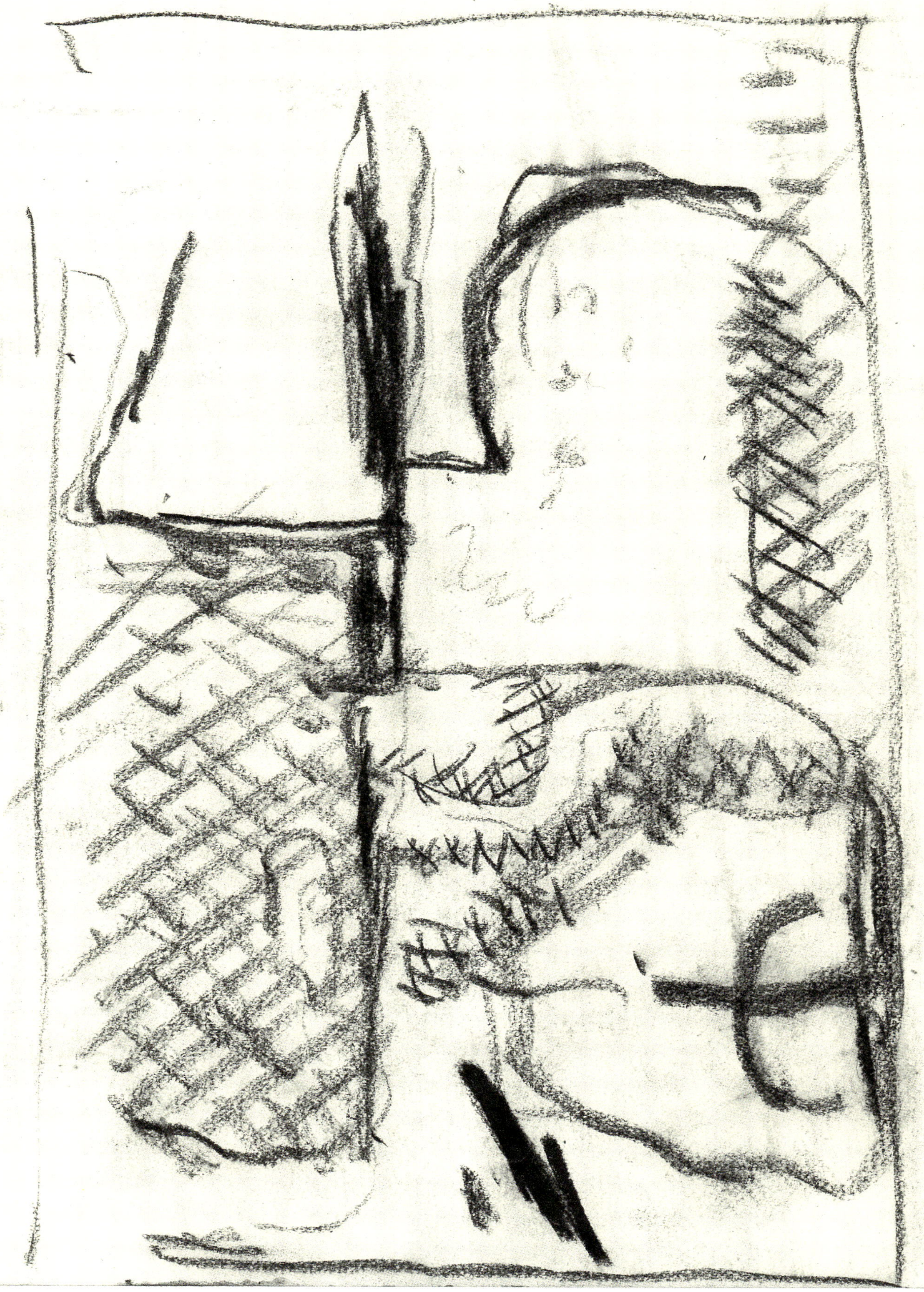

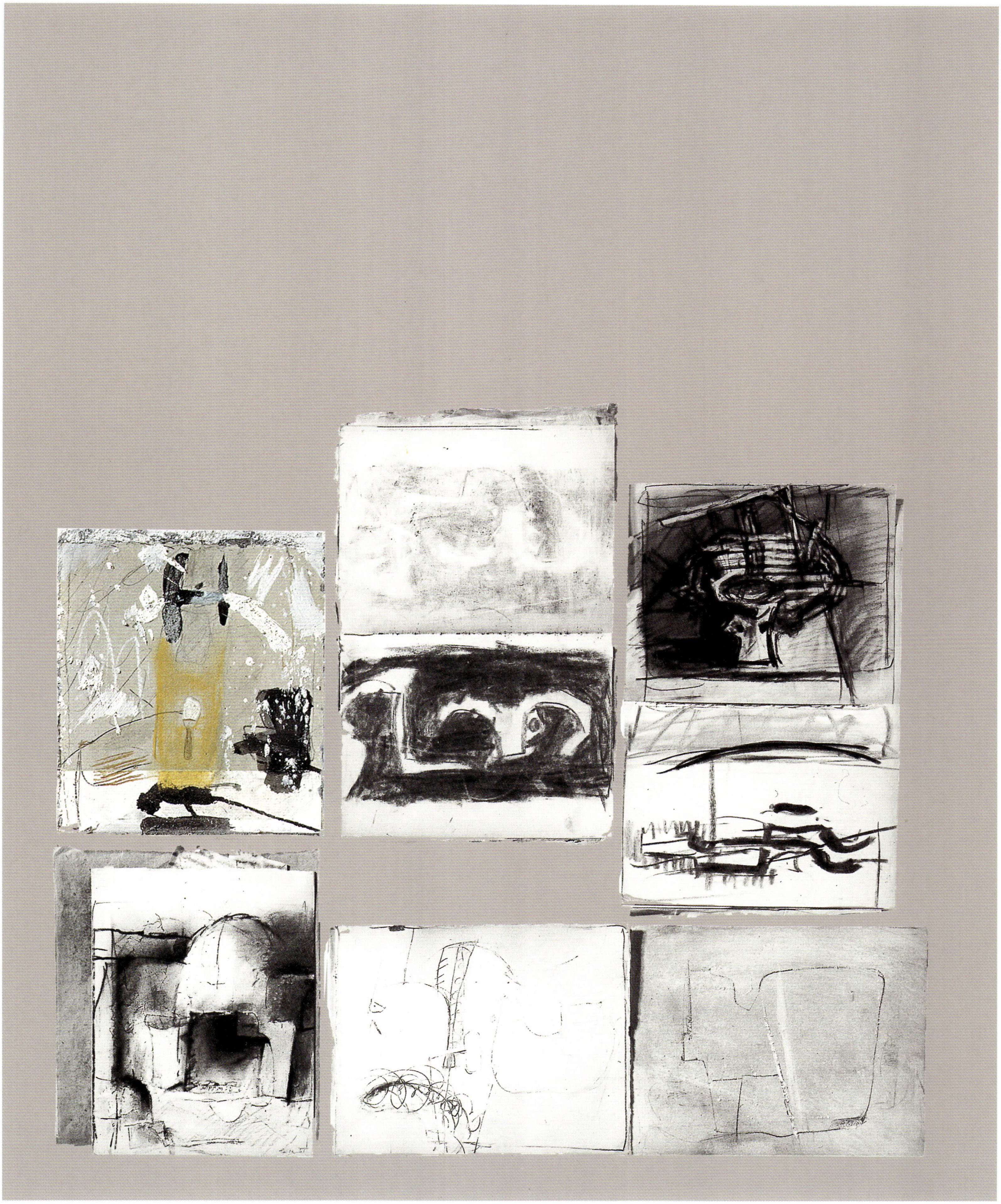

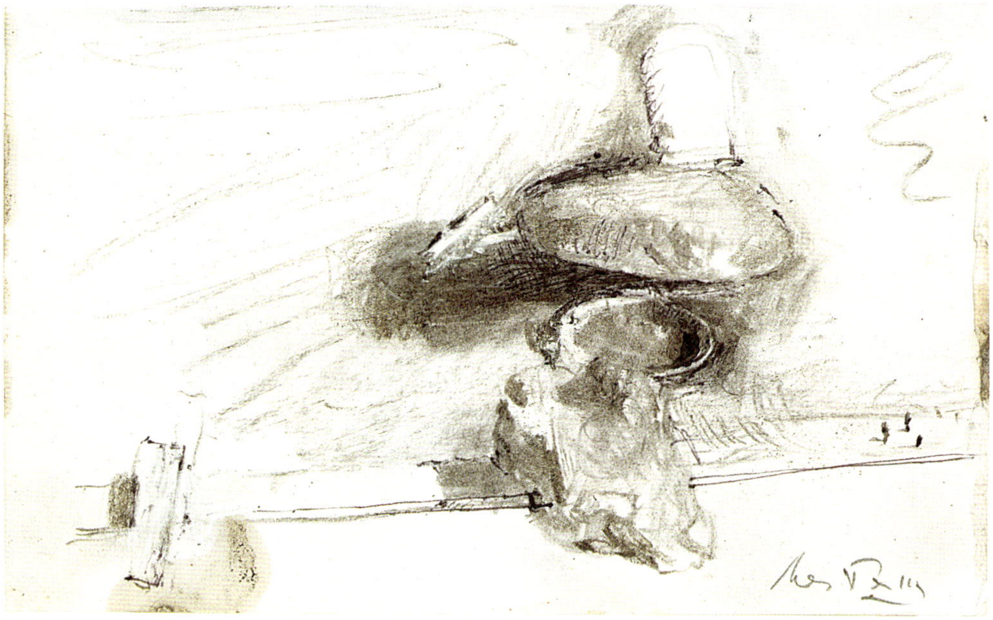

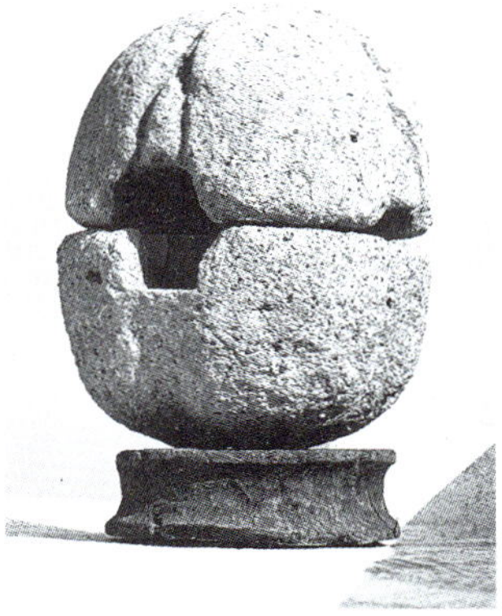

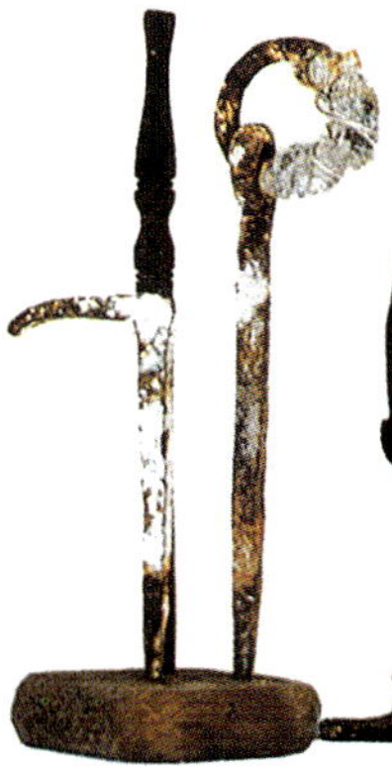

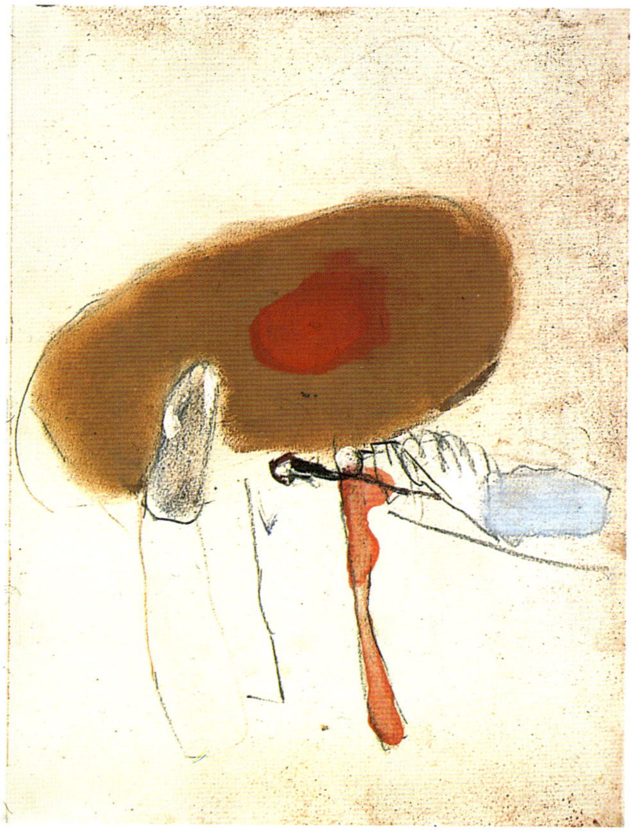

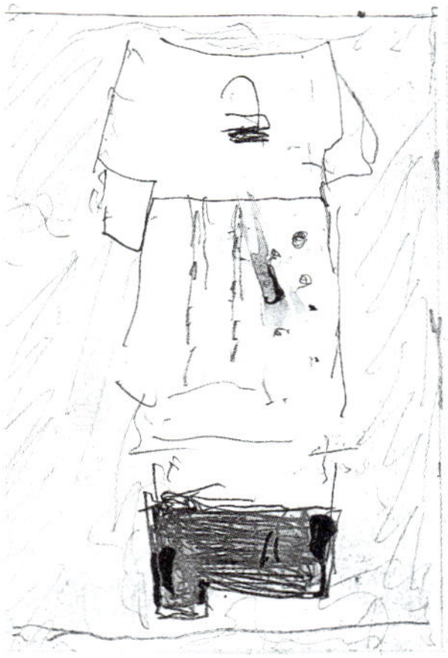

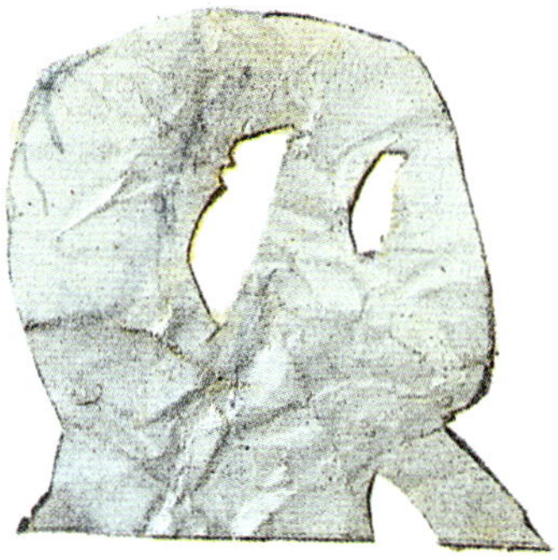

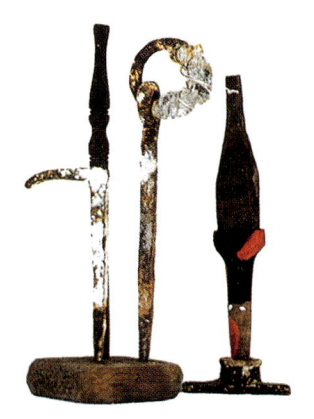

Vorhergehende Seiten

Cornwall, 1958
31 x 25 cm
Kohle auf getöntem Papier

Skizzenbucheintragungen
Cornwall, Achill Island
Die Masse sind im Verhältnis
von 22 zu 28 cm
Kohle, Kreide auf Papier

Stromboli, 1965
10 x 15 cm
Kohle, Kreide auf Papier

Stromboli, 1962
40 x 30 cm
Farbpulver, Kreide, Tempera
auf Papier

Stromboli, 1963
Geteilter Kopf
Höhe 43 cm
Lavastein

Stromboli, 1964
Drei Objekte
Höhe 20 cm
Bemalte Holzteile, Eisen

Stromboli, 1965
Skizze zu Objekt
40 x 32 cm
Bleistift, Tusche auf Papier

Stromboli, 1968
Raummaske
45 x 45 cm
Gekalktes Papier

Stromboli, 1962
190 x 75 cm
Kreide, Dispersion auf
Leinwand

Stromboli, 1962
60 x 101 cm
Farbpigment, Öl,
Kalkmörtel auf Papier

Stromboli, 1962
26 x 28 cm
Kreide, Kohle, Dispersion

Stromboli, 1964
25 x 32 cm
Tempera, Öl, Kreide auf
Papier

Stromboli, 1964
25 x 30 cm
Kohle, Tempera, geschlämmte
Kreide auf Papier

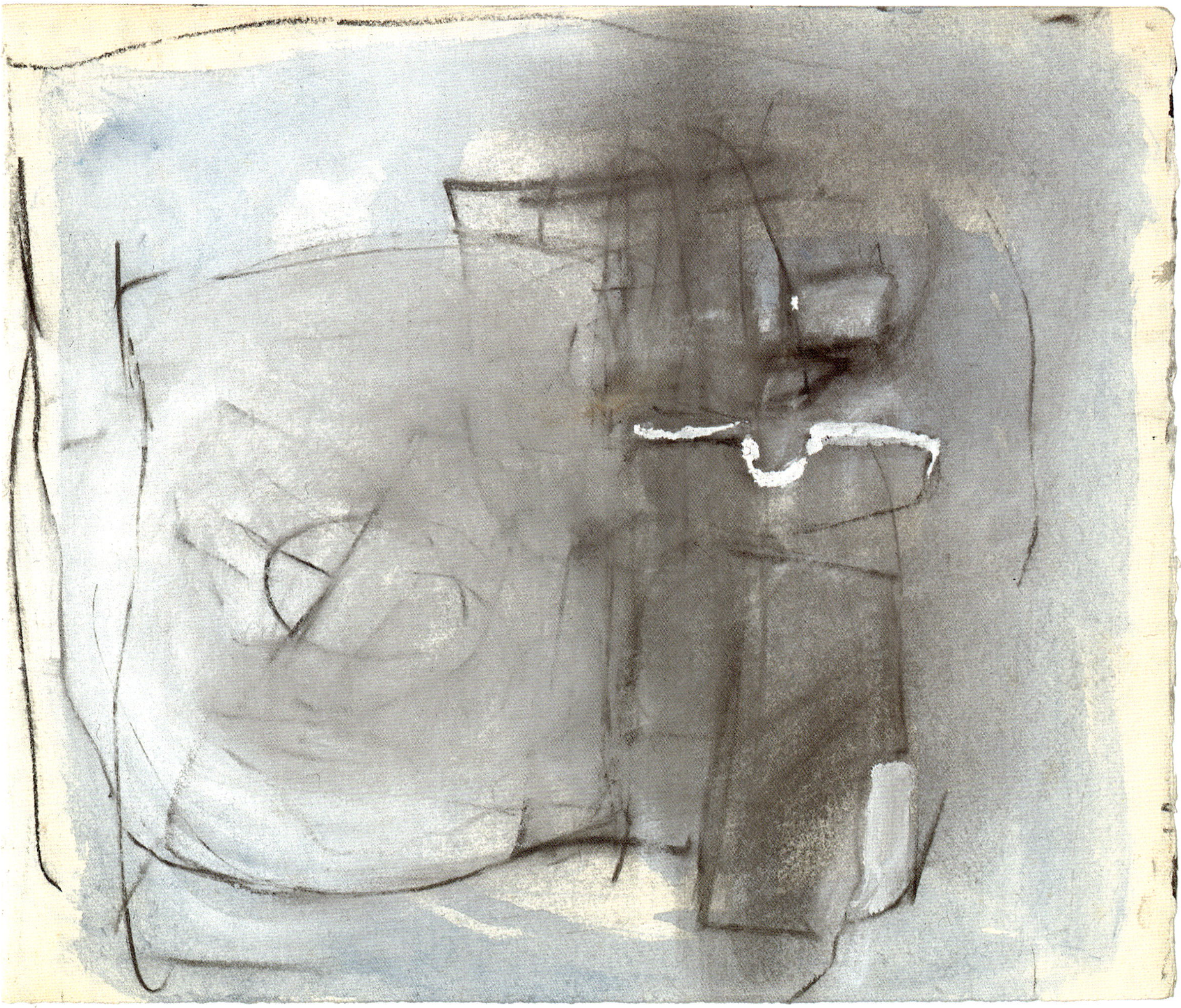

Cornwall, 1958
Thema: das Meer
60 x 85 cm
Öl, Schiffslack auf Leinwand

Stromboli, 1960
21 x 27 cm
Kreide, Tusche, Tempera
auf Papier

Skizzen zu Objekten,
Bleistift, Tusche auf Papier

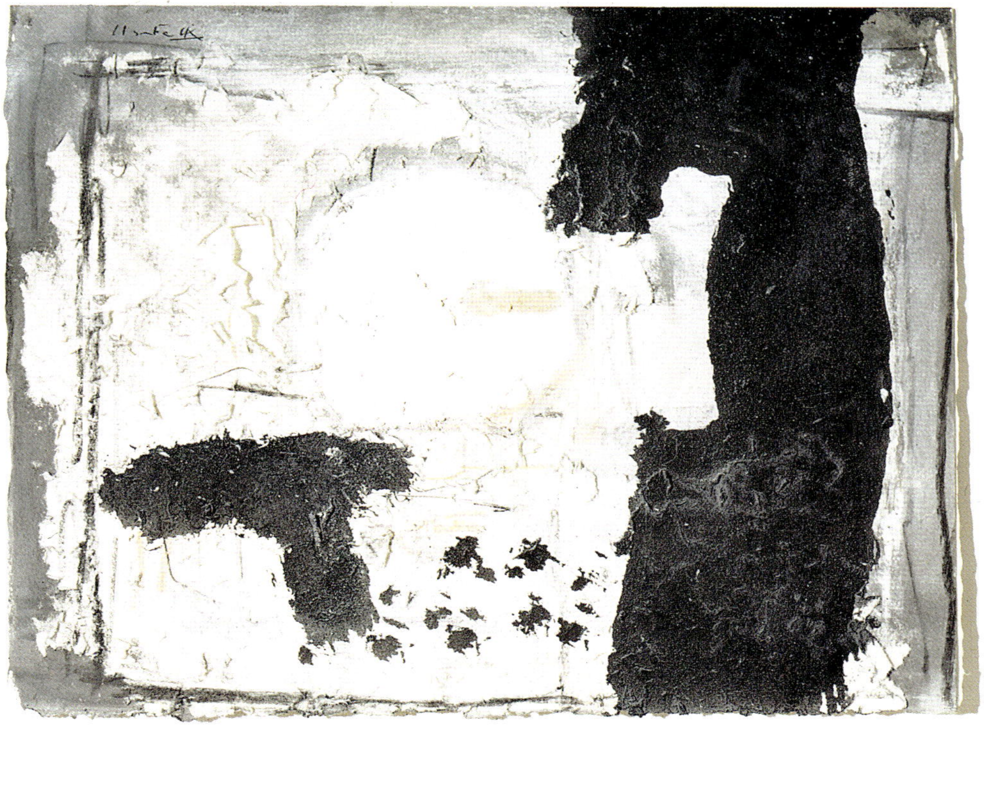

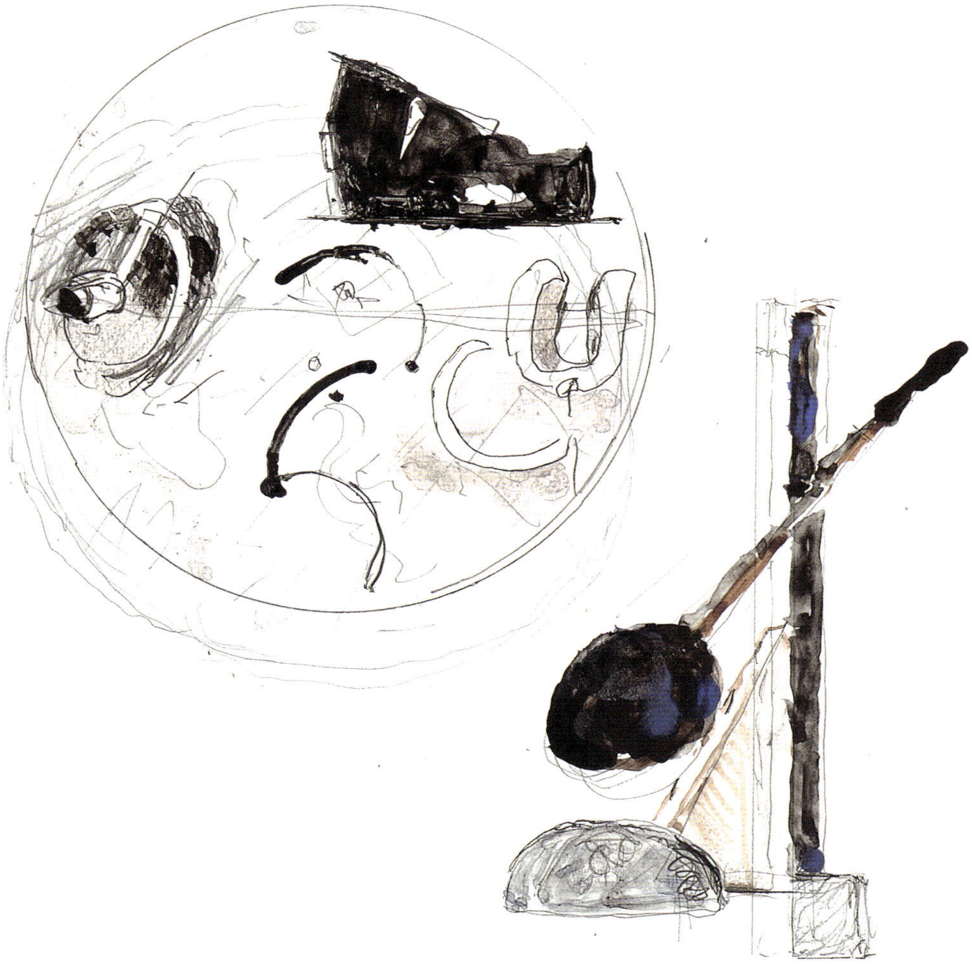

Schon in Cornwall und Irland geht er mit seinen Bildern sorgloser um. Er hütet sie nicht mehr wie «Originale», wie unwiderbringliche Kostbarkeiten, lagert sie zuweilen im Freien. Was er schulmässig erlernt hat, streift er nun rasch ab. Vor allem im «Aktinientraum» macht sich ein tachistisches Dripping bemerkbar. Da und dort sind Pinselspritzer eingestreut, oder die Ränder der Flächenstrukturen fliessen in Gerinnsel aus. Falk musste solche Freiheiten in einer langen Diskussion mit Rudolf Blum, einem seiner Zürcher Sammler, verteidigen. In zeitlicher Distanz allerdings erscheinen einem auch die Bilder von Cornwall/Irland ausgearbeitet und durchgestaltet.
Fritz Billeter

Achill Island, Irland, 1959
Aktinientraum
97 x 144 cm
Öl auf Leinwand

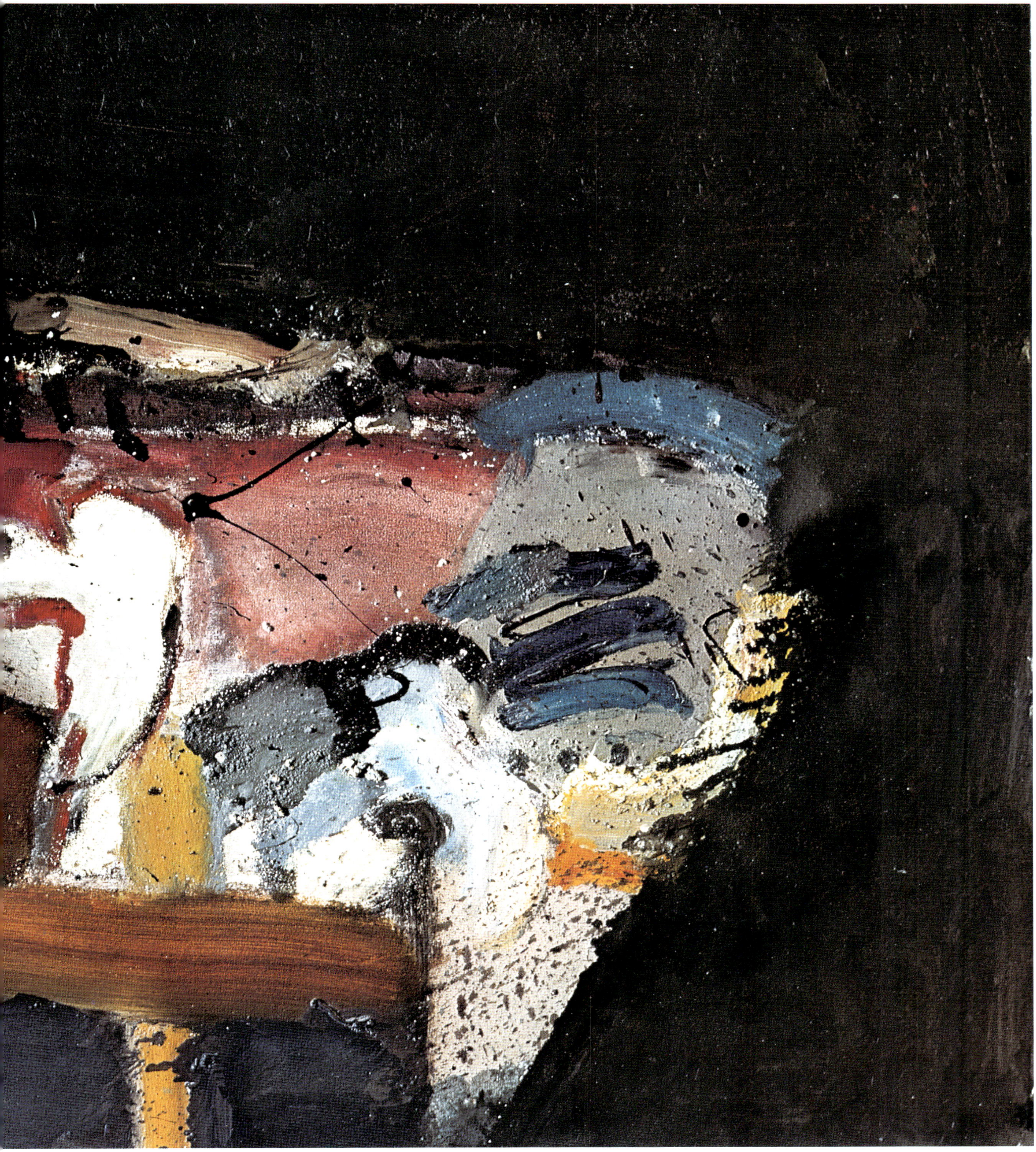

Die Kraft des Archaischen

Wer an Hans Falk nur die koloristische Delikatesse, die Eleganz des sicheren Pinselstrichs, die subtile Gebärde sich verdichtender und verklingender Formen rühmt, fasst nur das ins Schwerelose aufgehobene Ende eines Gestaltungsprozesses, dessen Anfänge in einer schmerzhaften und aufrüttelnden Betroffenheit vom Gewaltigen und Gewalttätigen in der Natur und in der Menschenwelt liegen. Man muss sich nicht täuschen, wenn eine formale Struktur sich wie ein lockeres Gespinst über das Substrat legt, das in ihr sich ausdrückt. Hans Falk berichtet über die Entstehung eines Bildes (Abb. S. 40) auf Stromboli 1961: «Dieses Bild ist entstanden nach der Karfreitags-Osterprozession. Im rechten Bildteil stecken die Nägel, rostige Balkennägel, zum Teil hängen noch Fäden dran (wie verlorene Haare während der Marter). Links ein Strom von Weiss und Rot (Blutspritzer, Blutläufe), das Weiss, zerronnenes Schweisstuch. (...) Von all dem hatte ich während des Malens keinen Augenblick eine klare Vorstellung, und heute erinnere ich mich hauptsächlich an das Dämonische der Prozession.» Dieses Bild ist voller Gewalt und Todesdrohung, aber sein Nachhall mit den Tönen von Blut und Licht, mit den jähen Gesten des Auseinanderfahrens und Durchkreuzens findet sich auch noch Jahre später in vielen Bildern, in denen das Bedrückende des ersten Eindrucks sich im lockeren Spiel gelöst hat.

Die dämonische Kraft, die Falk in der Prozession spürte, trat ihm zuerst entgegen in der Überwältigung durch die Natur. Dass er nach den Er-Fahrungen des Reisens, nach der lichten, mediterranen Kulturlandschaft sich als Lebens- und Arbeitssitz die Einöden wählte, wo Europa endet und an die Weite des Atlantiks stösst, hat eine tiefe Bedeutung. Überall an den Gestaden des Mittelmeers war er natürlich Spuren und Zeugnissen früher Kulturen begegnet, an denen ihm die ursprüngliche Formwerdung aus Wildheit sichtbar wurde. Er empfand die Herausforderung, aber zunächst konzentrierte sie sich aufs Menschliche; die «soziale und existentielle Problematik» der kleinen Leute, «Spuren ihres Existenzkampfes» hielt er zeichnerisch fest in dem Bemühen, «sich in solche gedrückte Lebensverhältnisse einzufühlen und sie sympathisierend in seiner Malerei zur Sprache zu bringen» (Billeter). Auch das war eine Frühwelt der Menschheit, die sich kaum von der Lebensweise vor 5000 Jahren unterscheiden mochte. Archaik in der Gegenwart.

Um aber auf die ästhetische Substanz des Archaischen durchzustossen, war es nötig, sich der Urmacht der Natur auszusetzen. Wo Wolken sich am Himmel ballen, wo das Meer sich ins Grauschwarze verfärben kann, wo Felsen dem Himmel und dem Meer antworten – da fand Falk eine vormenschliche Wirklichkeit, der die Menschen ihre Existenzweise abringen müssen, die kargen Fischer heute wie ihre Vorfahren vor vier, fünf Jahrtausenden. Der junge Luzerner mochte am Vierwaldstättersee die Elemente so erlebt haben: «Es rast der See und will sein Opfer haben.» (Schiller). Doch nun weitete sich der Blick, nicht nur in die Ferne, sondern auch in die Tiefe, wo Geschichte sich in der Natur zeigt. Die kreisend bewegten Wirbel auf dem Granitmenhir von Turoe versetzen uns in einen abstrakten Gestus, dessen Ursprung unsere eigene Unruhe zu sein scheint; doch die Treibarbeiten auf dem Silberkessel von Gundestrup (der im Museum von Kopenhagen aufbewahrt wird) entschlüsseln uns den Naturalismus der abstrakten Form: In Kurven von gleicher Dynamik bewegen sich mythologische, tier- und menschengestaltige Wesen um den bärtigen Himmelsgott Taranis – eine Walpurgisnacht aus Sturm und Blitz. Im keltischen Erbe verschlingen sich Natur- und Menschenmythos in expressiven Gebärden. Falk begab sich voll innerer Spannung in diese frühzeitliche Welt, deren archaische Grundstruktur, wie Guido von Kaschnitz-Weinberg schreibt, allen europäisch-asiatischen Kulturen der Vorgeschichte gemeinsam ist, «die sich nördlich der Alpen und des Balkans von Frankreich bis weit nach Osten gegen den Ural und darüber hinaus einerseits und über den Iran gegen Indien zu andererseits erstrecken».

Cornwall und Achill Island sind Orte, wo der Mensch sich verlieren kann. Nicht in der Gestalt seinesgleichen, sondern in der Stimmung, die sich in Himmels-, Meeres- und Landschaftsfarben verdichtet, erfährt der Künstler sich selbst als das Echo der Natur. Hier hat Falk das autonome Leben der Farbe für sich entdeckt, zuerst in einem fast wütenden Kampf mit den amorphen Gewalten. Grobe, herrische Pinselstriche, die die Farbe dick und pastos auftragen und in ihrer Materiatur zum Ereignisträger machen, bestimmen die Wirkung, die von diesen Bildern ausgeht. Dem Meer ist das Ineinanderklingen von Farbtönen abgeschaut, die tiefen Schatten reflektieren die grauen Wolkenpakete am Himmel in Schwarz und Violett und dunklem Purpur, Deckweiss dazwischen wie Schaumkämme. Das Tumultuöse des abstrakten Expressionismus jener Jahre um 1960 erreichte Falk nicht in den Galerien und Museen, wo die Vedova und Appel, de Kooning und Schumacher ausstellten, sondern in der Einsamkeit von Land's End und Achill Head.

In den Jahren seit 1950 bis Mitte der Sechziger gibt es eine starke Strömung im Informel, die an die Ausdrucksformen des Expressionismus gemahnt; man hat ja auch vom «abstrakten Expressionismus» gesprochen. Falks «gälische Periode» gehört in diesen Zusammenhang. Doch wird von Anfang an spürbar, worin er sich unterscheidet: Selbst im

Stromboli, 1960
25 x 30 cm
Kreide, Bleistift auf Papier

Stromboli, 1968
57 x 67 cm
Öl, geschlämmte Kreide
auf Leinwand

nordischen Nebel scheint ein Anklang an südliche Peinture auf, selbst im Eruptiven deutet sich ein Moment von Klassizität an, das gegen das Brausen des Weltmeers einen anderen Akzent setzt.

Im Norden, am Thema «Meer», fand Falk zur autonomen Gestalt, die sich nicht mehr an Gegenstandsformen hält. Doch er musste zurückkehren in den Süden, um seiner ureigensten Seherfahrung malerische Wirklichkeit verschaffen zu können: nicht die Dinge im Licht zu zeigen, sondern das Licht der Dinge.

Falk nimmt Wohnsitz nicht in der Toscana mit den herben, nüchternen Farben Masaccios; nicht in der Provence, wo Corot aus Dunst und Staub die zartesten Farbschatten auftauchen liess; sondern auf Stromboli, der grollenden Vulkaninsel nördlich von Sizilien. Auch hier ist bronzezeitliche Tradition – das schöne Museum von Lipari birgt die Funde –, aber schon freier in die humane Gestalt entborgen als im keltischen Norden. Er haust in einer notdürftig hergerichteten Ruine, vor sich ganz unmittelmeerisch den schwarzen Lavastrand, darüber aber das unsägliche, sich in unerforschlichen Tiefen intensivierende Blau des Himmels, das im Scirocco sich dann verfärbt und sich, nach aussen stumpf werdend, in sich zurückzieht. Wieder ein äusserster Punkt der Zivilisationsferne, ein anderes «Land's End», wo der Südrand des Kontinents im Meer zerbröselt.

Hier beginnt Falk aufs neue zu malen. Anfangs herrscht noch die wildere Expressivität des Nordens vor. Zwar wird die Schimmelreiter-Stimmung, die in der Cornwall-Zeit die Bilder durchzieht, schnell von der strahlenden Atmosphäre des Südens verdrängt. Doch der Pinsel schlägt noch brutal zu, Falk kämpft mit der neuen Umgebung, seine Subjektivität lehnt sich gegen die stille Selbstverständlichkeit auf, mit der die archaische Welt Natur und Kultur in eins fasst. «Vor dem Hintergrund fortlebender Antike begegnet Falk der mediterranen Landschaft mit der schweifenden Phantasie des Nordländers», schrieb ich damals über die Bilder des Jahres 1961. Kräftig und kontrastreich sind die Pinselstriche gesetzt, mit jähen Gebärden, manchmal spritzt es wie aus sperrigen Borsten über die Fläche. Glühend und ausgeglüht leuchten die Farben, Antwort auf die Provokation eines vulkanischen Eilands, das eingebettet ist in die Weite des Meeres und des südlichen Himmels. Diese Erfahrung des täglichen Sehens auf Stromboli spiegelt sich in der bildnerischen Handschrift, in einer starken, abrupten, wenn auch im Aufbau ihrer Sequenzen wohl beherrschten Sprache.

Die ersten Jahre auf Stromboli sind ein Kampf. Falk, der Expressionist, unterliegt – zu seinem Glück. Er beugt sich dem Mass und der unaufdringlichen Objektivität der Antike, die ihm hier noch in zeitloser Vorzeitlichkeit entgegentritt. Subjektivität des Ausdrucks und Objektivität des Ausgedrückten wurden eins.

Wenn auch in der Malerei, wie sie Hans Falk pflegt, der Malvorgang eher ein «medialer» als ein analytischer ist, so verbietet sich doch gerade hier, vom Zufall und von «den Gesetzen des Zufalls» zu sprechen. Viel eher könnte man sagen, dass die relative Freiheit, die der Malvorgang dem Maler schenkt, die volle Entfaltung seiner spezifischen Anlagen begünstigt. Der Strich, auch wenn er – oder gerade weil er – nichts mehr «bedeutet», ist noch sensibler, noch feinspüriger geworden, die Farbfläche, auch wenn sie – oder gerade weil sie – nichts mehr «bezeichnet», ist noch reicher, lebendiger, vibrierender geworden, der Bildbau noch überzeugender, an Bezügen reicher. Was Falks Kunst stets auszeichnete, in den Stromboli-Bildern der letzten Jahre tritt es besonders klar hervor: das Zusammenwirken von Kraft und Zartheit. Selbstverständlich: in der Zeitspanne, in welcher der Maler, vom ersten Strich bis zum endgültigen Zurücktreten, mit dem Werk zusammengelebt hat, hat sich etwas ereignet. Der Vorgang umschreibt ein Erlebnis, zwischen dem Bild und dem Maler besteht ein Einverständnis, ein Geheimnis. Mag sein, dass der Betrachter es sich aufzuschliessen vermag. Das Bild ist zu einer neuen Wirklichkeit geworden, in die jeder sich hineinsehen mag.
Willy Rotzler

Stromboli, 1965
75 x 103 cm
Dispersion auf Papier

Stromboli, 1960
35 x 29 cm
Kreide, Tusche auf Papier

Stromboli, 1967
31 x 41 cm
Öl, Tempera auf Papier

Stromboli, 1965
75 x 101 cm
Dispersion, Collage auf Papier

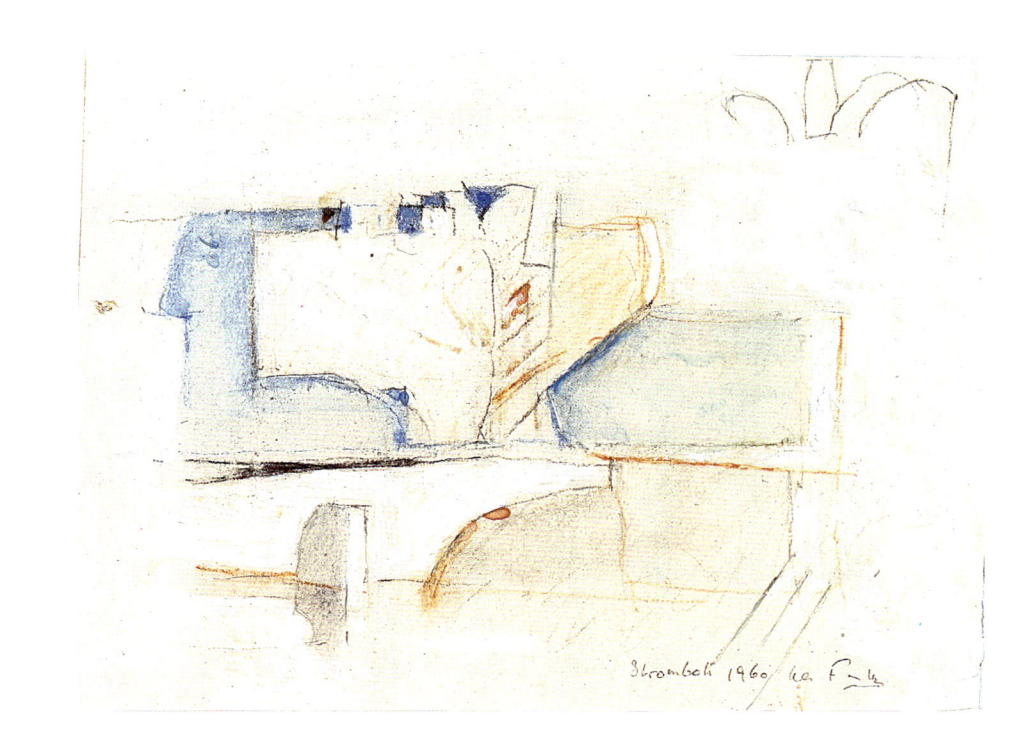

Stromboli, 1960
26 x 28 cm
Kreide, Tempera auf Papier

Dieses Bild ist entstanden nach der Karfreitags-Osterprozession. Im rechten Bildteil stecken die Nägel, rostige Balkennägel, zum Teil hängen noch Fäden dran (wie verlorene Haare während der Marter). Links ein Strom von Weiss und Rot (Blutspritzer, Blutläufe), das Weiss, zerronnenes Schweisstuch, Markierung eines Zeitzeigers auf 3 Uhr gerichtet. Stunde des Todes Christi. Aber von all dem hatte ich während des Malens keinen Augenblick eine klare Vorstellung, und heute erinnere ich mich hauptsächlich an das Dämonische der Prozession.
Hans Falk

Stromboli, 1961
113 x 143 cm
Öl, Eisennägel auf Leinwand

Stromboli, 1963
41 x 53 cm
Bleistift, Öl auf Gipsplatte

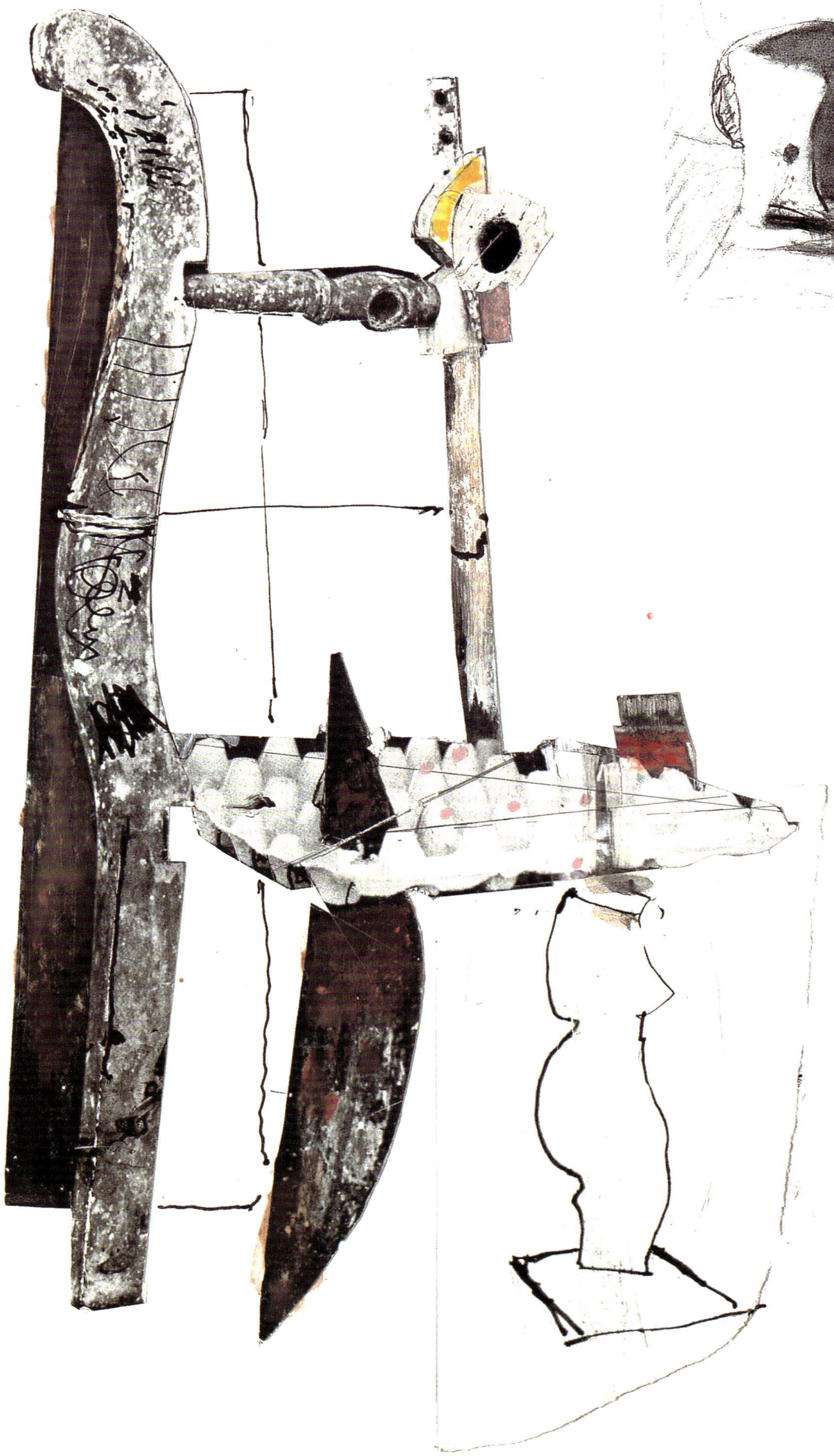

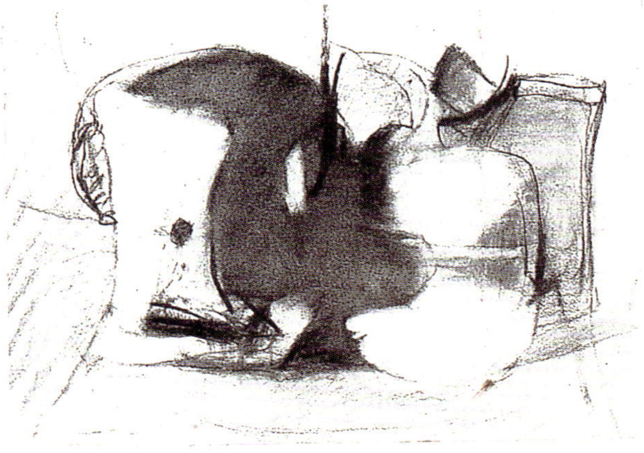

Stromboli, 1967
Höhe 87 cm
Objekt, durchbohrter Sitz

Cornwall, 1958
Irdenes und
knöchernes Gefäss
28 x 38 cm
Kohle auf Papier

Stromboli, 1967
Cornudi
Höhe 205 cm
Gekalkte gestreckte Figur

Stromboli, 1962
Kammfigur
Höhe 25 cm
Aluminium, Eisen

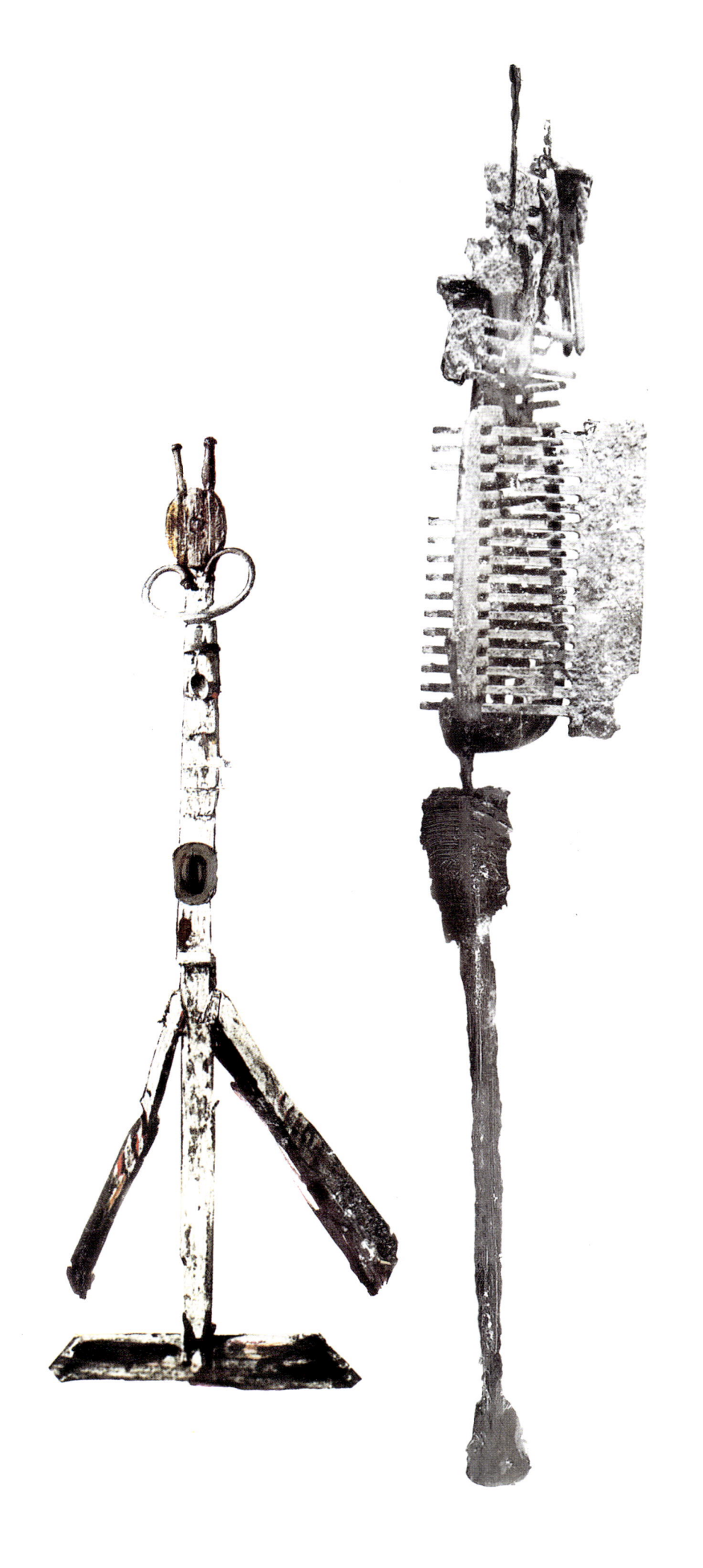

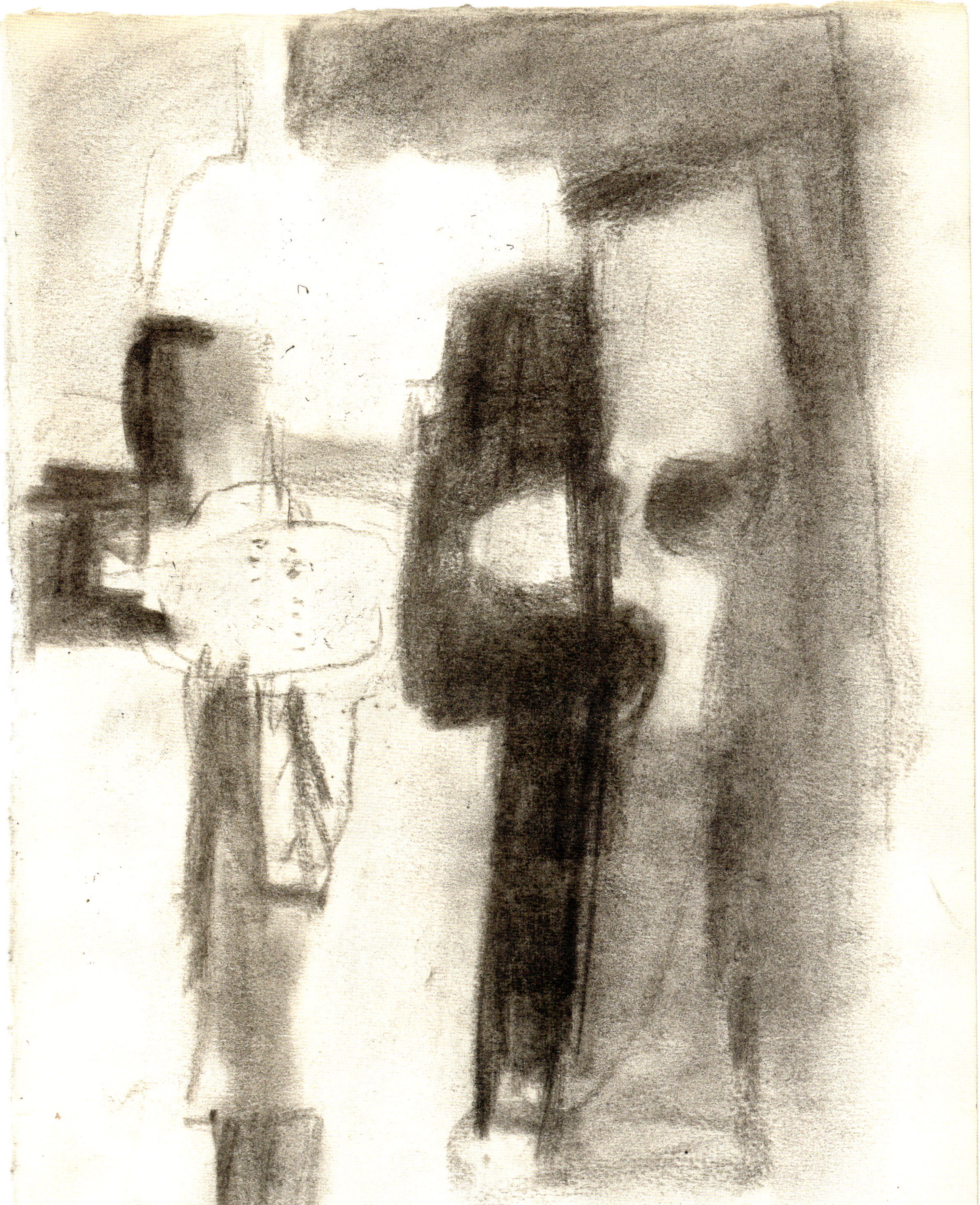

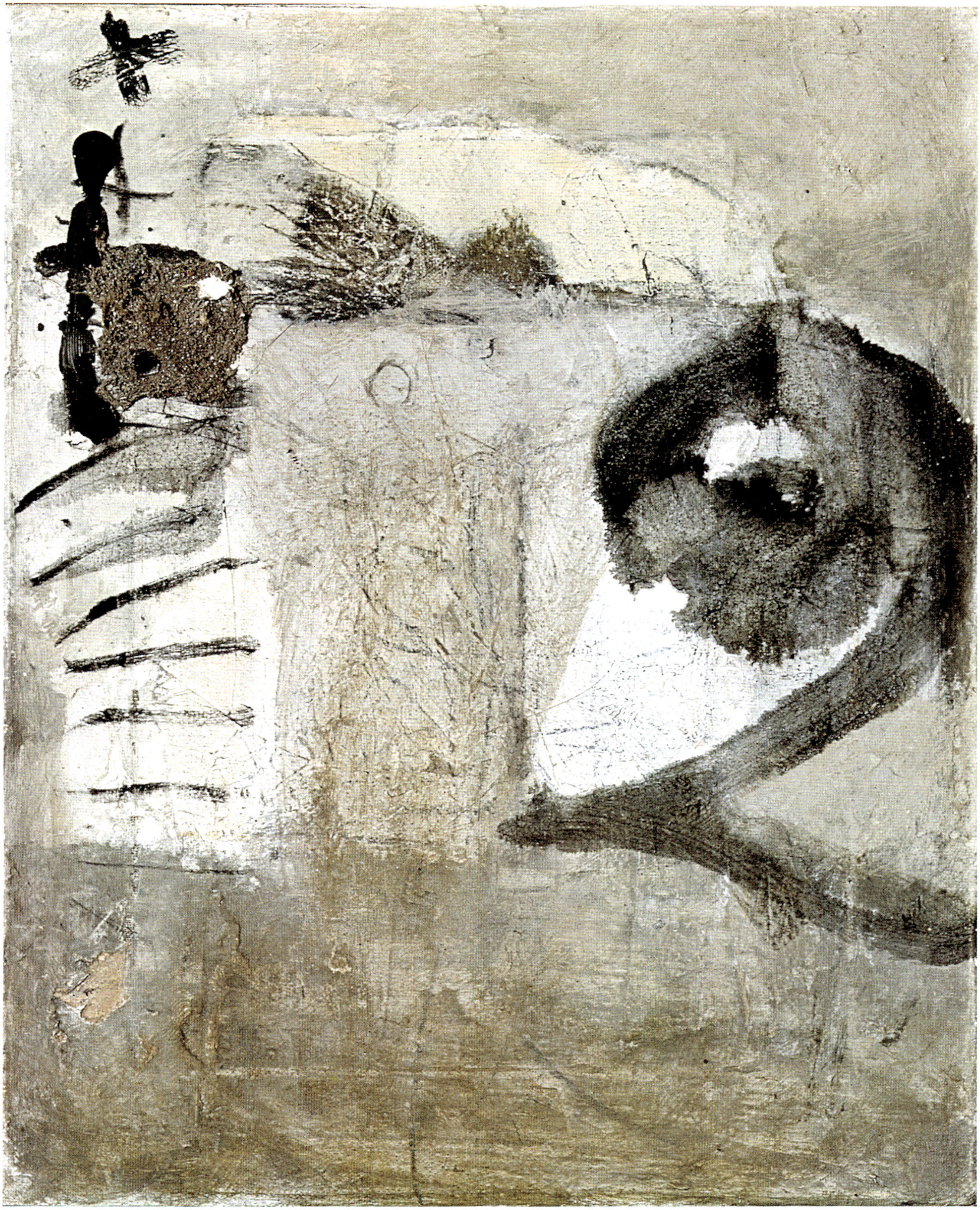

Stromboli, 1962
10 x 16 cm
Kreide, Tempera auf Papier

Stromboli, 1962
10 x 18 cm
Kreide, Tempera auf Papier

Stromboli bringt Beruhigung und Reife. Nun werden die Valeurs der Luft, des Wassers, der verblichenen Häuser zu neuen sinnlichen Erlebnissen. Falk begegnet der «rosenfingrigen Eos» Homers, träumt in der panischen Mittagsstunde; auch panische Symbole erscheinen ihm, Phallusform taucht aus dem silbrigen Sonnenglast.

Die Rezeption der mittelmeerischen Formenwelt wird nie zu gegenständlicher Bildgestalt. Das Epische des Berichts hält Falk fern, er bleibt Lyriker. Die mittelmeerischen Formen gehen ein in seine Empfindung und verleihen ihr Spannung zwischen dem verströmenden Farbeindruck und der geheimen linearen Gliederung, die die Ordnung der Fläche bedingt. Von Jahr zu Jahr reduzieren sich die Farbwerte, bis Bilder entstehen, die aus wenigen Schattierungsgraden komponiert sind: da tauchen aus einem weissen Grund Ritzformen und Farbschatten auf, oder kleine Lineamente halten sich verschämt in einem matten Weiss.

Auch hier verarbeitet Falk zunächst das Archaische im Kontrast der Farben: Berg, Felsen, kohlenschwarzer Sand; leuchtendes Weiss der frisch verputzten Häuser, das im heissen Klima schnell in fleckige Töne der Verwitterung übergeht; Gemäuer, das nicht anders aussieht als in den neolithischen Siedlungen des frühen Orients; Sonnenuntergänge über dem Meer, von denen schon Heraklit als kosmischen Ereignissen spricht. Im brennenden Rot mancher Stromboli-Bilder bannt Falk des «Feuers Wende», bevor es verlischt. Doch es ist nicht mehr der Weltenbrand der Götterdämmerung, der die Esche Yggdrasil verzehrt, sondern die Geburt einer Welt aus der Glut der Leidenschaft. Und im Vulkan haust der Gott Hephaistos, der Pflüge und Eisenkessel und den prunkvollen Schild des Achill schmiedet.

Die Farbe im «gälischen Licht» – ein Bildtitel Falks von 1960 – kommt heraus aus dem Düsteren. Die Farben Strombolis haben das Licht in sich aufgenommen und strahlen es zurück. Für Falk bedeutete das einen ganz neuen Umgang mit seinem «Material», und es bedeutete eine ganz neue Aufgabe: Wie kann man darstellen, dass die Dinge *durch* das Licht und *als* Licht erscheinen?

Die Sinnlichkeit wird nun Fingerspitzensensibilität. Die Aufhellung macht hingewischte Schatten, überhaupt Nuancen aller Art wesentlich; und vor allem die kleinen, wie zufällig erscheinenden graphischen Elemente, diese behutsam gesetzten Striche, Schnörkel, Sgraffiti. Das Bild wird zu einer Wand, auf der das Leben Spuren hinterlassen hat, stenographische Kürzel, die viel mehr besagen, als sie zeigen, Signaturen eines alterslosen Lebens. Im prähistorischen Zeitmass einer vergessenen Insel, die doch nicht Wildnis ist, sondern Zeuge vorübergegangener Kulturen, findet Falk die geheimen Gesetze der Ordnung, deren er bedurfte, um zu sich selbst zu kommen. Die Subjektivität der lyrischen Expression klärt sich zu einem Spiegel, in dem die Erscheinungen des Objektiven sich anschauen. Was auf den ersten Blick wie eine Ecriture automatique oder Action Painting scheinen mag, ist in Wahrheit Abbild jener zeitlos archaischen Welt, die ihre Geschichte im Wandern des Sonnenlichts, in der Bewegung des Meeres, im Verwittern des Steins erlebt. Spuren im Gemäuer sind die Chronik dieser Urzeit. Als Falk ihr begegnete, fand er die Identität seines Gefühls mit der Realität des Gesehenen. Stromboli ist die Geburtsstätte des Falkschen Stils, seiner Anverwandlung der Sprache des Informel. Was sich dort, in dem knappen Jahrzehnt von 1960–68, herausbildete, hat er nicht wieder verloren.

Vorhergehende Seiten	Stromboli, 1962 65 x 50 cm Kohle auf Papier	Stromboli, 1962 37 x 30 cm Öl, Collage auf Leinwand	Stromboli, 1960 130 x 125 cm Öl, Leinwand, Collage

Stromboli, 1965
75 x 103 cm
Dispersion, Farbpulver,
Kreide auf Papier

Stromboli, 1962
57 x 67 cm
Öl, Dispersion, Kreide auf
Leinwand

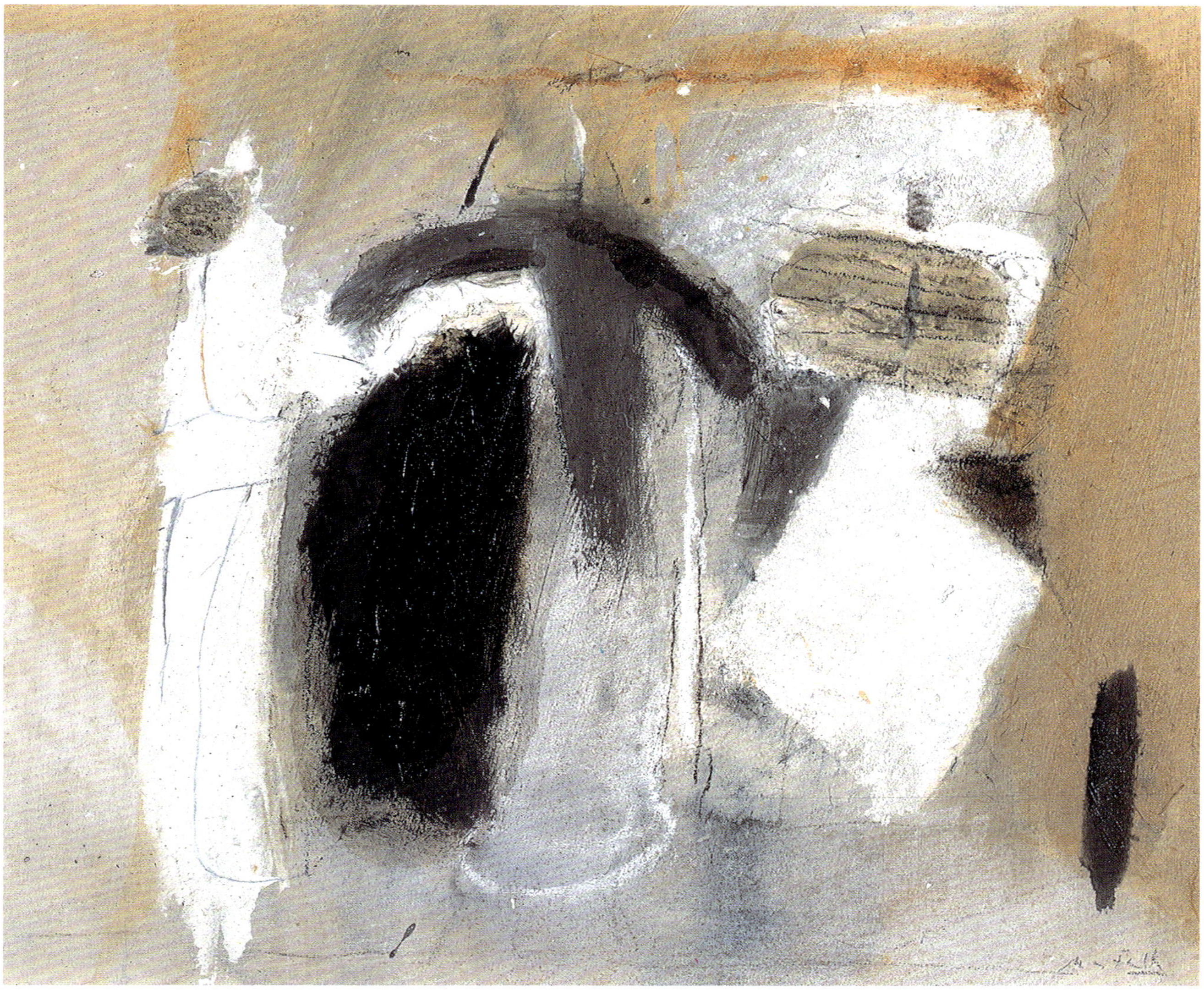

Südspanien, Westirland, Stromboli: drei Gegenden an den Rändern Europas, drei der ärmsten Küstenstriche des Kontinents. Eine Flucht in die Primitivität also, eine Wiederholung des Unternehmens Gaugin, abzüglich die Exotik, also?
In einem gewissen Sinne schon. Doch ist zu bedenken, dass alle drei Standorte des Malers zwar arm, nach landläufigen Begriffen wenig reizvoll und tatsächlich primitiv sind, dass es sich aber in jedem Falle um Gegenden handelt, die von uralter Kultur gezeichnet, ja durchtränkt sind, um Kreuzungspunkte sehr verschiedener, ja gegensätzlicher Kulturen: In Südspanien traf Islamisches auf Iberisch-Römisch-Gotisches, in Irland reibt sich Keltisch-Heidnisches an Christlichem, auf Stromboli gar liess die ganze bunte Völkerfamilie des Mittelmeeres ihre Spuren zurück.
Bei der Wahl dieser Lebensräume von Zufall zu sprechen, wäre naiv, hiesse die Natur dieses Malers verkennen, der auf die abgelebten Zeitschichten einer Landschaft oder menschlichen Gemeinschaft so fein reagiert wie ein Rutengänger auf verborgene Wasser- und Metalladern.
Manuel Gasser

Stromboli, 1997
18 x 13 cm
Tinte koloriert

Stromboli, 1997
26 x 28 cm
Öl, Kreide, Kalk auf Leinwand

Folgende Seiten

Stromboli, 1997
33 x 23 cm
Öl, Tempera auf Papier

Stromboli, 1997
33 x 23 cm
Acryl, Tusche, Kreide auf Papier

Stromboli IV
1997

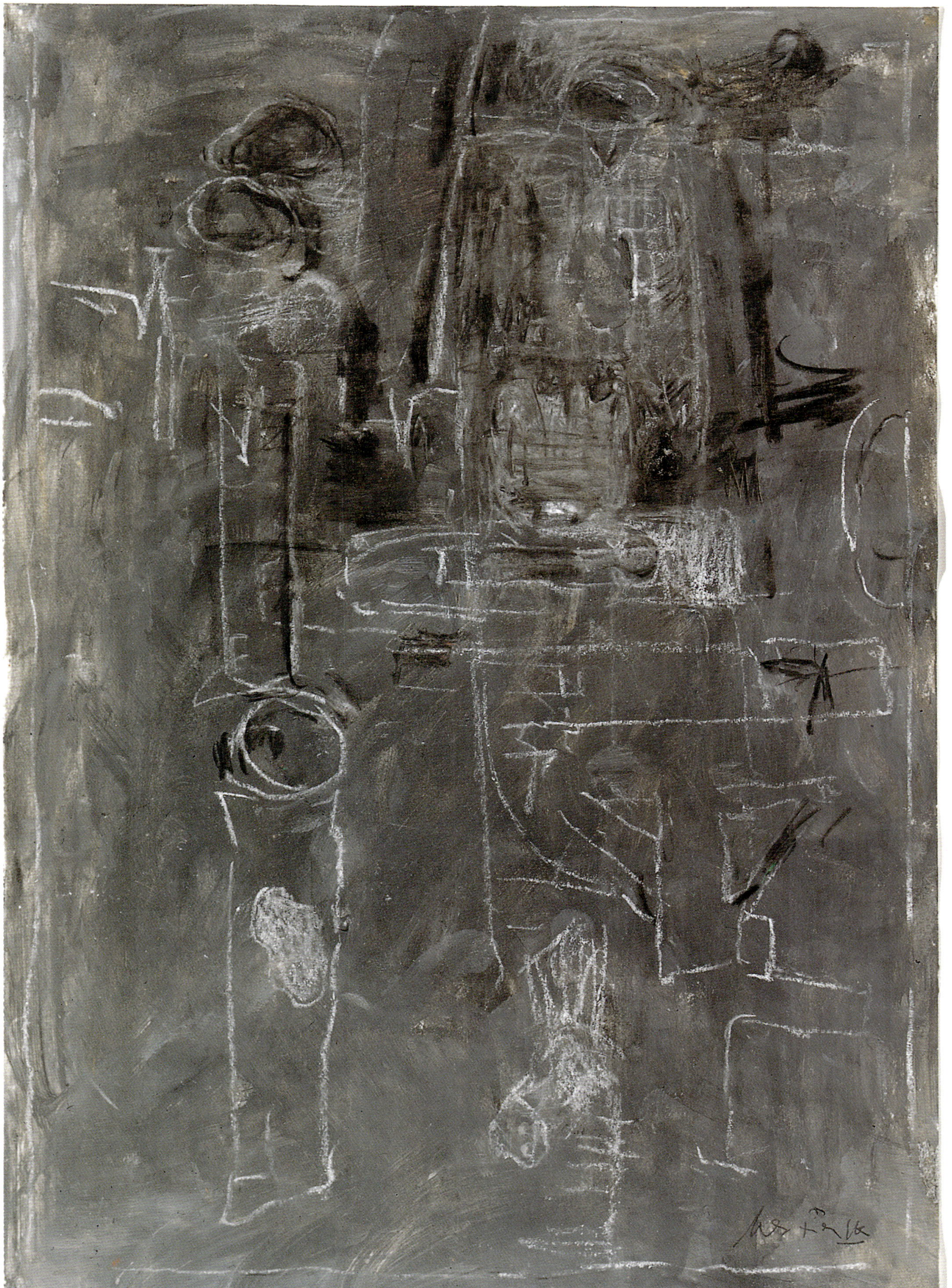

Londoner Intermezzo

«Als heroische Landschaft habe ich die Stadt. Als Gesichtspunkt die Relativität. Als Situation den Einzug der Menschheit in die grossen Städte zu Beginn des dritten Jahrtausends.»

(Brecht, autobiographische Notiz von 1925)

Im delikatesten Tachismus Falks liegt immer schon ein Stück gesehene und erlebte Realität. Er hat den Gegenstand nie ganz aufgegeben, auch als er nichtfigurativ zu malen begann. Auf Stromboli hat er ihn als geologischen und archäologischen wiedergefunden, als eine Erinnerungsspur, die die Materie an sich trägt. Der Lyrismus des Ausdrucks ist durch die Wahrnehmung der Dinge vermittelt.

Die wahrgenommenen Dinge aber fordern ihr Recht. Zumal von einem Maler, der auch Zeichner ist und den Gestalten nicht nur ihr inneres Leuchten, sondern auch ihre äussere Grenze zu geben gewohnt ist. Den Umriss einer Sache entwerfen, heisst sozusagen, sie beim Namen zu nennen. Falk hatte ja stets die Dinge gemalt, die ihm ins Auge fielen, hatte sie in einem designativen Furor in seine Skizzenbücher gebannt. Er hatte den Gegenstand nie *prinzipiell* zugunsten blosser Ausdrucksgebärden aufgegeben. Jetzt brauchte er nur noch von den Hieroglyphen ausgewaschener Felsen und zerbröckelnder Hauswände wieder zum Menschen, zu den Orten der Zivilisation zurückzukehren – dann mochte sich ihm eine neue Erfahrung öffnen, in der er das inzwischen Gewonnene würde verarbeiten können.

1968, mit fünfzig Jahren, hat Falk diesen Weg betreten. Man sagt, dies sei «l'âge de raison» – das Alter der Vernunft, die Zeit der Reife. Sicher war die Übersiedelung von Stromboli nach London ein Schritt der Vernunft. Man lebt nicht ein Leben lang auf einer Insel, wie notwendig man sie auch zeitweilig brauchen mag.

Schon die ersten Wochen in London zeitigten Neues: Industrieatmosphäre, Stadtlandschaft intra et extra muros, Menschen, die diese Gegend zwischen Häusern bewohnen, Randtypen zumal, Huren, Zuhälter, Vagabunden. Mit hingetuschten, verschwebenden Farben und im Ungewissen verzitternden Umrissen, die alles offen lassen (weil diese Welt nach so vielen Seiten offen ist) und die doch prägnant die Stimmung und das Was der Sache erfassen, werden hier Phantasmagorien entworfen von einem, der von verwirrenden Eindrücken wie im Traum bestürmt wird.

Zuweilen bricht eine derbe, fleischliche Sinnlichkeit auf, als könne an ihr ein Stück handfester Realität einverleibt werden. Doch die Körper sind nicht vor dem Hauch der Farbe da, der zuerst über dem Blatt hängt und aus dem sie sich wie ein Duft zu heben scheinen, in einem Vorgang der Konzentration, erzeugt aus dem Medium des Malers. Falk bleibt auch da, wo ihm Vulgäres entgegentritt, ein Kolorist, der eher bei Tiepolo als bei Brouwer in die Schule gegangen ist.

It Started II, 1970
141 x 196 cm
Acryl auf Leinwand

Siehst Du den Mond dort über Soho? Was geschieht, wenn ein Lyriker, voll starker, spontaner Empfindung für Menschen, mit der Gesellschaft konfrontiert wird, die das Elend des Menschen – das materielle wie das geistige – produziert und reproduziert? London ist das Paradigma dieser Gesellschaft. Und wenn auch die Lage der arbeitenden Klasse gewiss eine andere geworden ist als zu der Zeit, da Engels sie, ergriffen von Empörung, mit sachlicher Leidenschaft beschrieb, so trifft doch sicher noch jener Satz zu, mit dem er die Schilderung Londons einleitete: «Wenn man sich ein paar Tage lang auf dem Pflaster der Hauptstrassen herumgetrieben, sich mit Mühe und Not durch das Menschengewühl, die endlosen Reihen von Wagen und Karren durchgeschlagen, wenn man die ‹schlechten Viertel› der Weltstadt besucht hat, dann merkt man erst, dass diese Londoner das beste Teil ihrer Menschheit aufopfern mussten, um alle die Wunder der Zivilisation zu vollbringen, von denen ihre Stadt wimmelt.» Der Künstler kann, wenn er vom Menschen betroffen ist, nicht weniger scharf sehen als der Sozialkritiker. Falk aber brachte die Sprache des Eros mit, die Sprache der Lust am Dasein. Sie zu sprechen ist möglich am Rande der Zivilisation, wo Natur die Sinne überwältigt, Natur von aussen und Natur von innen. Indem er sich einer Gesellschaft aussetzte, in der die Menschen roh statt gut sind, erwuchsen der Sensibilität Falks neue Konflikte. Sie mussten bewältigt werden, ohne aufzugeben, was auf Stromboli gewonnen worden war, und ohne doch in den Folklorismus der Impressionen zu verfallen. Falk stellte sich dem Anspruch, sein gesellschaftliches Selbstverständnis einzulösen. Natürlich kann ein Lyriker kein Beckmann, kein Grosz, keine Kollwitz sein. Doch auch in sein Lied sind Klage und Aufruhr eingegangen.

Nun aber zeigt sich etwas sehr Merkwürdiges. Dem scharfen Beobachter, der unter der Oberflächenerscheinung das Wesentliche aufzuspüren und aufzurühren versteht, genügt die Erscheinung nicht mehr. Was heute wesentlich ist, zeigt sich nicht im Hinblick auf das dinglich Gegebene. Bot im Mittelalter der Bettler den Anlass, sich seiner Not zu erbarmen und christliche Caritas zu üben, so ist heute der Obdachlose das Opfer einer falsch funktionierenden Gesellschaft, die doch immensen Reichtum produziert, aber nicht alle daran teilhaben lässt. Not ist sinnlich darstellbar, eine Funktion und ihr Versagen aber nicht. Das Wesen der modernen Gesellschaft entzieht sich der direkten Visualisierung. Der Künstler kann nicht mehr einfach das, was er sieht, zur Beschreibung dessen machen, was die Wirklichkeit «in Wirklichkeit» ist. Er muss Abstraktionen darstellen oder Symbole schaffen.

Individuelle Symbole sind aber keine; das Symbol setzt eine gesellschaftliche Übereinstimmung über den symbolisierten Gehalt und Anerkennung der symbolischen Ausdrucksform voraus. Solcher Konsens einer Weltanschauung, die eine verbindliche Ikonologie ermöglichen würde, fehlt heute; es herrscht Pluralismus der Meinungen. Die ungeheure Fülle von Phänomenen gliedert sich nicht nach einem allgemein verstehbaren Sinn. Jedes bedeutet für jeden etwas anderes. Von den Phänomenen her kann das Leben nicht ohne weiteres aufgezeigt werden. Die Welt präsentiert sich als wesenlos und sinnleer.

Diese Erfahrung vermittelt mit extremer Deutlichkeit die Grossstadt, wo die moderne Gesellschaft gleichsam retortenrein vorliegt. Ich meine, Falks Bilder der Londoner Zeit spiegeln diese Erfahrung. Sie verausgaben sich an den optischen Schein. Falk spürte diesen Widerspruch, aber noch wusste er nicht, ihn aufzulösen; das gelang ihm erst in New York. Die Eintragungen in seinen Skizzenbüchern sprechen davon. Da heisst es einmal: «Meine Malerei möchte ich vielmehr als eine Reflektion politischer gesellschaftlicher Wirklichkeit verstanden wissen.» Und dann: «Mir geht es um den Ausdruck, für das Geschehene, Erlebte eine Spur zu ziehen. Wie ein Film an uns vorbeifliesst, eben wie das Leben.» Der Film des Lebens, der vorbeizieht, ist aber gerade keine Reflektion der gesellschaftlichen Wirklichkeit. Er verströmt in Momentaufnahmen.

Hier stösst Falk an eine Grenze seines Realismus. Er kann Bilder einer chaotischen Lebenswelt schaffen, Figuren, die sich auflösen, Nebel, die wogen, Symptome der Leere. Das ist aber nicht das Wesen einer «dying culture» (wie Christopher Caudwell sie hellsichtig analysierte), sondern ihre Oberfläche. Die Einheit von Oberfläche und Wesen, die Falk in Stromboli gefunden hatte, drohte wieder zu zerfallen. Er musste London verlassen. Was er dort nicht zu fassen bekam, suchte er in New York.

Flashbulbs Through
a Window, 1971
120 x 172 cm (Ausschnitt)
Acryl auf Leinwand

It Started I, 1970
140 x 196 cm
Acryl auf Leinwand

Comics for a Sporting
Hero, 1971
23 x 18 cm
Aquarell, Tusche, Collage,
Papier

Sketch to the Saloon, 1971
23 x 18 cm
Aquarell, Tusche, Collage
auf Papier

Purple-Orange Flashes, 1971
155 x 202 cm
Acryl auf Leinwand

London, 1971
Belly Dance
118 x 154 cm
Acryl, Öl auf Leinwand

London, 1971
Diagonal Man
155 x 118 cm
Acryl auf Leinwand

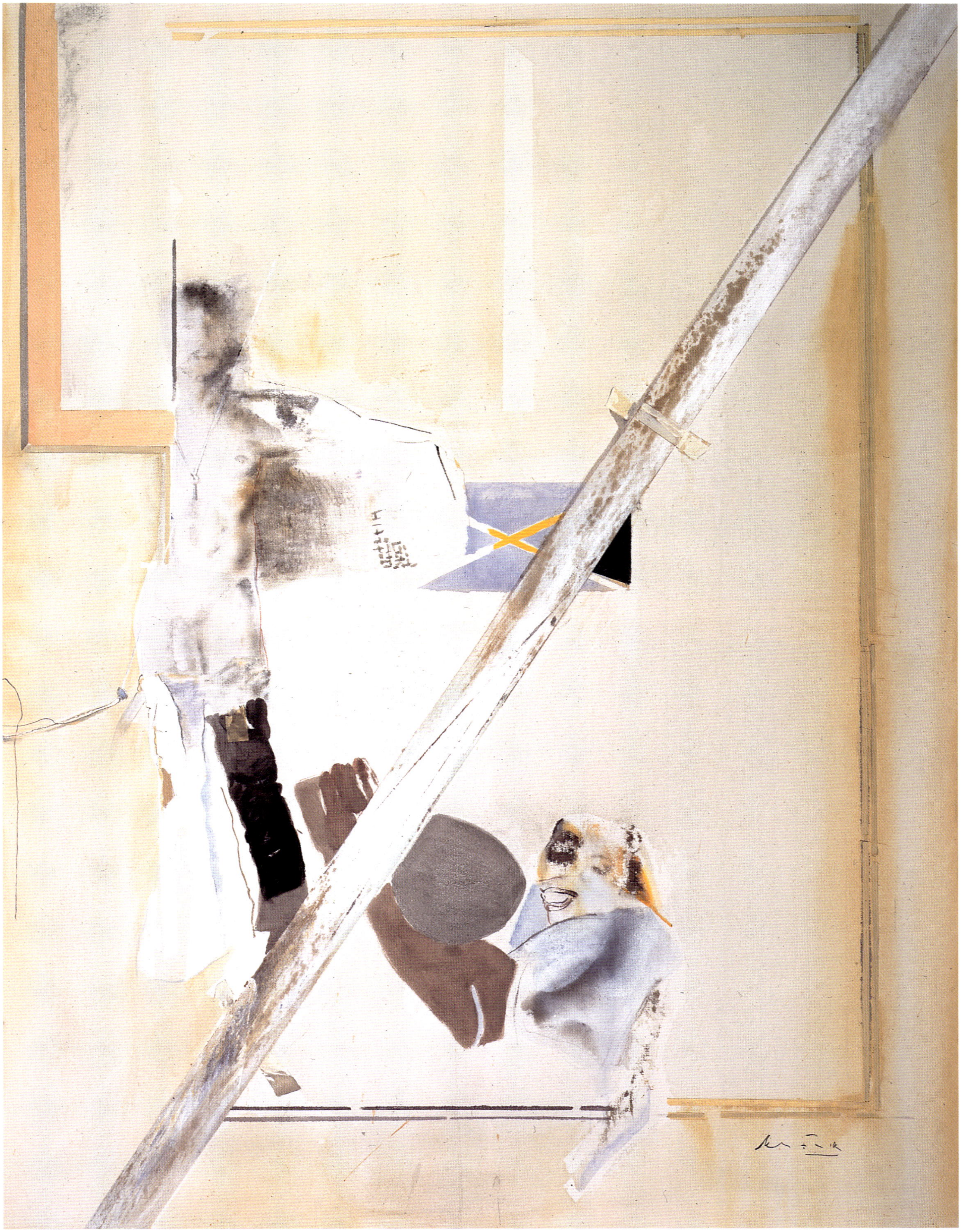

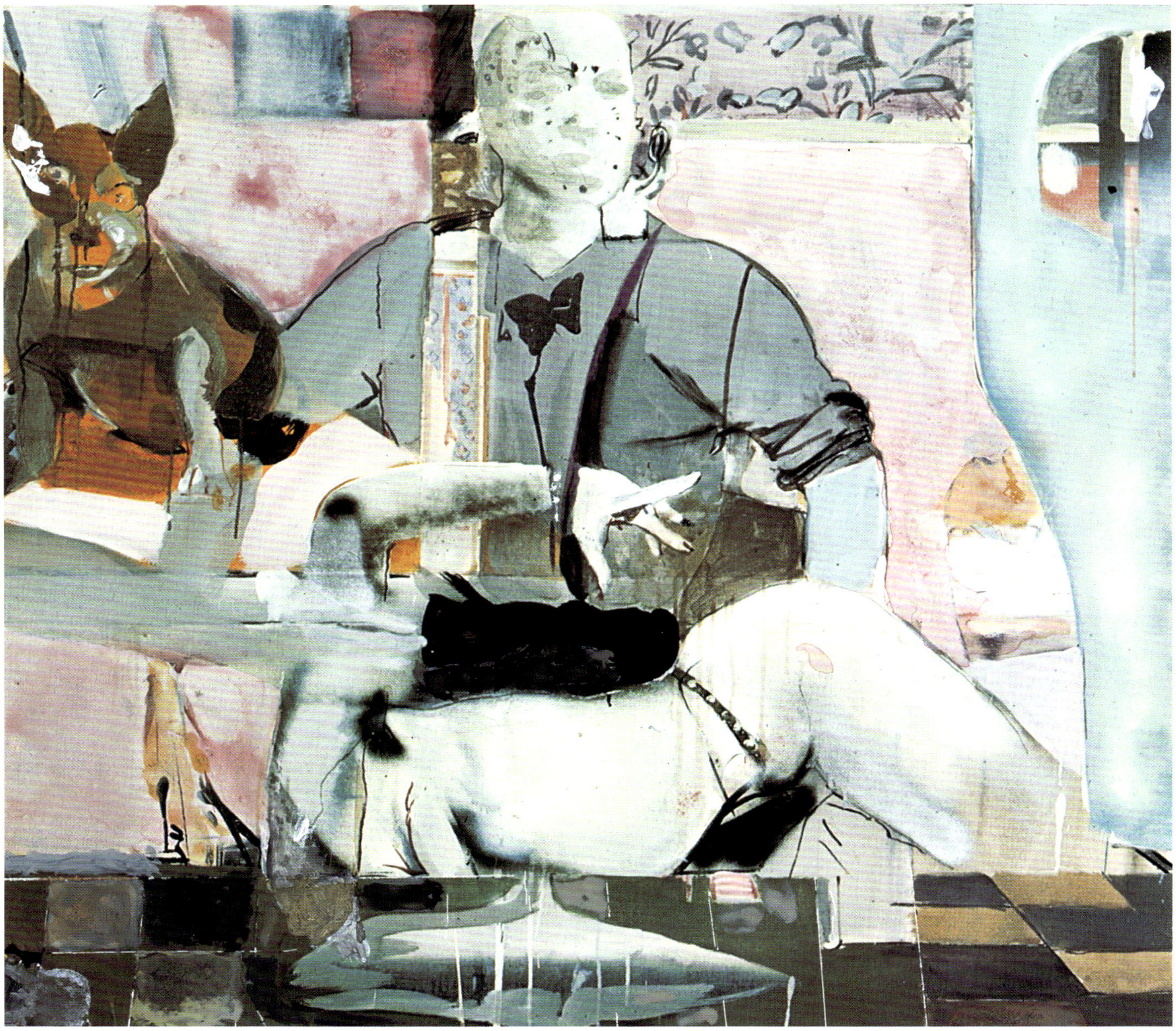

A Not Very Specific Situation,
1972
155 x 202 cm (Ausschnitt)
Acryl auf Leinwand

Phantom Limbs,
1973
155 x 202 cm (Ausschnitt)
Acryl, Silber auf Leinwand

Im Woodstock-Hotel, New York, drehte der Filmproduzent Erwin Leiser das Porträt «Hans Falk – Welt im Container» – 45 Minuten. Erstmals ausgestrahlt vom Kultursender des SWF anlässlich der Ausstellung im Friedrichsbad, Baden-Baden.

Leiser, der meine Arbeitsweise kannte, wies Kameramann und Tonassistentin an, den Fluss meiner Arbeit nicht zu stören.
Ich war dankbar, dass die Sequenzen des Malvorganges nicht zur Attrappe gerieten.
Hans Falk

New York,
Auszüge aus dem Film von Erwin Leiser
«Hans Falk –
Welt im Container»

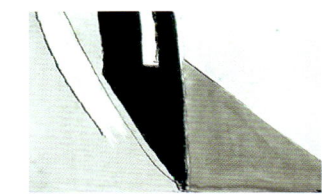

Über meine Arbeit im Woodstock-Hotel an der 127 West 43rd Street Nähe Times Square Tagebucheintragung

Rusty, der schwarze Deskman vom Woodstock-Hotel, sperrt uns den seitlich der Drehtür gelegenen Eingang auf. Wir sind soeben mit dem Taxi vom Airport angekommen. Unser Gepäck steht noch auf der Strasse. Der hölzerne Balken, der die Türgriffe sichert, unterteilt den Blick in die schwächlich beleuchtete Hotel-Lobby. Im gelblichen Schein erkenne ich meine Mitbewohner: Asylanten, verschlagen an diesen Endplatz, der sich immer noch Hotel nennt. Wie gefroren stehen sie da; kaum eine Bewegung geben sie von sich her. Bevor das Gepäck im Elevator steht, höre ich die rauchige Stimme der schwarzen Mildred. Sie schreit den Alten auf dem verschlissenen Sofa an: «Don't blame me, motherfucker!» – Sie schaut auch zu mir, einen Moment lang. Ihr Ausbruch gilt nicht mir, aber er hätte ebensogut mir gelten können. Sie muss so reden, um nicht in der Einsamkeit zu ersticken. Niemand antwortet ihr. – Diese wenigen Sekunden lassen mich fühlen, dass ich wieder angekommen bin. 7th Hall. 19 Zimmer habe ich auf diesem Stockwerk für mich. Ein Brand hat sie 1974 endgültig zerstört. Das Geld, um die Zimmer wieder bewohnbar zu machen, bringt das Hotelmanagement nicht auf. Sie gehören nun mir, ich habe sie sozusagen besetzt. Ich fand mein Asyl. Wenn ich zwischen den Türrahmen auf dem 7th Floor stehe, bin ich Voyeur. Aber werde ich nicht auch selbst beobachtet im blinden Spiegel über der Waschtischkonsole? Meinen Umriss sehe ich als weichen Schatten im staubbedeckten, schmutzbeschlagenen Fenster. Aus undichten Hähnen höre ich Wasser tropfen. Der bleichen Haut eines Menschen zu begegnen, wäre mir unerträglich-schreckhaft. Eingeschlagene Türfutter sind mit Kissen, Fenster mit Matratzen verstopft. Am Boden liegt zersprungenes Glas. Durch die Öffnungen sehe ich das andere New York – ein Geflecht aus Stahl und Glas, die Arbeitszellen, in denen die «anderen» sitzen. Ich lese belanglose Dinge auf. Das Atelier wird chaotisch – übersichtlich. Das umstellte Bildfeld ebenso ein Bildfeld – aus dem ich entnehme und ins Bild einschichte. Im schwachen Licht der Zimmer benütze ich zur Kontrolle des Farbwertes meinen Arm als Palette. Das Bindemittel runzelt sich darauf. In den feuchten Zimmern lösen sich die Tapetenschichten wie geschundene Haut. Ich hebe sie ab, Schicht um Schicht. Dem Zerfall, dem Chaos stelle ich meine Bilder entgegen.

Times Square: Westwärts liegt die Röte der untergegangenen Sonne – eingesunken in den Asphalt – ein dampfender Brei. Auch war die Wettervorhersage «up in the Eighties». Die Hitze hängt noch zwischen den Häusern.
Ein Menschenstrom, dazwischen die Brückenköpfe des illegalen Handels mit Drogen, Gestohlenem.
Ich bin an der 43rd Street. Die Rush hour hat ihren Höhepunkt überschritten. In dieser Brandung billiger Anpreisung überrollt das Neonlicht die Wände, klettert aufwärts in den zwielichtigen Abendhimmel, wird für Momente lang in der Tag-Nacht-Gleichung wie ausgelöscht, blind. Noch sind die Träger dieser Lichtkaskaden bewohnte Häuser, mietbare Zimmer für den Sexmarkt. Zusammengehalten vom konstruktiven Gerüst der Reklame, das sich bis aufs Dach spreizt. Im blauen Zwielicht die lachenden Zähne, der gierige Hunger des Lebens – Collage schon. Die Elemente dieser Bilder sind zerhackt; zerstückelt ergeben sie neue Zusammenhänge. Wach sein – sich nicht verpassen! Das Bild in der «New York Post»: «Tote in El Salvador». Als konsumierte News weggeworfen – ein Rechteck Papier, Schritte beschwärzen es. Ich lese die Bierdosen vom Asphalt auf, plattgedrückte, zerquetschte, blecherne Behälter. In New York liegt gestalterischer Reichtum auf der Strasse; er findet sich in der Stadt selbst, sie wird zur umfassendsten Galerie. Ich lasse mich treiben, kippe ein Bier, gehe ins «Grape Vine», die Bar der Transvestiten. Kitty umarmt mich. Ich habe sie oft gezeichnet. Dann sagt sie: «I have to go, Hans.» Ich weiss, sie gibt schnell ihren *ass* im Stundenhotel nebenan; *hundred bucks* kassiert sie – mir stand sie Modell für zwanzig Dollar über Nachmittage. – Als sie zurückkommt, fragt sie mich: «Machst du mal ein grosses, sehr grosses Bild von mir?» Nur ein paar Schritte, und ich bin zurück in meinem «Asyl». Bill, der Doorman, war zwanzig Jahre Elefantenwärter bei Ringling, Barnum and Bailey. Jetzt hat er Parkinson und ist kaum imstande, die Türfalle zu treffen, um mich einzulassen. Auf dem verbrannten 7th Floor überraschten mich vor wenigen Tagen Dennis und Eddie in Room 727. Dennis, der Hotelmanager, weiss, dass ich in den ausgebrannten Zimmern arbeite. Trotzdem, in der Stille dieses Hotelkorridors einen Menschen vorzufinden, erschreckte sie. «Only a mad man or an artist can stay here», sagte Dennis. Von klotzigen Eisschränken umstellt, bin ich eingemauert in diesem kleinen Raum. Die Fenster sind mit Brettern und Hardboard bis auf ein kleines Viereck vernagelt, durch das ich das Grau und die Bläue des Himmels sehe. «Was ist das, was Sie hier machen?» fragte Eddie, der Schwarze. – Was hätte eine Erklärung genützt? Dennis sagte es ja bereits: «Only a mad man or an artist...»
Eine Etage tiefer liegt mein weissgestrichenes Atelier mit lichtbrechenden Vorhängen. Meistens bleibt es unbenützt – immer wieder weiche ich zur Schuttetage aus. Habe ich die Brücken zu einem auf Sauberkeit eingeschworenen Land auch dadurch abgebrochen? – Benötige ich das chaotische Arbeitsfeld, um meine Ästhetik zu verdrängen? Wenn ich in Room 727 mit dem lachsfarbenen Palmblattmotiv der Tapete arbeite, vermutet mich dort niemand. Versteckt bleibt auch das Bild – nur mir ausgeliefert. Ich arbeite daran, bis es sich aus dem zerstörten Umfeld löst, davon abhebt, bildhaft wird und mich eine Weile lang mit ihm und mir versöhnt. Eigentlich ist es ein Nicht-Bild: kein Illusionismus, nichts Seelisches, keine Flucht in die Romantik hat darauf Platz. – Es ist ganz einfach, was es ist. Die Bildidee entsteht, während ich arbeite. Ich bedecke die Fläche nicht. Ich weite sie.
Hans Falk

New York, 1985
130 x 150 cm
Öl, geschlämmte Kreide, Lack auf Leinwand

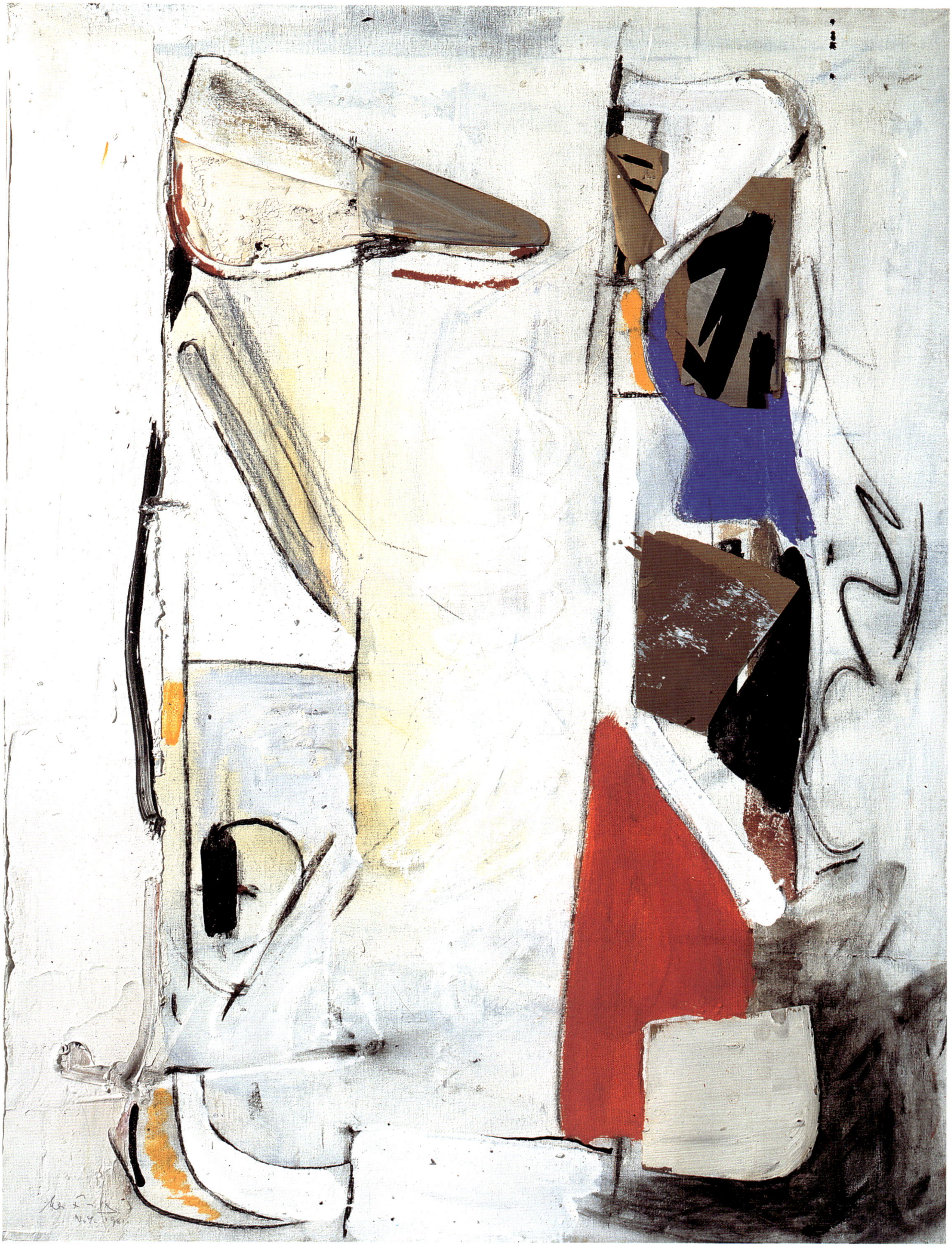

New York – Klärung und Härte

«Es gibt Bildwerke, in denen die Eigenbedeutsamkeit der Wahrnehmung Selbstzweck oder Hauptsache ist, und die Erfindung des Bildinhaltes, Gestaltung und Form von der Absicht dirigiert werden, das Gesehene rein für sich wirksam werden zu lassen.»

(Richard Hamann, Theorie der bildenden Künste, 1980)

New York, 1976
27 x 20 cm
Tempera, Tusche

Zu Anfang führt Falk in New York die Ansätze aus den Londoner Jahren weiter, eine formal gebrochene, in den Farben seltsam verwischte und blasse Figuration. Fritz Billeter spricht in der Falk-Monographie von 1975 (einem Standardwerk analysierender Künstlerdarstellung), die bis zum ersten New Yorker Jahr 1973/74 reicht, von «bedrohter Identität», von einer «Entleerung der Gestaltungsfläche». Was in London die Oberflächlichkeit der Oberflächenreize erzeugt hatte, drohte nun zum Zerfall der malerischen Mittel zu werden: «Falk war ausgezogen, um eine der ungeheuerlichsten Städte dieses Planeten zu erkunden. Die gegensätzlichsten Eindrücke drangen pausenlos auf ihn ein: gigantische Extreme, Armut und Reichtum, Chaos und Superorganisation, Verschwendung und Verschleiss.» Falks soziale Sensibilität war einer realistischen Abbildung dieser Welt, die den Menschen zum «Zivilisationsschutt» macht, nicht gewachsen. Er musste dem Leidensdruck ausweichen, er musste die abstossende Brutalität und zugleich mitreissende Stärke dieser Stadt mit anderen Mitteln als denen der Figuration ausdrücken.

Zunächst beginnen die Bilder zu verblassen wie altgewordene Fotokopien ihrer selbst. Es ist, als habe Falk sein Farbsensorium ausgeschaltet. Waren in Stromboli sein Weiss und Grau licht, so wurden sie nun dunstig, nebulös. Die Primärfarben beanspruchen keine Strahlkraft mehr, sie stehen verloren im Raum, Signale der Ratlosigkeit, in die der Run nach dem geschäftlichen Erfolg die Menschen verbannt. Der Paravent ist ein wiederkehrendes Motiv, Symbol eines Verbergens, das indessen nichts verbirgt.

Es ist offenkundig, dass Falk einen Halt sucht. Nicht vorher und nie wieder nachher finden sich in seinen Bildern so viele senkrechte, zuweilen auch waagrechte Gerade, als brauche er ein tektonisches Gerüst, an das er sich klammern kann. Dahinein sammelt er seine Eindrücke, figurative in den Skizzenbüchern, die Menschen, Menschen und immer wieder Menschen in sich aufnehmen, aufsaugen; Farbflecken, graphische Zeichen, Fundobjekte in den Bildern, die oft wilde Mischwerke und Collagen sind, Behälter für das Abfallgut einer Überflussgesellschaft, die ihre Waren leichtfertig dem Müll überantwortet und sie von vornherein auf schnellen Verschleiss berechnet; und wie die Waren, so auch die Gefühle, die Schicksale, die Identitäten.

Im Woodstock, einem ehemaligen Luxushotel, mietete Falk ein Stockwerk. Das Haus ist heruntergekommen, es wird vom Sozialamt zur Unterbringung Unterstützungsbedürftiger genutzt. Ein Sammelsurium von «Typen» aller Hautfarben wohnt dort, die Nachbarschaft um den Times Square wird dominiert von Prostitution, Drogengeschäften und billigen Unterhaltungslokalen. Aus der «dying culture» Londons ist Falk in ein Schwemmland geflüchtet, wo Unzusammenhängendes angetrieben wird. Eine sterbende Kultur hat noch eine Tradition, die stirbt; sie hat ein Mass des Niedergangs. Hier aber ist der Verfall ohne Bezug auf gewesene Grösse ganz gegenwärtig, rein individuelles Scheitern in einer Gesellschaft, die ihren Luxus auf dem Elend errichtet, das sie produziert. Die Skizzenbücher Falks, aus denen eine Auswahl mit einem begleitenden, miterlebenden Essay von Paul Nizon 1979 veröffentlicht wurde, fangen dies ein; die menschliche Betroffenheit, deren abstrakte gesellschaftskritische Verarbeitung in London nicht gelingen wollte, kann sich nun aus der Wahrnehmung des Einzelnen wieder ihren sinnlichen Ausdruck schaffen. Und das Einzelne wird für sich zum Indiz. Die sich anbietende Hure, die sich über den Schanktisch zurücklehnt, macht sichtbar, was es heisst, wenn die Person zur Käuflichkeit herabgesetzt wird. Keine Kritik, keine Entrüstung. Falk ist kein Moralist, er ist ein Protokollant der Gesellschaft; wer das Protokoll liest, kann sich sein Urteil bilden. Und noch in der äussersten Versachlichung des Sexgeschäfts behält der Körper eine animalische Unschuld; nicht er erniedrigt sich, sondern der Käufer, der ihn benutzt.

Paul Nizon hat Falks Skizzenbücher mit einer Botanisierbüchse verglichen, in die der Biologe die von ihm erforschte Flora einsammelt, um sie zu konservieren. Das Bild ist nicht zufällig. Falk sammelt Gesehenes, er pflückt Eindrücke wie andere Wiesenblumen. In New York kommt ein weiteres Motiv hinzu. Die Menge des verstreuten Strandguts, das dem spähenden Auge sich darbietet, muss nicht nur verstaut, sondern auch sortiert werden. Ins Skizzenbuch kann Falk alles stopfen, was ihm auffällt. In den Bildern muss er es gliedern.

Orthogonale Bildaufteilungen kommen dem entgegen. Die Fläche wird zur Ansicht von Kästen mit Fächern, in die das Aufgelesene verteilt wird. Das Bild wird zum Behälter. Falk spricht von Container-Bildern. Nizon hat berichtet: «Container ist ein Lieblingswort seines gegenwärtigen Sprachschatzes, ein Schlüsselbegriff.» Ein Schlüsselbegriff muss decodiert werden, um die in ihm konzentrierten Bedeutungen freizulegen.

Falk schöpft aus dem sinnlichen Eindruck. Vor Augen liegt ihm eine bestimmte Wirklichkeit in ihrem Erscheinungsbild, ein «Dies-da» (wie Aristoteles es benannte). Die abstrakte Realität von Ursachen und Wirkungen, von Abhängigkeiten, von Sinnbeziehungen ist nicht visuell, sondern wird vom Verstand konstruiert. Das ist nicht eigentlich Sache des Künstlers, zumal dann nicht, wenn die gesellschaftliche Übereinkunft über den allegorischen Gehalt von Bildausdrücken fehlt. Also ist der Maler auf das optisch Vorliegende zurückgeworfen. Keine der Erscheinungsformen der Gegenstände sagt mehr etwas über das Wesen der Wirklichkeit. Dieses muss aufscheinen in der Kombination von Elementen, die sich gegenseitig erläutern oder zur Wirkung bringen.

Um das zu erreichen, muss man das verstreute Material sammeln und passende Zusammenstellungen erfinden. Das Werk gleicht einem Puzzle, bei dem das richtige Ineinanderfügen von Teilstücken schliesslich eine Sinneinheit ergibt. Der Rahmen ist der Kasten, in den die Stücke eingebaut werden. Der Inhalt des Behälters ruft einen Sinneseindruck hervor, nach dessen Sinn wir fragen können. Im Container entstehen durch Restrukturierung Bedeutungen, die in dinglicher Abbildung nicht dargestellt werden könnten.

Die leeren und ausgeglühten Eisschränke in den niedergebrannten Obergeschossen des Woodstock-Hotels gaben die Inspiration zum Container-Thema. Sie waren funktionslose Hohlräume, in die man stopfen konnte, was man wollte: Fundstücke, Müll, alle kleinen Indizien des Verschleisses. Das war seltsam Formloses. Aber nun geschah im Auge des Künstlers der Umschlag; die inkohärenten Materialien ordneten sich zu strengen Kompositionen. Rechtwinklige und diagonale Gliederungen und Kraftlinien geben diesen Behältnissen, zu denen Falk seine Bilder machte, ein statuarisches Selbstsein, sie behaupten sich in ihrer Umgebung, so dass selbst die verrotteten Stoffe eine neue Würde bekommen. Alles Stillebenhafte ist völlig ferngehalten, nicht die Vergänglichkeit der Dinge erscheint, sondern ihr ideelles Recht gegen den Verfall, dem man sie preisgibt. In der geistigen Bewältigung des Chaos erreichte Falk eine strenge Festigung des Bildgefüges. Das Traumhaft-Verschwimmende der früheren Impressionen klärte sich zu herben Bildstrukturen.

Die Rückwendung Falks zur nichtfigurativen Thematik ist konsequent, die Metapher des Containers präzis. Sie benennt das dekompositorische Moment der Wirklichkeitsauffassung in einer Zeit, die über kein verbindliches weltanschauliches

Interpretationsmuster mehr verfügt, um aus Bruchstücken den Zusammenhang ablesen zu können; sie benennt aber auch die kompositorische Leistung, aus Fundstücken einen Zusammenhang rekonstruieren zu können. Ich sage rekonstruieren (nicht konstruieren), denn der Künstler orientiert sich bei der Auswahl dessen, was zueinander passt und was er in den Behälter steckt, an einem Sinn, den er in der Kombination entdeckt.

Stärker als in der sinnlichen Rezeptivität der ersten Stromboli-Periode kommt in den New Yorker Container-Bildern die Aktivität des Künstlers ins Spiel. Indem Falk in einem entsagungsvollen Aufmerken auf die unscheinbaren Materialien des Verfalls seine Empfänglichkeit aufs äusserste anspannte, brachte er ein gegenstrebiges Moment seines Wesens zur Entfaltung: seine Kraft, der Wirklichkeit seinen Willen aufzuzwingen. In diesen Bildern zeigt sich eine neue Stärke, vor der das Londoner Experiment in der Tat als ein Intermezzo erscheint.

Etwas Neues ist in Falks Malweise gekommen. Der Duft des Lichts, der die Stromboli-Bilder der sechziger Jahre durchweht, die Zärtlichkeit für das Stoffliche sind einer ungewohnten Härte gewichen. Der Lyriker ist sachlich geworden. Immer noch ist das Licht *in* den Bildern, es fällt nicht auf sie, es kommt aus ihnen, aus ihrem Grund. Aber ihm fehlt der Dunstschleier, den die brennende Sonne webt, die Leichtigkeit, in der man zu entschweben meint. Es ist ein schärferes Licht, das nicht wärmt, sondern die Farben und Zeichen klar hervortreten lässt. «Wohldefiniert» sagen die analytischen Logiker, ihr Ideal ist die Steigerungsform «ein-eindeutig». Das ist die Einstellung, in der das Humane zum Technischen wird. Das ist es, was als Fortschritt gepriesen wird – von der Poesie zur Computersprache, von der Heilkunde zur Apparatemedizin, vom Zweikampf zur ferngesteuerten Rakete. Durch dieses Purgatorium muss der Künstler gehen, wenn er nicht in der Betulichkeit von blossen Gefühlsregungen ersticken soll. Die Schule des Realismus ist unerlässlich, in ihr bildet sich die beständige Substanz. Die Konzentriertheit von Falks Alterswerk verdankt sich den Exerzitien der New Yorker Jahre.

Die New Yorker Jahre bezeichnen eine Scharnierstelle in Falks Entwicklung. Vorher lag Stromboli, nachher wiederum Stromboli. Wir werden sehen, dass sich hier eine Kontinuität herstellt, die durch New York nicht unterbrochen, sondern vermittelt wird. Natürlich ist Falk, zwanzig Jahre nach seinem ersten Stromboli-Aufenthalt, nicht an den Punkt zurückgekehrt, von dem er sich abgestossen hat. Aber er hat sein Haupt- und Grundthema wieder aufgenommen und dazu die Härte mitgebracht, die ihn in New York bedrängt und die von ihm Besitz ergriffen hatte.

Was sich innerhalb einer immanenten Stringenz im Werk ereignet, kann man sich nur im Blick auf die Bilder selbst klarmachen. Versuchen wir es an einigen Proben!

Vorhergehende Seiten

New York, 1982
50 x 45 cm
Öl, Gips und Collage auf Leinwand

New York, 1981
124 x 92 cm
Acryl auf Leinwand

New York, 1976
72 x 81 cm
Collage, Holz, Tusche

New York, 1982
31 x 28 cm
Sepia, Chinatusche auf Papier

New York, 1973
153 x 123 cm
Öl, Acryl auf Leinwand

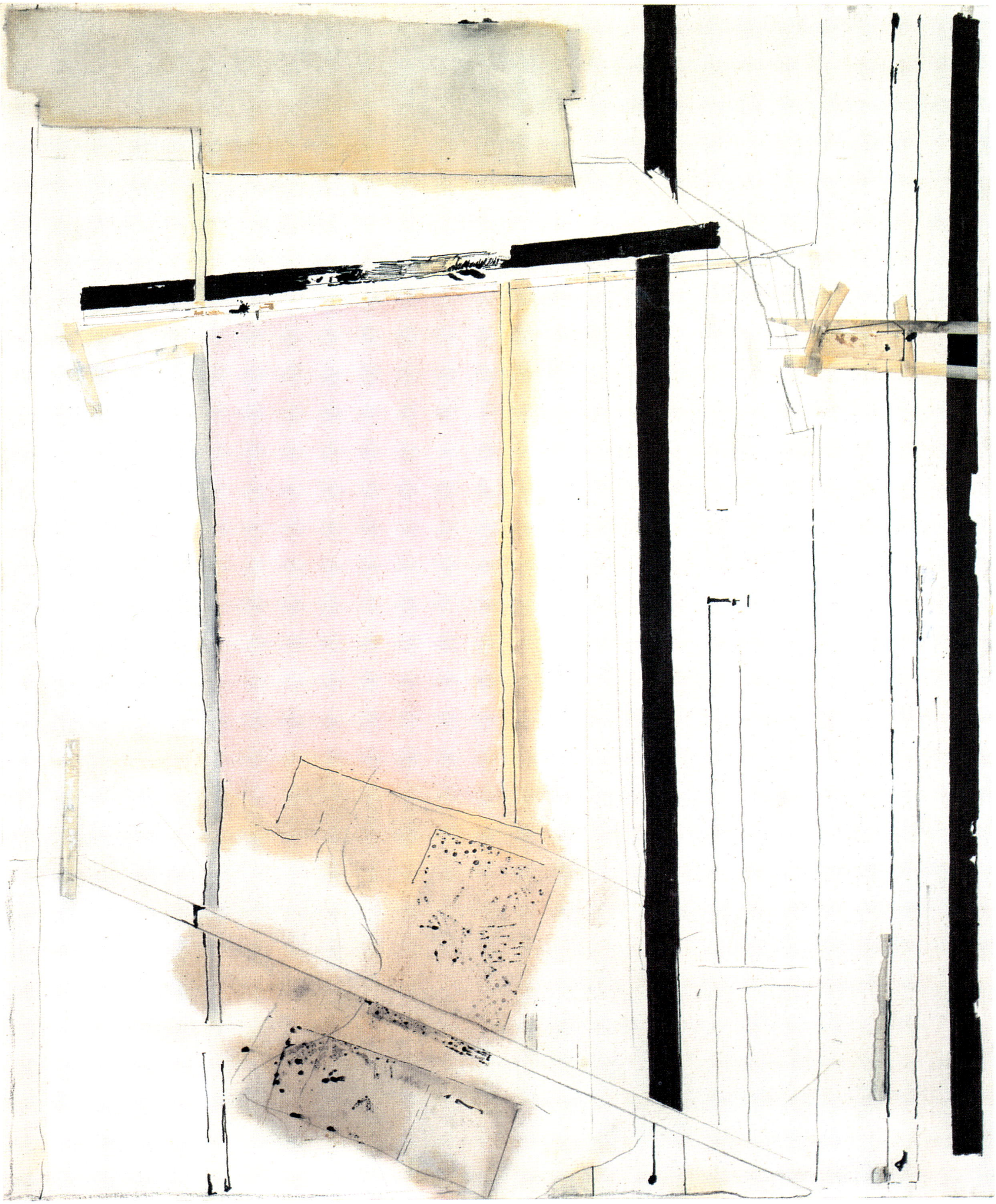

Drei Bilder, aus einem Grundton von differenziertem Grau, der sich bis zum Weiss aufhellt, bis zum Anthrazit verdunkelt; 1968 Stromboli I, 1975 New York, 1995 Stromboli II (Abb. S. 35, 97, 146). Die Farbbewegung verläuft von einem dunkleren Schwergewicht links zur Aufhellung rechts, um dort wieder von einem dunklen Schlussakzent aufgefangen zu werden. Vom Grobmuster her ein vergleichbarer Aufbau – mit je eigener Binnenentwicklung, versteht sich. Aber welche Unterschiede! In Stromboli I ist das Grau in jedem Flächensegment mit einem Farbton untermischt, verschiedene Blau, Violett, ein Braun, das ins Rosé hinüberzuspielen scheint. Die Segmente sind unregelmässig gegeneinander verschoben, überlappen sich, gehen fliessend ineinander über. Das Weiss links drängt nach rechts, das Weiss rechts streckt sich ihm entgegen; sie sind wie Gespenster, die zueinander hin expandieren. Ihre Gegenstrebung ist wie von einem Maurerhaken verklammert, der aber in die Farbfläche zurücktritt. Die Konturen der Segmente lösen sich wolkig auf, durch die Wolken schimmert ein Licht von hinten, von innen. – In Stromboli II haben sich die Segmente stabilisiert, sie haben deutliche, teils scharfkantige, teils ausgefranste, aber doch klar umrissene Ränder. Die Farbbeimischungen sind zurückgenommen auf ein luftig-helles Blau; wo Braun auftritt, hat es sich, äusserst sparsam, eigene kleine Flächenausschnitte für sich vorbehalten. Das helle Zentrum am linken Bildrand drängt nicht nach rechts, sondern lässt wie aus einem Lichtloch die schwarzen Staccato-Formen hervorgehen. Auch sie ruhen in sich, die Bewegung ist ganz in die Grautöne der Mittelfläche verlegt und ebbt in Wellen nach rechts, die dort zu einem milden Dunkelgrau auflaufen. Die Bildzonen sind vertikal betont, es ist, als wären senkrechte Sezierschnitte durch das Bild gelegt, die eine syntaktische Gliederung von Haupt- und Nebensätzen vornehmen. Stromboli I wogt, Stromboli II schreitet voran. – Dazwischen New York. Ein klarer Raster von Senkrechten und Waagrechten, geschichtet wie eine Palisade, zweigliedrig, links dunkler, rechts heller, mit einem akzentuierten Mittelstreifen. Rechts in der ganzen Höhe eine dunkle Abschlusslinie. Das Ganze wie ein Bild vor einem hellbraunen Grund. Statik des Aufbaus, geregelte Ordnung, ein Tachismus, der in der Konstruktivität Festigkeit sucht. Stromboli II reflektiert die Ordnungsprinzipien von New York, löst ihre Starre nun aber wieder in die Dynamik der Farbe auf, ohne zum koloristischen Impressionismus von Stromboli I zurückzukehren. An solchen Vergleichen zeigt sich, wie Falk in den verschiedenen Entwicklungsstadien seine Formsprache bewahrt: Kontinuität im Wandel.

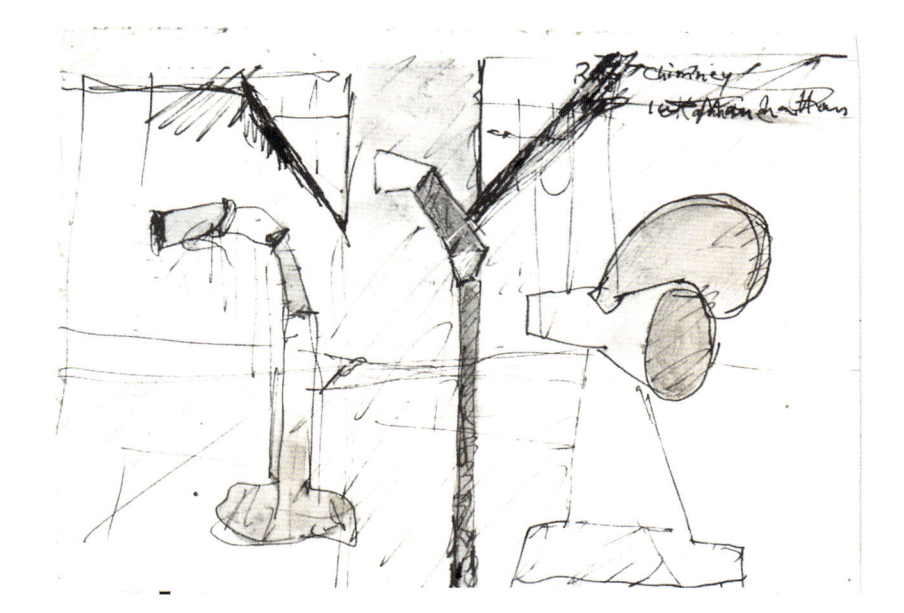

New York, 1978
Belüftungskanäle auf dem
Dach des Ateliers
16 x 19 cm
Bleistift und Tinte

N.Y. Container, 1977
154 x 200 cm
Metall, Gips, gefärbter
Firnis, Kohle, Acryl auf
Leinwand

A Year's Work, 1985
80 x 102 cm
Tusche, Tempera auf Papier

N.Y. Container, 1978
Anreibschale für Farben
40 x 34 cm
Tempera, Bleistift auf Papier

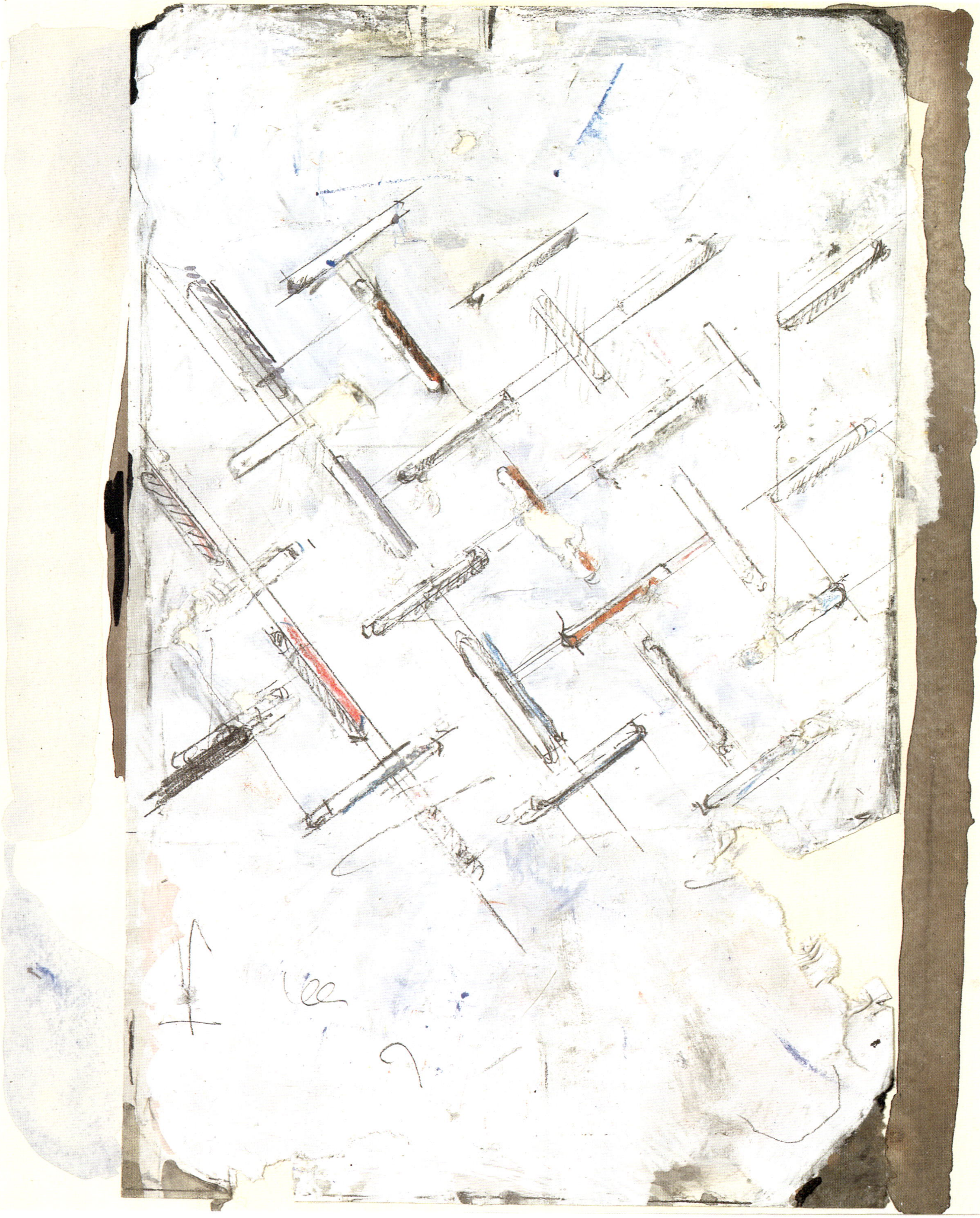

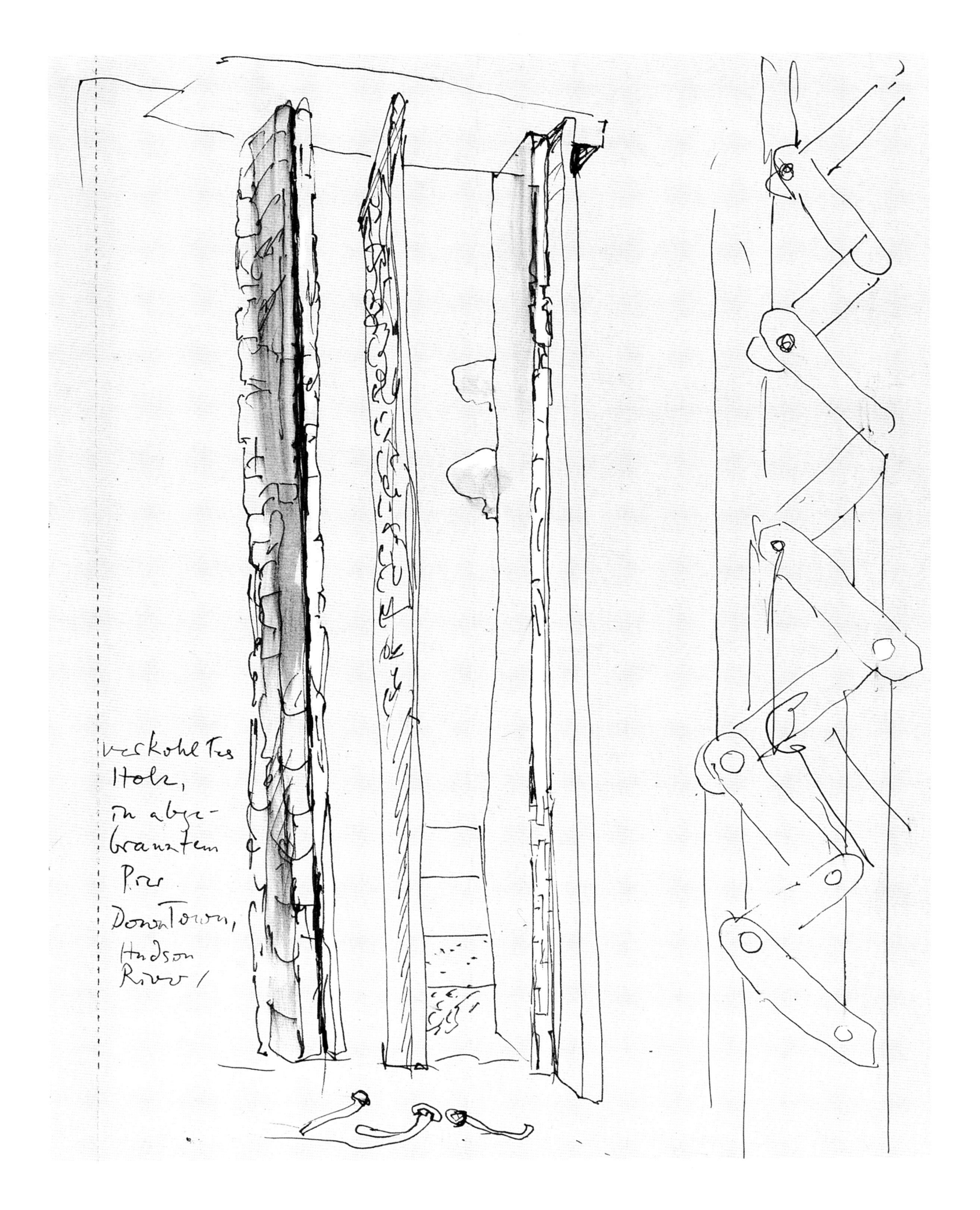

verkohltes
Holz,
in abge-
branntem
Pier
Downtown,
Hudson
River!

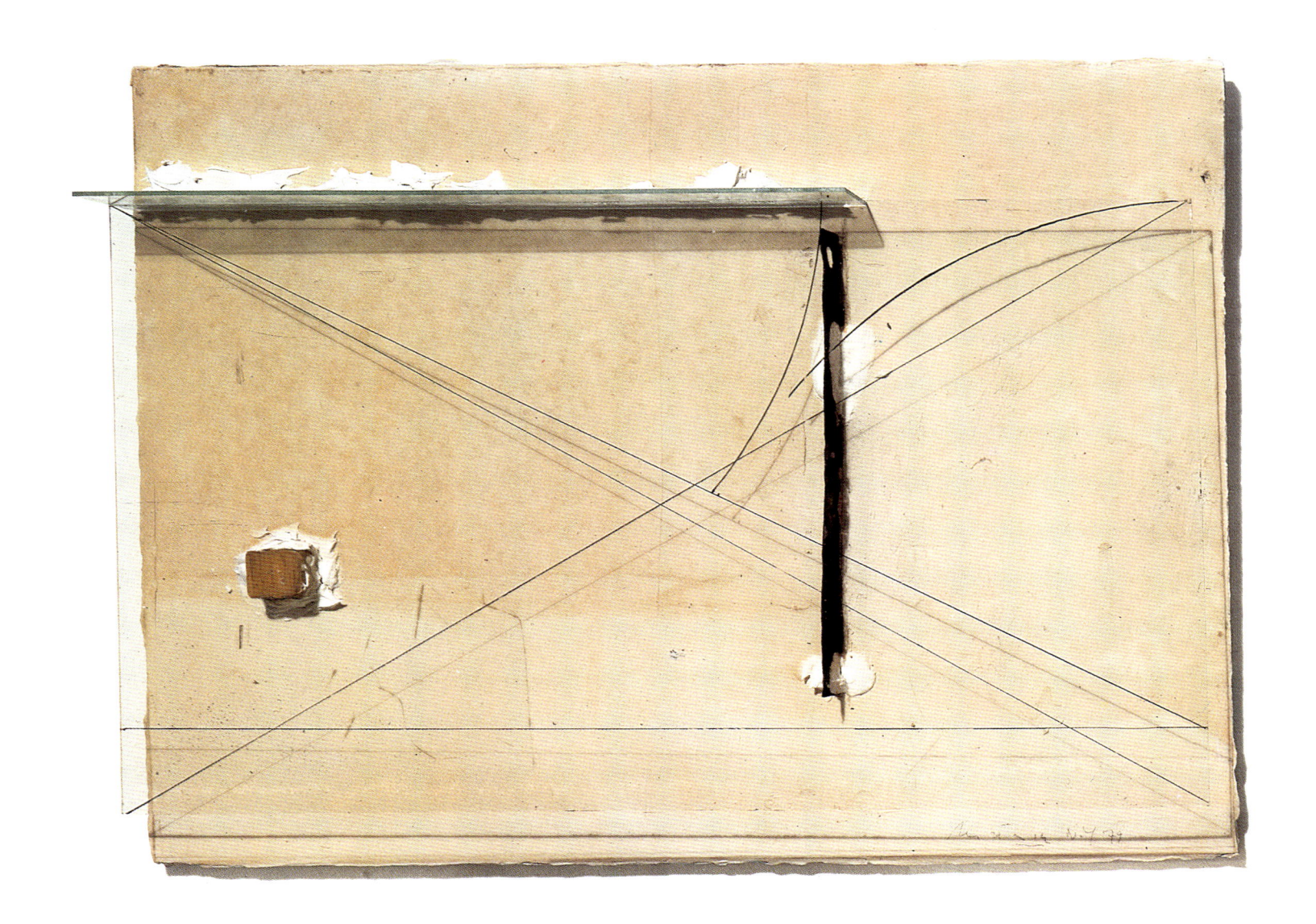

Vorhergehende Seiten

New York, 1978
27 x 21 cm
Verkohltes Holz in
abgebranntem Pier

New York, 1978
27 x 21 cm
Kohle, Tinktur, Fett,
Tusche auf Papier

N.Y. Container, 1979
33 x 45 cm
Glas, Metall, Holz, Gips auf
Gipsplatte

N.Y. Container, 1979
32 x 41 cm
Gips, Öl, Collage, Kalk

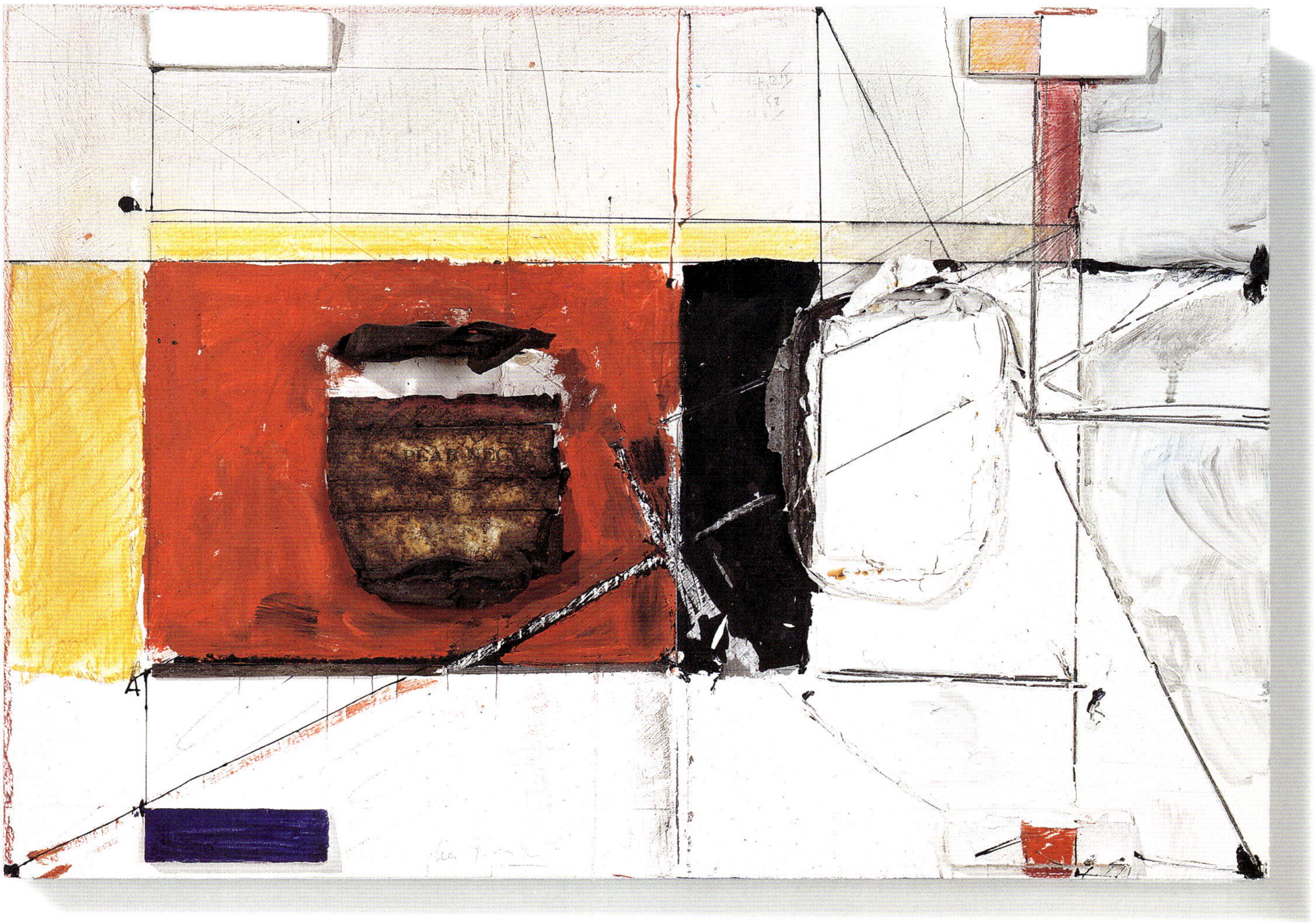

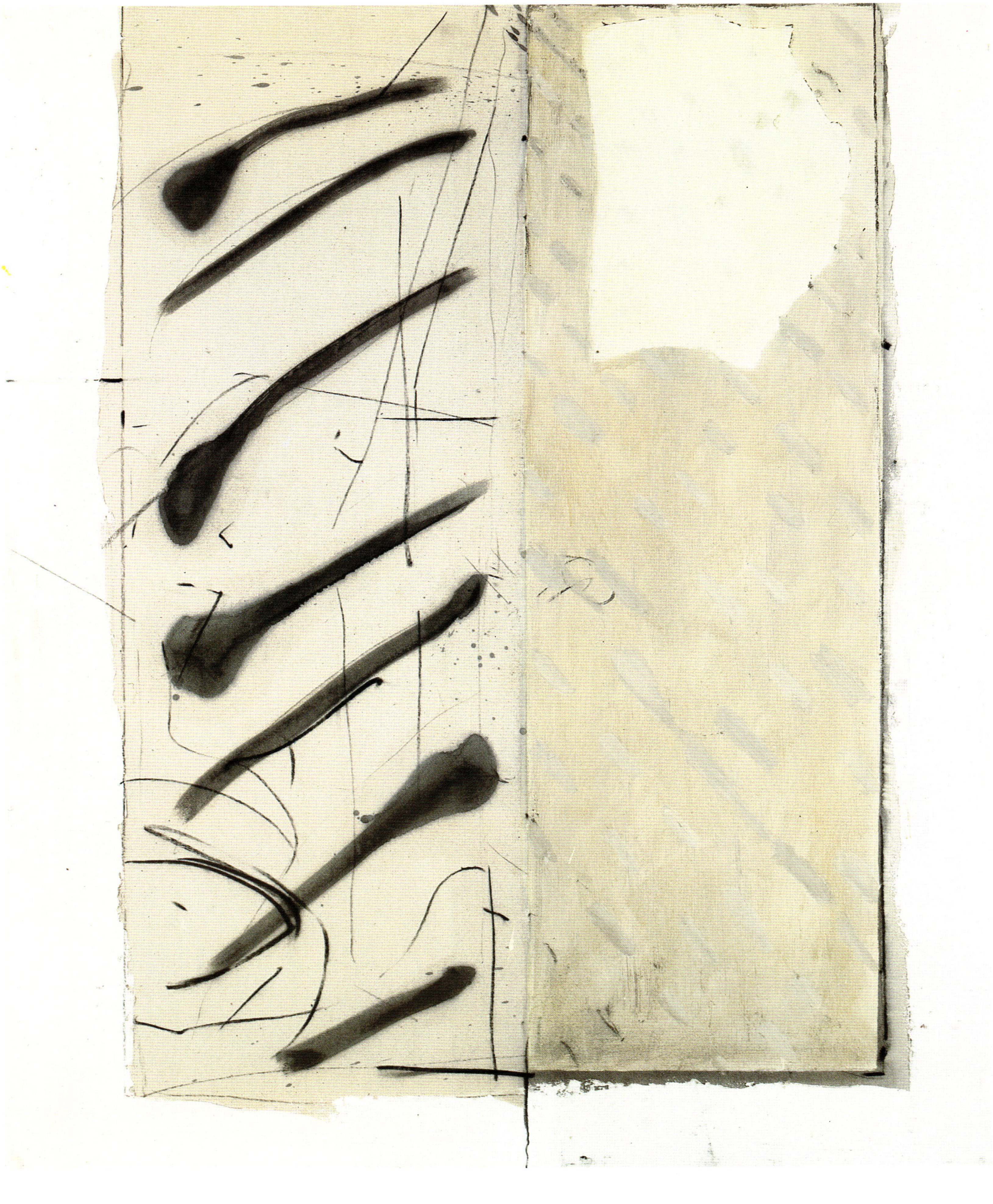

New York, 1974 154 x 125 cm 152 x 135 cm
Öl, Gips, Kohle auf Leinwand Öl, Gips, Kohle auf Leinwand

New York, 1977
58 x 81 cm
Acryl, Kreide auf Vinyl

New York, 1976
36 x 42 cm
Vinyl, Fettkreide, Acryl auf
Glas

Folgende Seiten

New York, 1976
82 x 69 cm
Acryl, Collage auf Leinwand

New York, 1975
106 x 75 cm
Kreide, Acryl, Collage auf Papier

A Year's Work, 1985
106 x 75 cm
Chinatusche, Collage auf Papier

A Year's Work, 1985
106 x 75 cm
Tempera, Öl, Kohle, Kalk, Bakelit, Collage

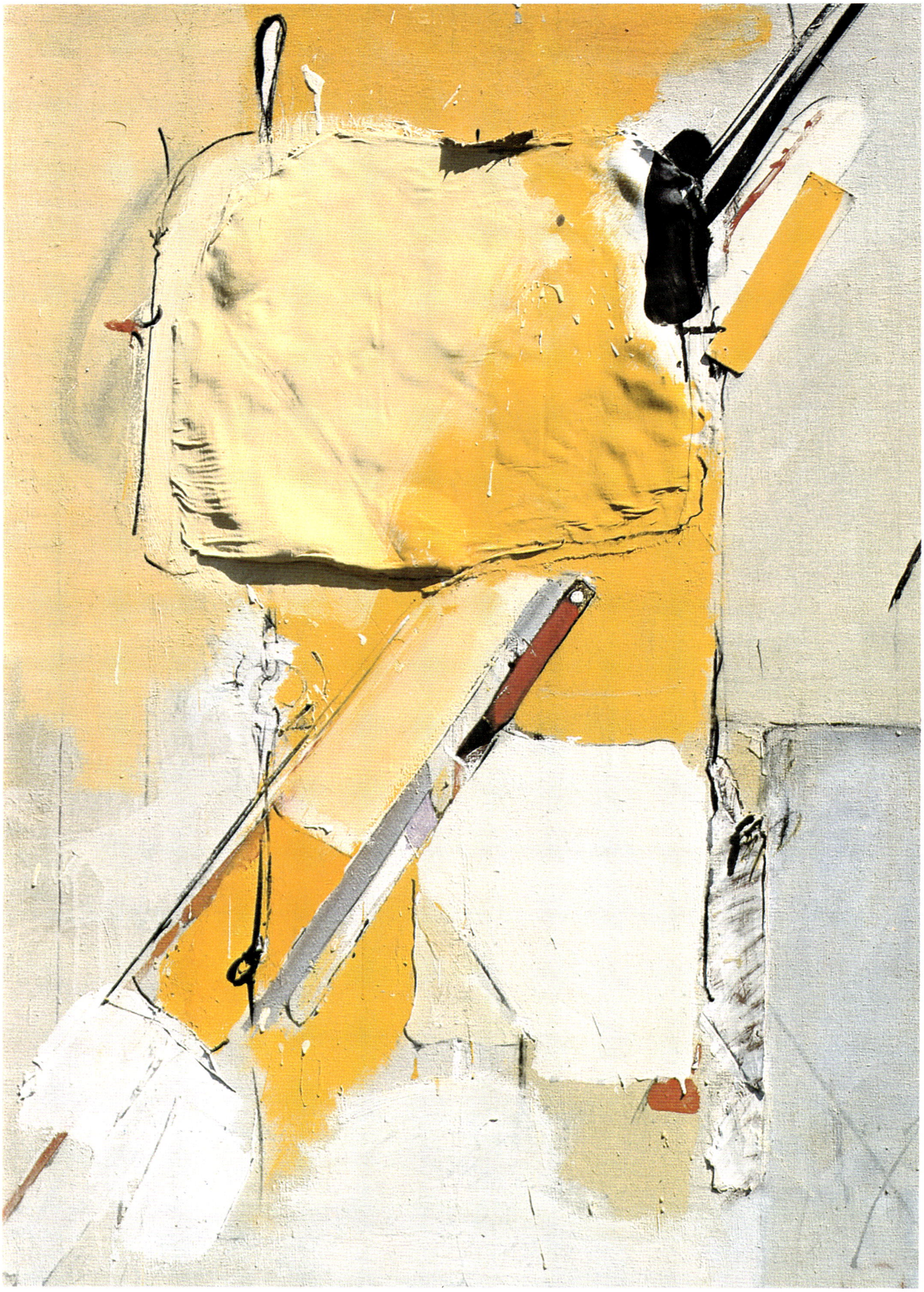

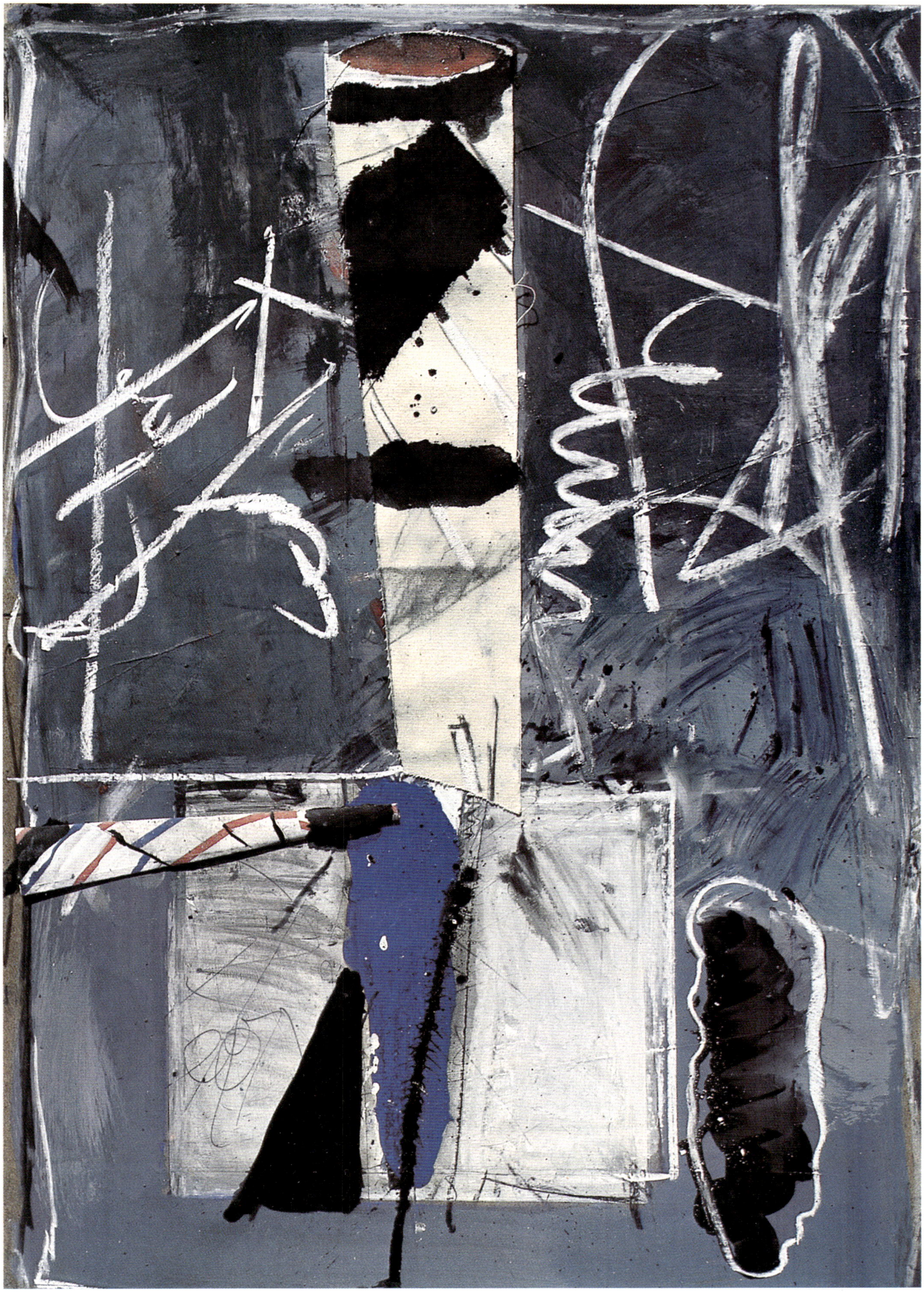

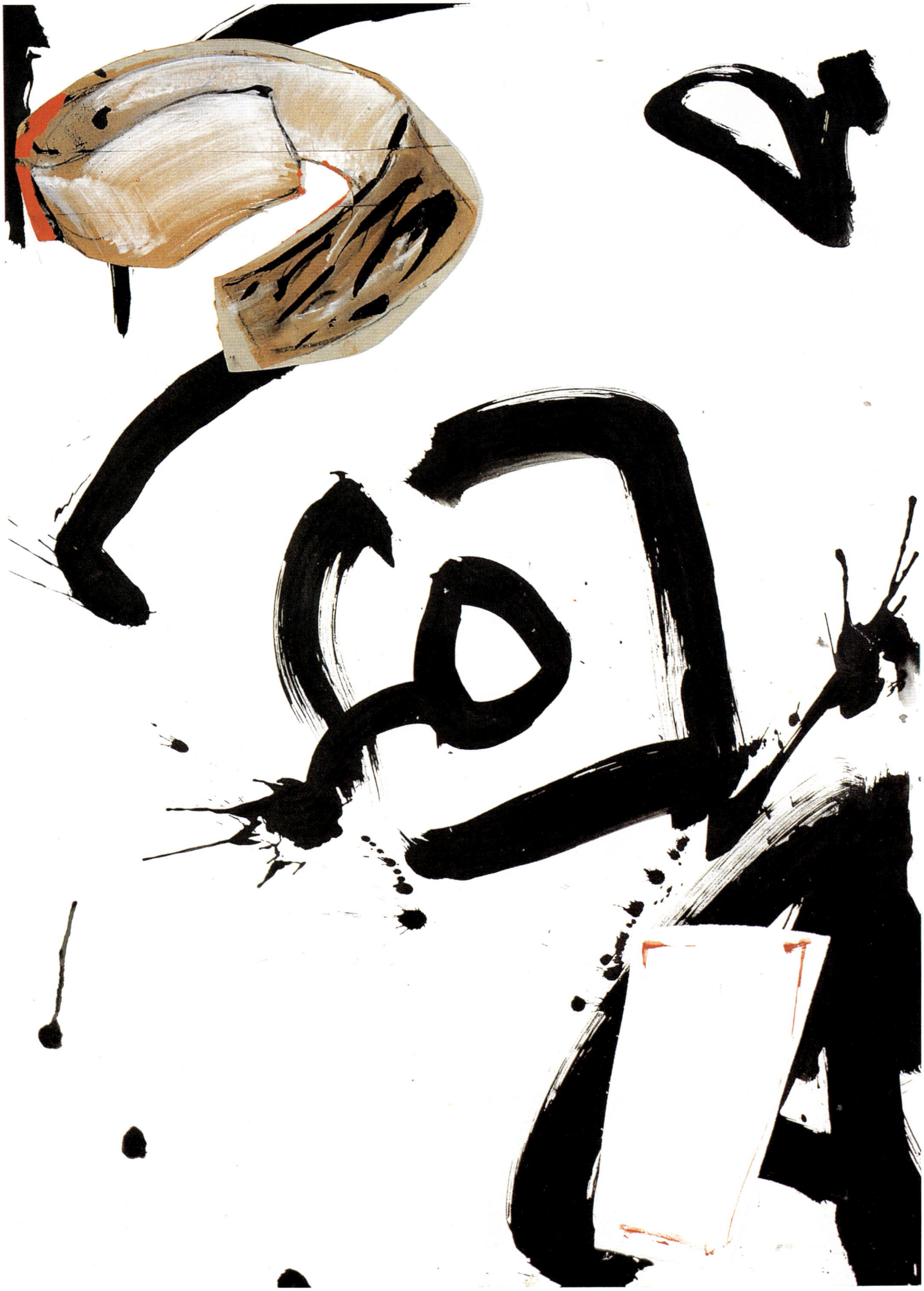

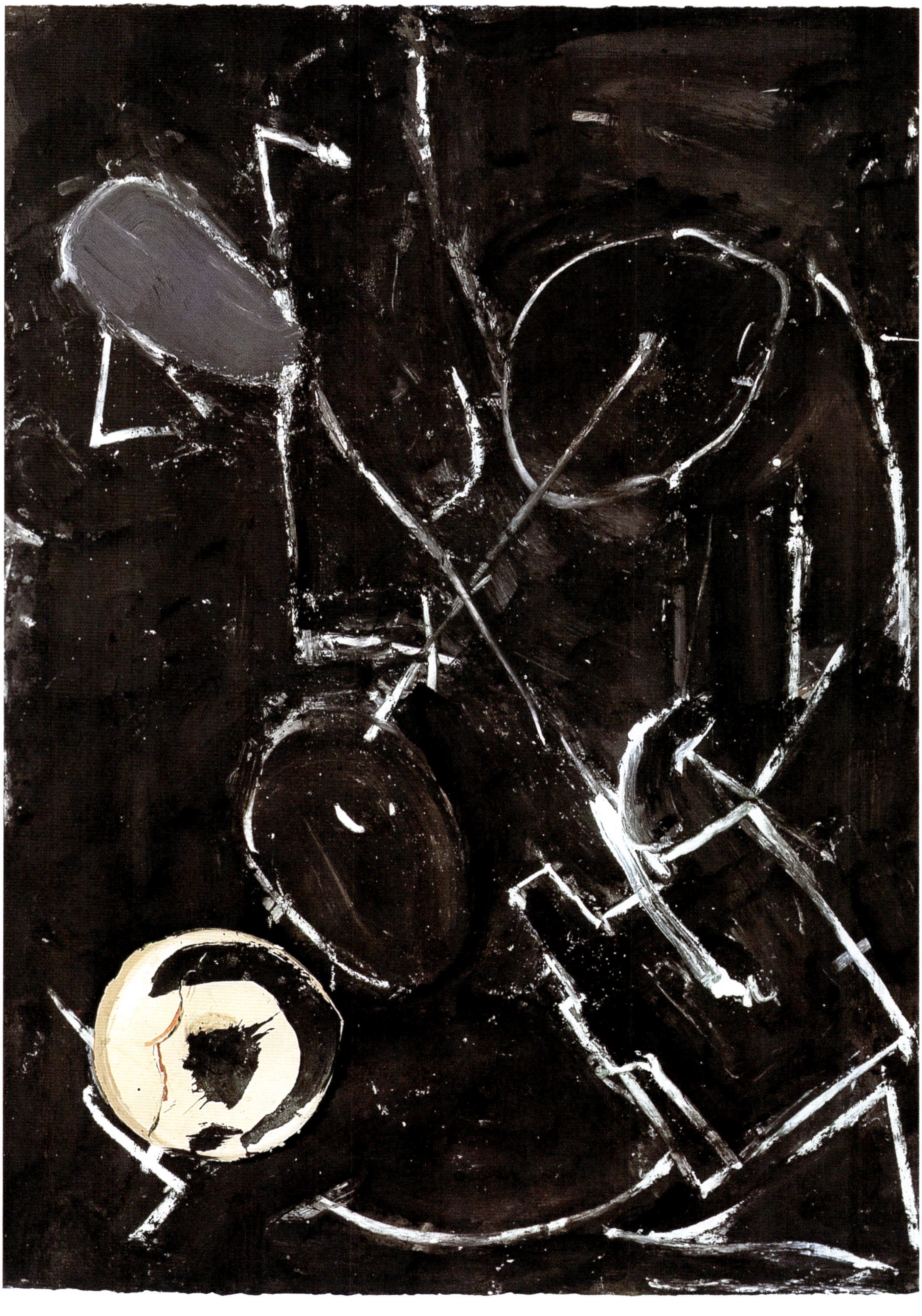

New York, 1979
Raumskizzen im Woodstock,
14 Floor
Kommode, Durchgang
Aquarell, Tusche, Kohle

New York, 1979
43 x 59 cm
Holz, Vinyl und Acryl

New York, 1979
Raumsituation
21 x 21 cm
Kreide, Tusche laviert

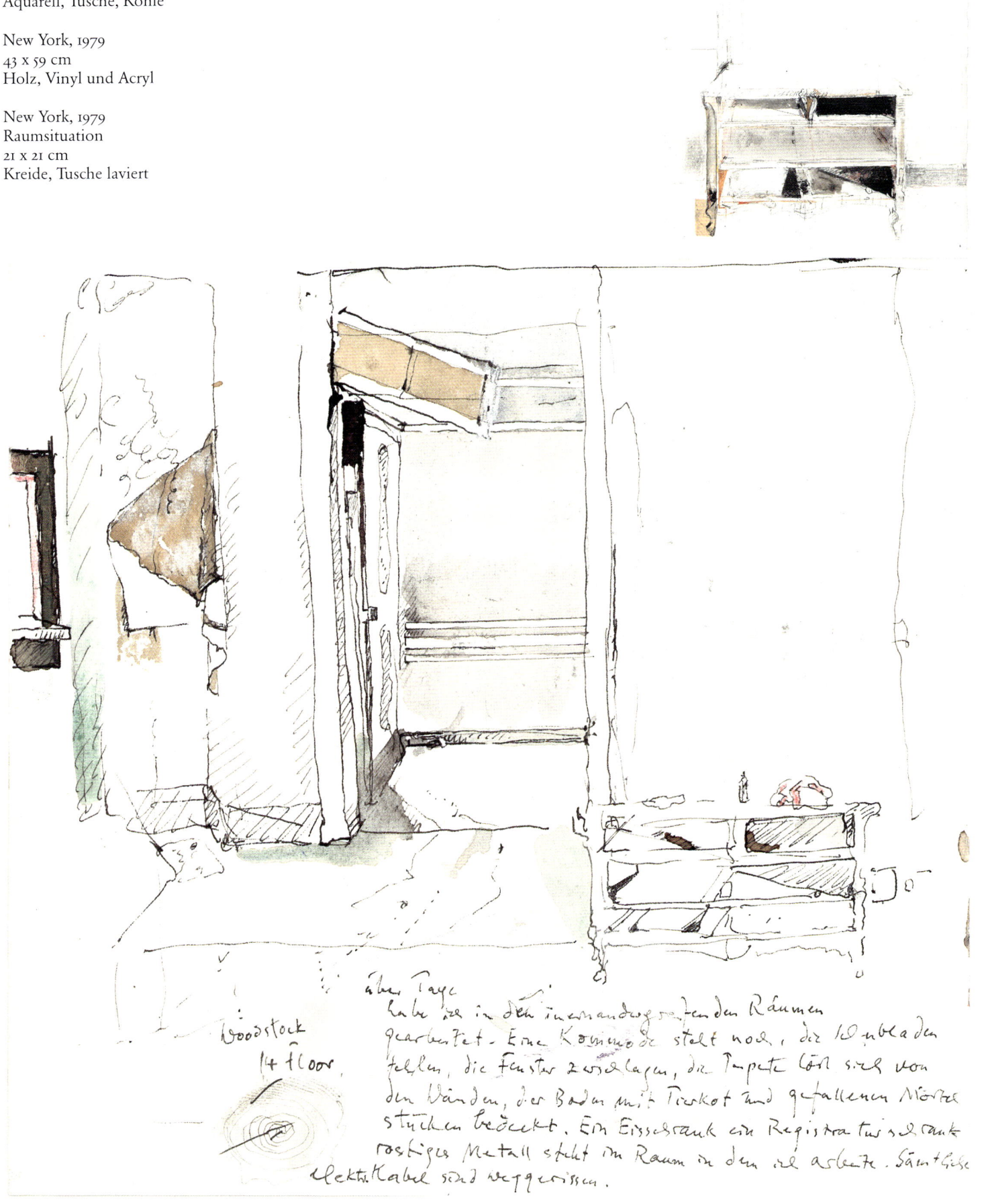

Woodstock
14 floor

Über Tage
habe ich in den aneinandergrenzenden Räumen
gearbeitet. Eine Kommode steht noch, die Schubladen
fehlen, die Fenster zerschlagen, die Tapete löst sich von
den Wänden, der Boden mit Tierkot und gefallenen Mörtel
stücken bedeckt. Ein Eisschrank ein Registraturschrank
rostiges Metall steht im Raum in dem ich arbeite. Sämtliche
Elektrokabel sind weggerissen.

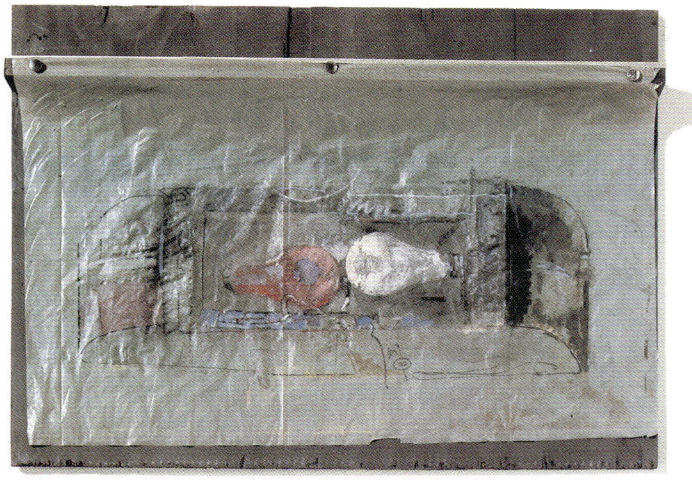

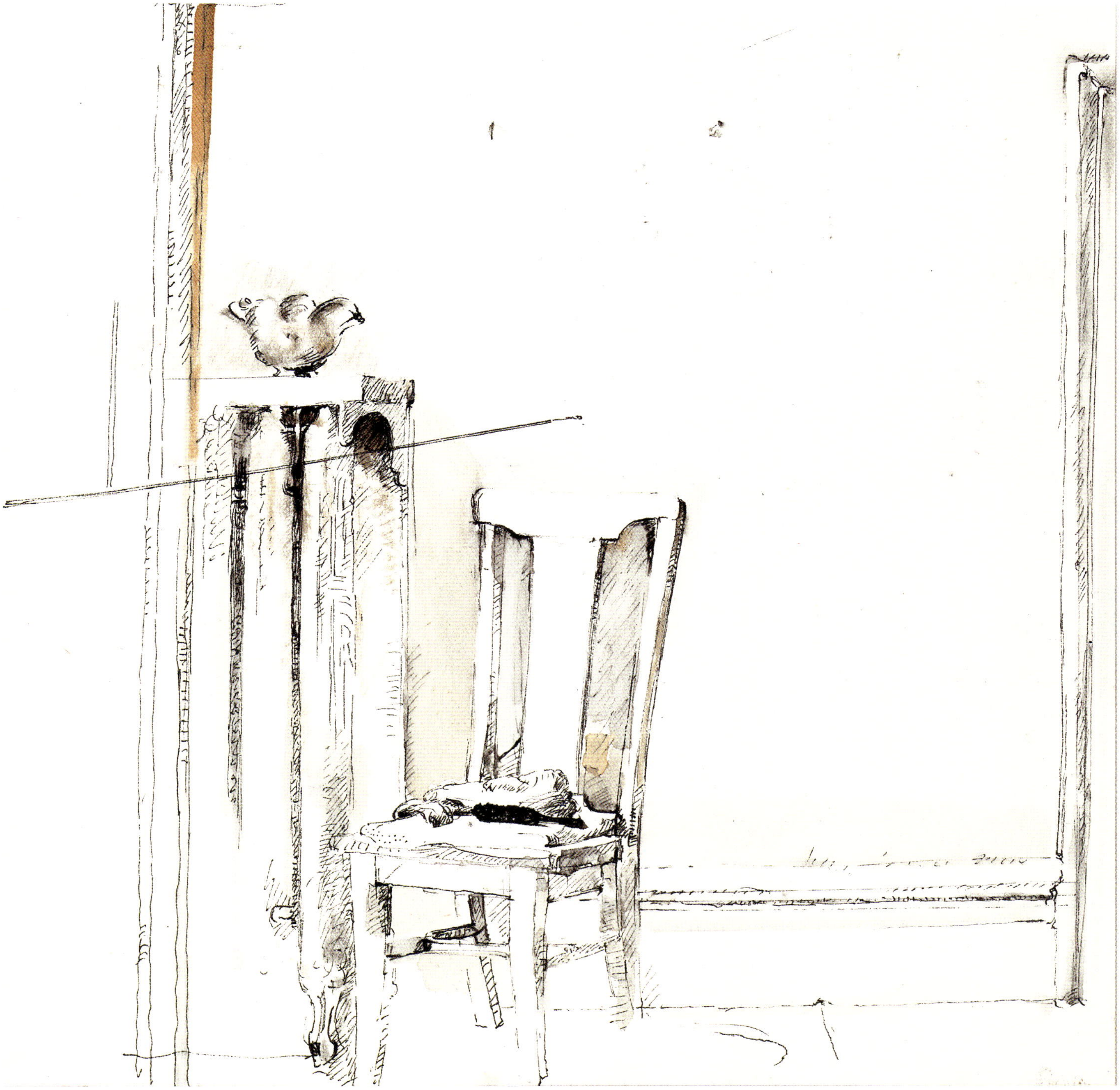

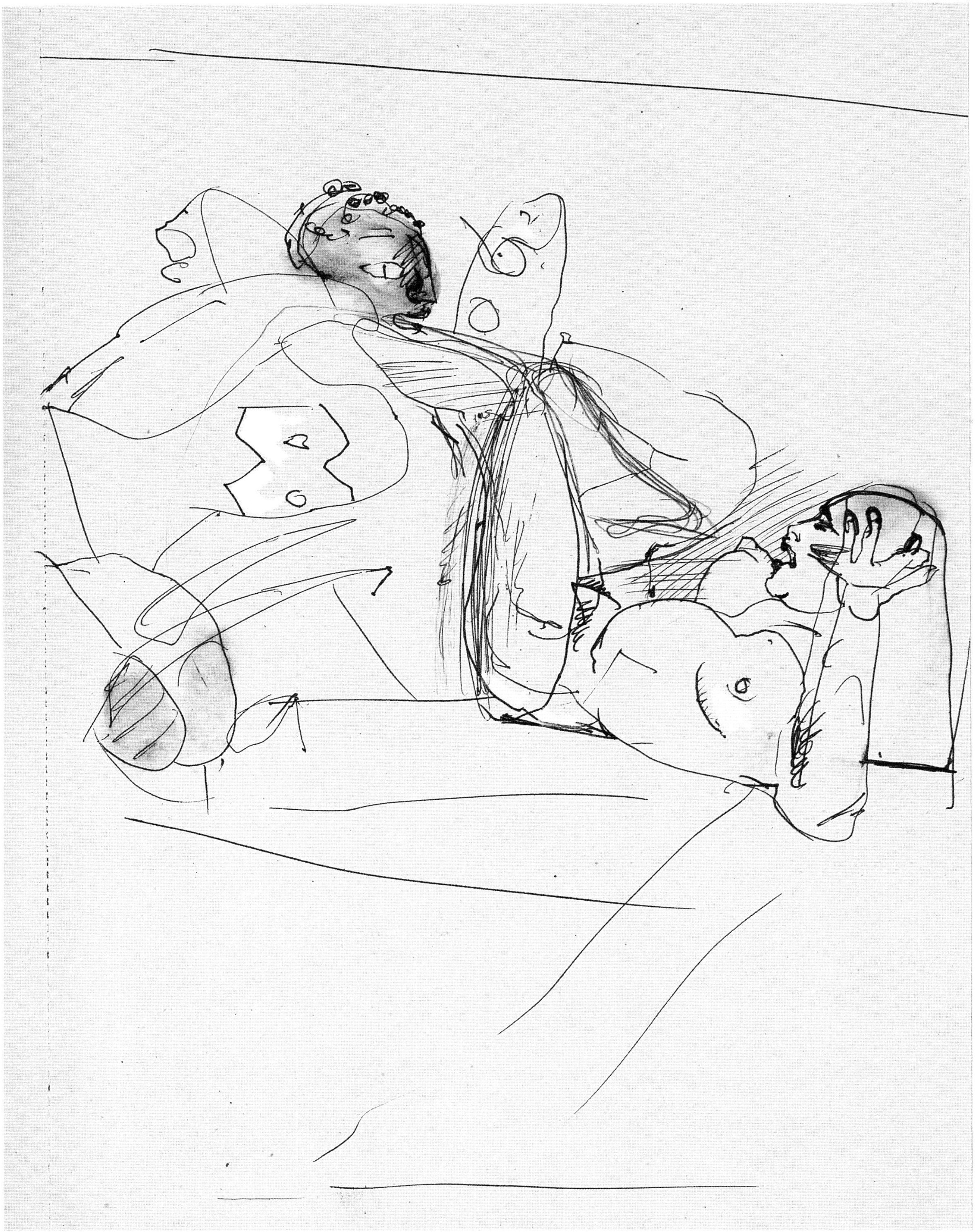

Die Beispiele der struktiven Veränderungen liessen sich beliebig vermehren – vor allem, wenn die unzähligen in diesem Band nicht reproduzierten Werke des riesigen Falkschen Œuvres mit herangezogen werden. Betrachten wir noch in einem Vergleich die koloristische Entwicklung! Stromboli 1965, New York 1982, Stromboli 1996 (Abb. S. 39, 66, 119). Sinfonien in Rot. In Stromboli füllt ein leuchtendes Rot links oben fast ein Drittel der gesamten Bildfläche, nach unten verläuft es sich ohne klare Grenze in ein erdigbräunliches Rosa, über das sich ein weisser Winkel legt, der mit der Spitze in die rote Fläche hineinstösst. Ein rostfarbener Pinselstrich über dem Weiss mildert den Kontrast. Nach rechts geht das Rot in eine rötlich untermischte weisse Grenzzone über, aus der sich die Farbe in einen allmählich verblassenden Fleischton fortsetzt. Darin, wie eine Collage, eine unregelmässige weisse Fläche, die gegen den milderen Winkel links laut auftrumpft. Ein Bild aus einem Farbeindruck wie der Ton eines Clairons oder vielleicht auch wie eine Sequenz aus der Arlesienne-Suite von Bizet.

In New York wird das Rot links etwas tiefer, aber es ist immer noch eine Fanfare, die das Bild mit Klang erfüllt. Ihm antwortet rechts eine stelenartige Fläche in pastosem Weiss, entlang fast der ganzen Höhe des Rands. Wie eine Wolke hängt in der Mitte des oberen Bildabschlusses ein weisser Gipsbrocken, über den einige rote Pinselstriche geführt sind. Ein in der Vertikalen streng aufgebauter Dialog von Rot und Weiss, die Farbkörper gehalten von blasseren, nur dünnflüssig ausgezogenen Stützlinien.

Stromboli II. Das Rot hat sich ins Brandige gewandelt und entlässt eine schwarze Rauchfahne aus sich. Sein Widerpart ist ein zweites Rot, das von rechts in die Bildmitte vorstösst, etwas weniger verrusst, aber von einer braunschwarzen Schlange überquert. Die Farbbewegung sammelt sich in der weisslich hellen Mitte, wo schwarze und braunrote Flecken und Partikel andeuten, dass die Niederlage des Weiss bevorsteht. Ein turbulentes Bild, in dem das Brandrot um sich greift und rosa Schatten wirft. Eine klare Komposition aus senkrechten und waagrechten Farbexpansionen.

Auch hier erkennen wir den Weg, der einen Farbimpressionismus von fast musikalischem Stimmungsgehalt über eine bewusste Tektonik in eine kraftvolle gegliederte Farbdynamik hinüberführt. Zwischen Stromboli I und Stromboli II ist New York als eine Phase der Klärung und Härtung der Bildform eingeschoben.

Vorhergehende Seiten

New York, 1973
27 x 21 cm
Tusche

New York, 1973
27 x 21 cm
Tusche

New York, 1976
27 x 34 cm (Ausschnitt)
Kohle, Tintenstift

New York, 1973
21 x 21 cm
Kohle, Tusche, Collage

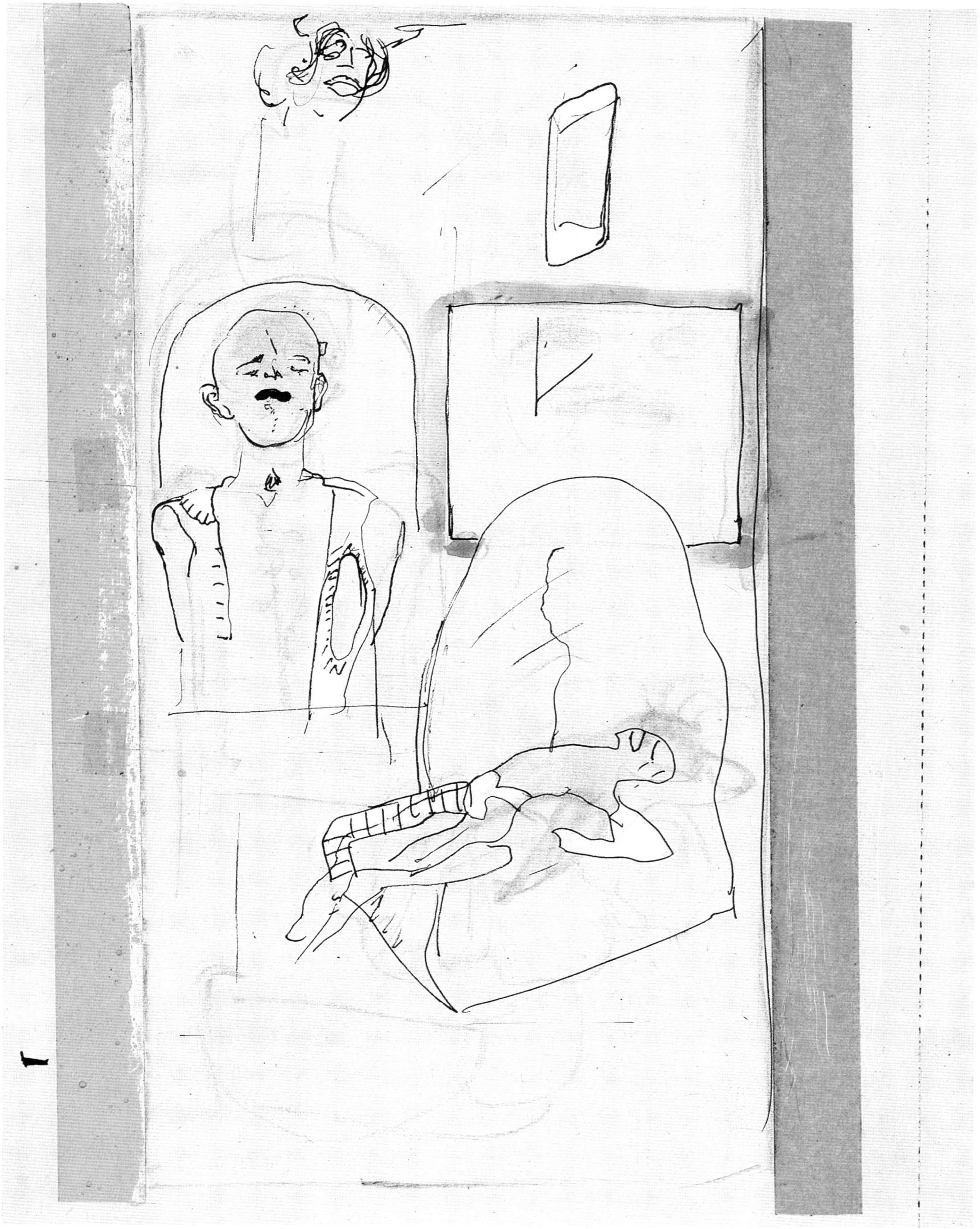

My arm with the form
of Long Island and a broken
piece of glass

a broken piece of a sea

New York, 1976
80 x 120 cm
Gips und Collage auf Glas

New York, 1976
28 x 40 cm
Acryl und Collage auf Glas

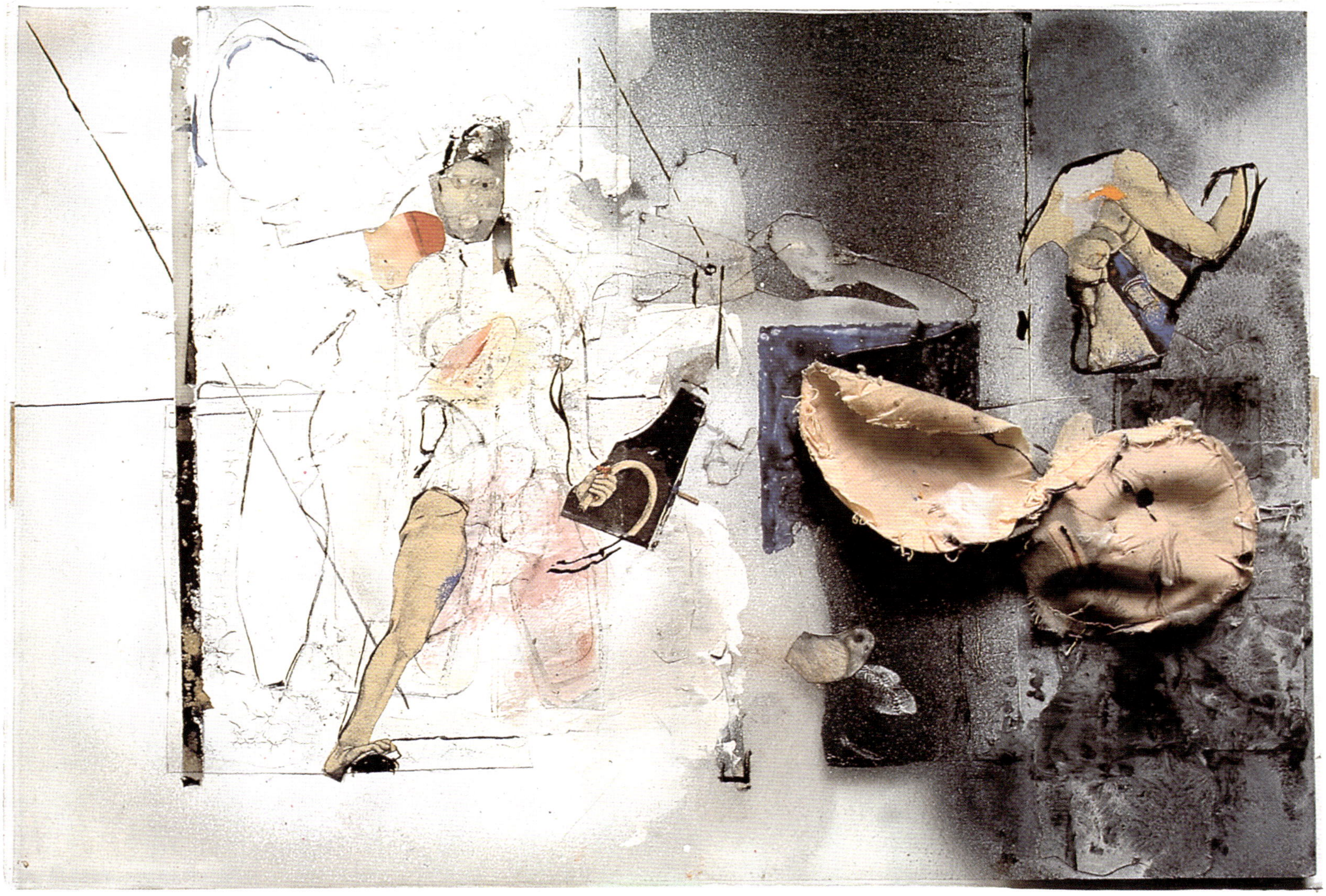

… "Container" has been a key concept in Falk's painting for the past ten years. The archetypes of Falk's containers are the rotten, scrapped refrigerators rusting in the hallways and deserted rooms of the Woodstock hotel. Their X-shaped struts have become the signature shapes of numerous of Falk's paintings. The paintings are also themselves containers, for they contain the artifacts from the waste of the metropolis New York. Falk's obsession with these artifacts hardly changed when, in 1985, he moved his workplace from the Woodstock to a dilapidated factory building in Baden, near Zurich. Scraps of cardboard, wire, bits of tin and sheet metal such as are found in factory yards and on building sites were added to the visual vocabulary.

How to define what happens to these artifacts when they enter the space of a work of art? Are they preserved in Falk's paintings? Transformed? Into what? Objects of great beauty? Or are they revealed in their baseness? Taking my cue from the dialectical nature of Falk's art I would suggest that these objects are both preserved and transformed: transformed insofar as the context which produced them has been replaced by what might be called its opposite other. Once they were trash among other trash; now they are framed by great beauty. This displacement, however, cannot mask their lowly or repulsive materiality as cigarette butts or squashed soda cans. Zurich art critic Willy Rotzler holds that "Falk's unbroken aestheticism once again discovered the most beautiful aspects of this junk, this garbage". "To the contrary, the presence of these objects tends to destabilize the aesthetic of Falk's paintings." Attention is drawn not to the *beauty* of these objects, but their extreme distance from beauty. Rather then being aesthetized they are de-familiarized in the sense in which Brecht applied the term to everyday occurrences: they are depicted in such a way as to render them unusual and provoke curiosity and questioning. In their resistance to aesthetic transformation these artifacts, and the paintings which contain them are searching for an aesthetic which does not smooth over the conflict between high art and lowly markers of social reality…

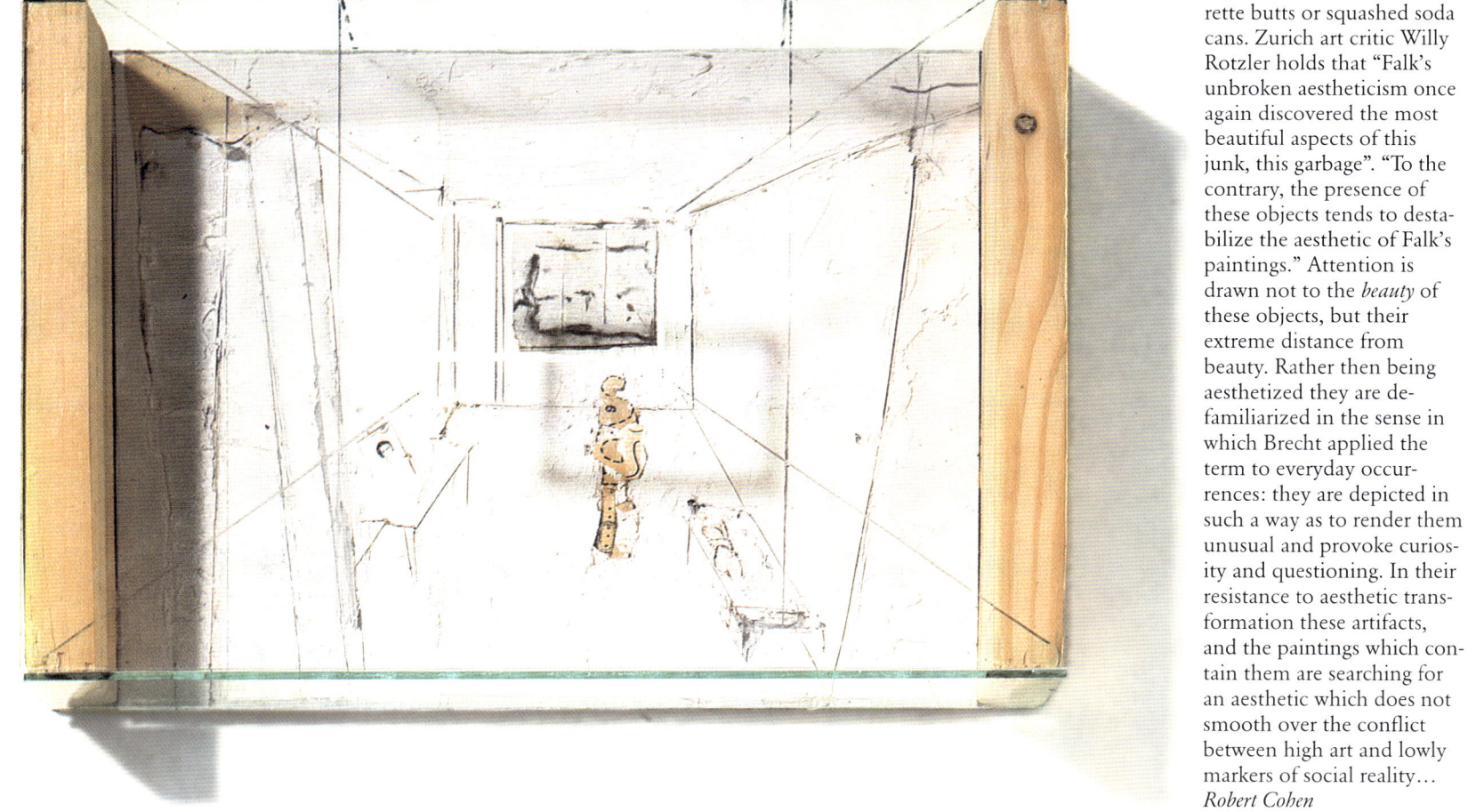

Robert Cohen

New York, 1976
18 x 27 cm
Glas, Holz, Gips, Fettkreide
und Collage

New York, 1975
35 x 47 cm
Acryl und Gips

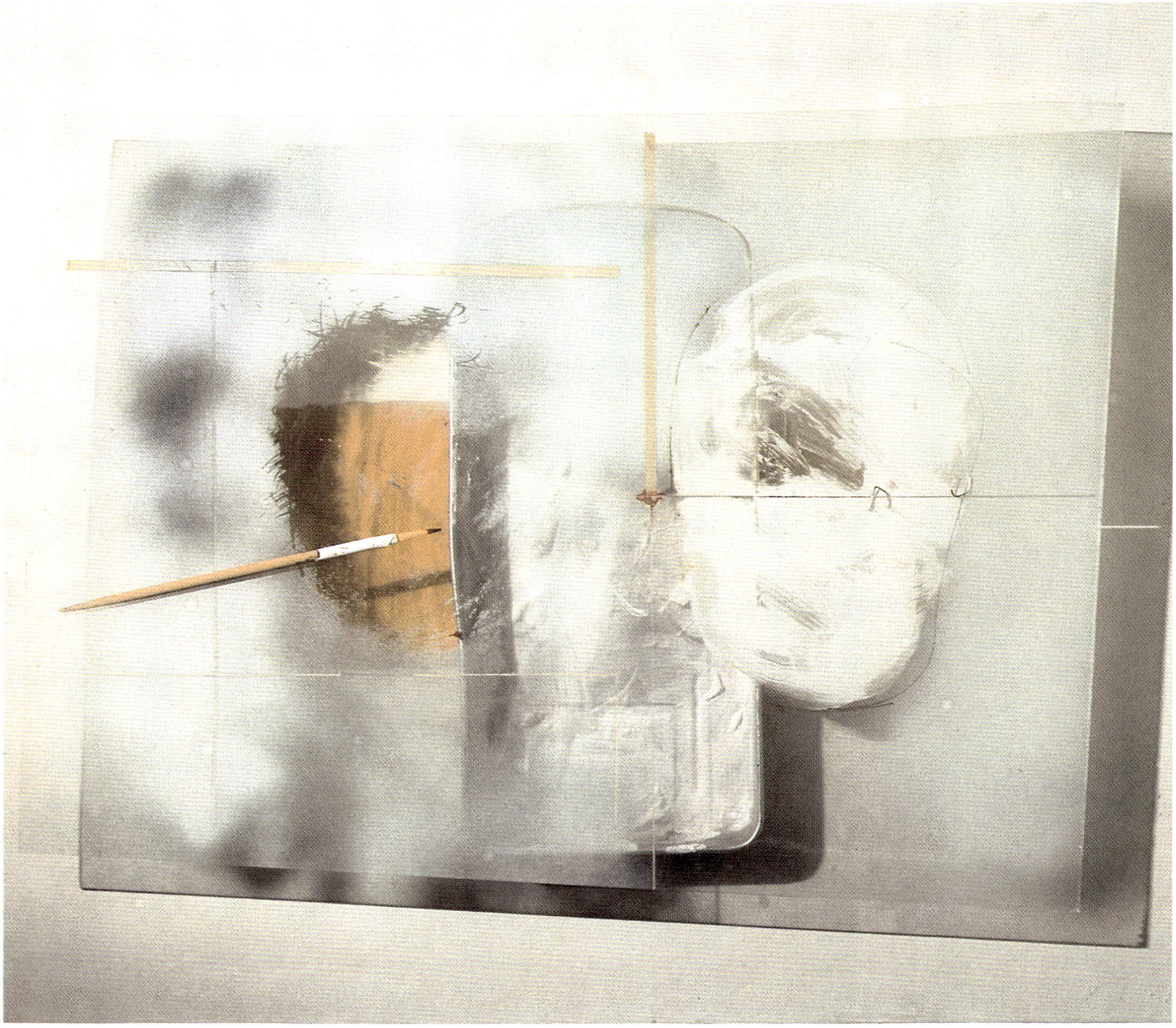

New York, 1978
75 x 78 cm
Acryl, Metall und Glas

New York, 1974
Ready To Paint
155 x 202 cm

Sieben Rechtecke, zwei
quer fixiert mit schwarzem
Scotch Tape and the Idea
of Relax from Work

A Year's Work, 1985
124 x 95 cm
Acryl auf Vinyl, Asphalttinktur, Collage, Papier und Metall

Stromboli, 1999
71 x 51 cm
Öl, Acryl, Tusche auf Papier

Ankunft

«Denken wir uns ein Gemälde in kleine, annähernd einfarbige Stücke zerschnitten und diese dann als Steine eines Zusammenlegspiels verwendet. Auch wo ein solcher Stein nicht einfarbig ist, soll er keine räumliche Form andeuten, sondern einfach als flacher Farbfleck erscheinen. Erst im Zusammenhang mit den anderen wird er ein Stück blauen Himmels, ein Schatten, ein Glanz, durchsichtig oder undurchsichtig. – Eine Farbe *leuchtet* in einer Umgebung. Wie Augen nur in einem Gesicht lächeln.»

(Ludwig Wittgenstein, Bemerkungen über die Farben)

Elementare Struktur der Häuser, wie ich sie 1960 noch angetroffen hatte

Stromboli, 1961
20 x 39 cm
Öl, Collage auf Leinwand

In den New Yorker Jahren hat Falk ein Plus an Bildorganisation hinzugewonnen, das ihm erlaubte, sich dem Ursprung seiner Kunst aufs neue zuzuwenden. Wir sagten, Stromboli sei die Geburtsstätte seiner Eigenart gewesen. Hier musste er wieder einsetzen, um seinen Altersstil auszubilden, der die Summe seiner Erfahrungen und Versuche ziehen sollte. Zwanzig Jahre nach seinem Exodus machte der Siebzigjährige die Insel wieder zu seinem Lebens- und Arbeitszentrum.

Falk war immer schon von einer produktiven Besessenheit. Doch nun überliess er sich einem ungehemmten Schaffensrausch, um all das einzubringen, was er bis jetzt, an der Schwelle zum Alter, in seiner Arbeit an Möglichkeiten entwickelt hatte. Was er in einem Jahrzehnt, oft noch von Krankheit unterbrochen und von Schmerzen gequält, an neuen Werken hervorgebracht hat, ist fast unglaublich. Es zu wissen, gehört zum Verständnis dieses Mannes, der getrieben wird von einer inneren Notwendigkeit zu malen, die eins ist mit seinem Wesen, ja noch mehr: mit seinem gesamten Dasein.

Das setzt mit Paukenschlägen ein, noch teils in New York, teils wieder in Stromboli. Der Rhythmus der New Yorker Jahre klingt nach. Da gibt es gleich zu Anfang eine wilde Collage, ganz in Rot, mit grossflächigen Abschattungen ins Braunrot hin, darauf Blech- und Holzteile montiert, das Metall ein stark fleckiges Grau, ein Stück schwarzes Holz, ein braunes Winkeldreieck aus dem Schulsack, einige ausfahrende schmale weisse Kurven – ein Signal: Jetzt bin ich wieder da, jetzt geht's hoch her! Das Dunkel Cornwalls ist den Abfallfunden New Yorks unterlegt, doch erhöht zu triumphaler Pracht, und von links her kündigt sich in cremigem Weiss das liparische Licht an (aus der Bildgruppe «A Year's Work», 1985/86).

Dieses Jahr 1985/86 bringt Falk den Ausbruch aus dem Container, der ja auch ein Gefängnis sein kann und nicht nur eine Pandora-Büchse. Er beginnt freier zu atmen, er taucht in die Farbe ein wie einer, der am Ersticken war und nun in frische Höhenluft tritt. Malflächen werden mit einem

Farbton gedeckt, zum Beispiel einem lichten Graublau, einem kräftigen, nach den Seiten hin abblassenden Orange. Unregelmässige Kurven versetzen die Fläche in Bewegung, weisse Spritzer und Flecken kommen hinzu, im Graublau schwarze und braune, im Orange rote und gelbe Fremdkörper, sparsam verteilt, nicht mehr Treibgut, sondern eher Drachen, die Kinder zwischen Wolken am Himmel treiben lassen. Eine neue Fröhlichkeit ist in diesen Bildern, eine unbezwingbare jugendfrische Lebenslust.

Der Übermut des Werkjahres 1985/86, mit dem die neue Phase anhebt, wird sich in den folgenden Jahren mässigen. Was aber bleibt, ist die formale Anreicherung mit dynamischen Bildelementen, eine lebhafte Bewegtheit der Farbzeichen, die ihre je eigene bildnerische Individualität besitzen und im Miteinander und Gegeneinander ausspielen. Was bleibt, ist die strengere Strukturierung, sozusagen eine Choreographie von Farbmaterien; eine tänzerische Leichtigkeit, nicht mehr so sehr schwebend-verklingend (wie oft in der ersten Stromboli-Periode), sondern eher Höhepunkte akrobatischer Kunst in der Zirkuskuppel. Da wirbeln die schmalen Pinselstriche, schwarz oder farbig, über die Fläche, umkreisen Farbsegmente und fangen sie ein, lassen sie wieder los. Koloristische Kadenzen entstehen, denen der Blick folgt, oft in einer Bewegung von oben nach unten, Katarakte der Augenlust.

Von da an werden die Farben heller und heller, bis hin zu der Paradoxie, dass selbst das Schwarz noch Licht zu strahlen scheint (Abb. S. 109). Zuweilen ist es auch ein düsteres, fast bedrohliches Strahlen, wie aus der Schmiede des Hephaistos in der Tiefe des Vulkans, deren Herd erloschen ist (Abb. S. 113). In der Ausstellung «Strutture della visualità» 1984 in Varese hatte ich neben de Staëls *Paysage rouge* ein schwarz dominiertes Container-Bild von Falk gehängt, ein Hochrechteck, dessen oberer Teil kompakt tiefschwarz ist und nach unten in einem aufgebrochenen Farbfluss verläuft, der von jähen, hellgrauen Pinselstrichen bedrängt wird; dieses Rechteck scheint vor einem sandfarbenen Grund zu schweben, der beidseitig darüber hinausragt, links von grauschwarzen Schlangenlinien überdeckt. Neben dem mild leuchtenden Rot de Staëls hatte das Schwarz und Grau des Falkschen Werks eine starke Strahlkraft; aber es war in sich zurückgenommen, eine opake Dunkelheit. Sein Leuchten erhielt es im Kontrast vom hellen Grau, auch vom stumpfen Sandton. Nun, in dem wogenden Farbauftrag des Stromboli-Bildes, wird das Schwarz selbst zum Strahlungskern, und das Weiss von den Rändern her übernimmt nur eine Hilfsfunktion.

Doch die Heimkehr zum Ursprung wird am augenfälligsten und mit geradezu symbolischer Herausgehobenheit nachfühlbar in dem grossen «weissen» Bild von 1995, das wie eine Quintessenz von Falks mediterranem Welterleben erscheint (Abb. S. 116). Werfen wir einen Blick zuvor auf das ebenfalls «weisse» Bild von 1962 (Abb. S. 25)! Ein lichter Weissgrund, in den sich Schattentöne mischen wie aufsteigender Rauch, trägt die wenigen bräunlichen und grauen Verdichtungen, in die sich der Raum zusammenzieht. Die dunklen Zentren folgen wie die Knoten eines Pflanzenstengels einer nach oben strebenden Achse, die in Weiss nur durch die Art des Farbauftrags angedeutet ist. Kleine Wirbel an den Knoten unterstützen die Aufwärtsbewegung. Ein für die frühe Zeit sehr streng gebautes Bild, dessen Tektonik ganz und gar aus den Farbnuancierungen entwickelt ist.

Und nun 1995. Die Einheit der Bildfläche wird durch die schrundige weisse Materie hergestellt, die rauh verputzte Mauer eines Hauses, wie wir es auf Seite 102 sehen. Unregelmässige Erhebungen haben einen vertikalen Duktus, das Bild «steht», aber es fliegt nicht weg. (Die Formate sind natürlich konstitutive Momente der Bildwirkung.) Während 1962 sich die Farbzentren gegenüber dem weissen Grund zu einer eigenen Figuration fügten, sind 1995 Farbspuren in die weisse Mauerstruktur eingelassen als Zeugnisse ihres Lebens. Hingewischt ein wenig Rot und Gelb, ein paar grössere Flächen in Schwarzbraun, Blau, Rosa, ein paar graue Verschmutzungen. In subtilen Farbdifferenzierungen wird der Alterungsprozess sichtbar. Nicht Verletzungen, nicht Narben sind es, sondern Botschaften der Verbindung einer einfachen Wand mit dem Geschehen um sie her. Als seien sie zufällig entstanden, sind diese kleinen Indizien verstreut. Doch sie bilden ein geheimes Netz, das den Mauerausschnitt zusammenhält und zu einem Ganzen macht, zu einem Bild. Ein waagrechtes Rot an der Basis wird oben durch einen roten Bogen aufgefangen und zur Linken durch zwei vertikale Rotstriche gestützt, deren Strebung nach oben durch kleine horizontale Blöckchen gestoppt wird, während sie mit einer gerade nur hingetupften Verlängerung Anschluss an den Bogen in der Höhe suchen. Rechts in analoger Funktion eine T-Konstruktion in Schwarz, von der aus ein Bogen in Richtung Bildmitte nach oben strebt. Ausgewogene Stütze und Last, indessen nur angedeutet. Legte man durch diese Farbsignale einen konstruktionstechnisch durchgezeichneten Aufriss, so schlösse sich in dem oberen Viertel ein gotischer Bogen, der sich, wie die Fenster- und Gewölberippen in englischen Kathedralen des Perpendicular Style, über die Spitze hinaus fortsetzte. Die grösseren Farbflächen bezeichnen die Ecken eines nahezu rechtwinkligen Dreiecks, dessen Mittelpunkt auch die Bildmitte ist, in der die horizontale und die vertikale Mittelachse sich schneiden. In einer scheinbar willkürlichen Nichtordnung ist ein komplexes Ordnungssystem versteckt; weitere Detailanalysen fördern weitere Konfigurationen und Korrespondenzen zutage.

Ich möchte nicht behaupten, dass Falk solche konstruktiven Muster bewusst anlegt. Sie ergeben sich ihm als visuelle

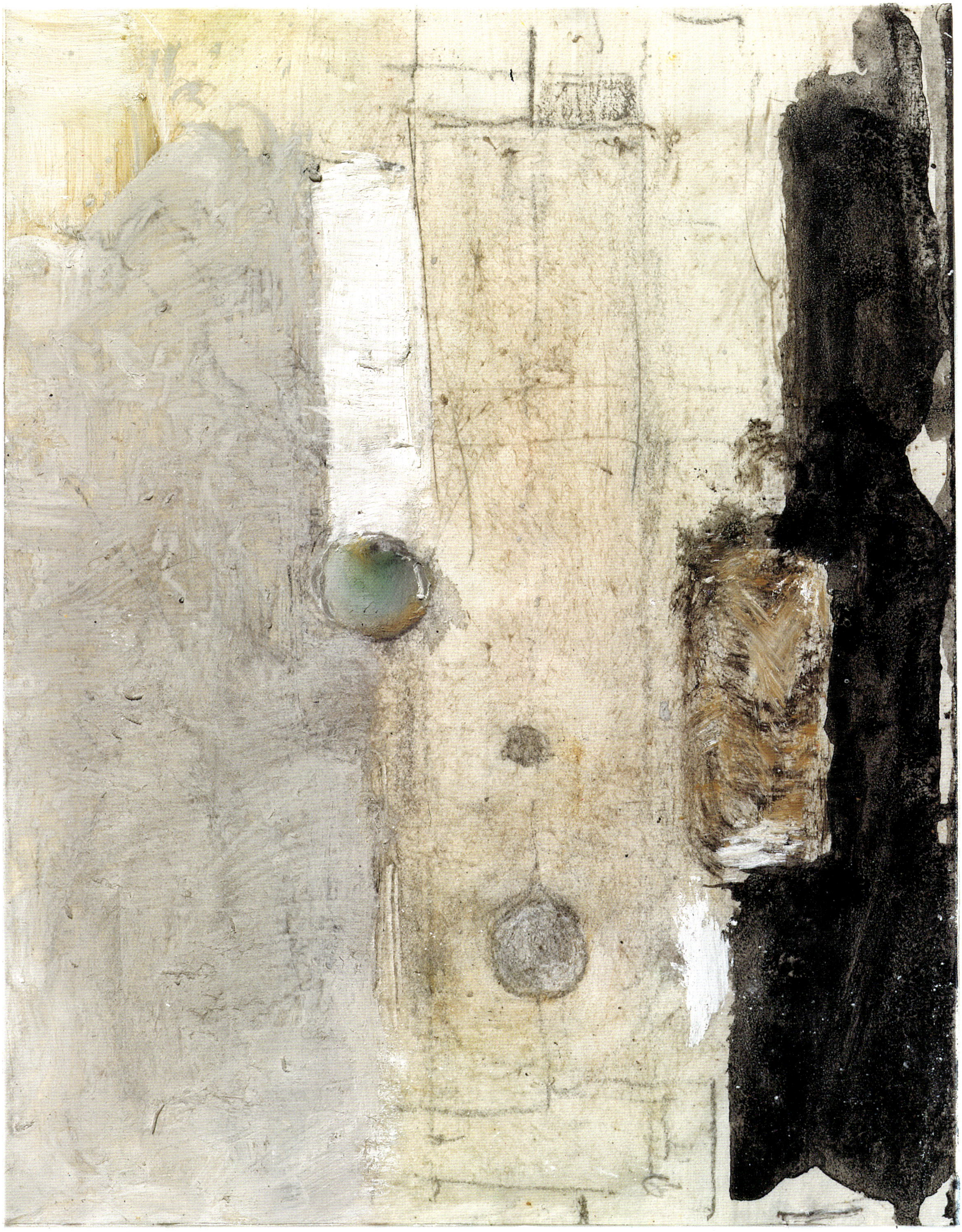

Stromboli, 1996
30 x 23 cm
Öl, Tempera, Kalkmörtel,
Farbpulver auf Papier

Stromboli, 1994
26 x 18 cm
Kohle, Kreide auf Papier

Stromboli, 1994
22 x 30 cm
Kohle, Tusche, Kreide auf Leinwand

Stromboli, 1994
105 x 85 cm
Öl, Tempera, Kohle, Tusche auf Holz

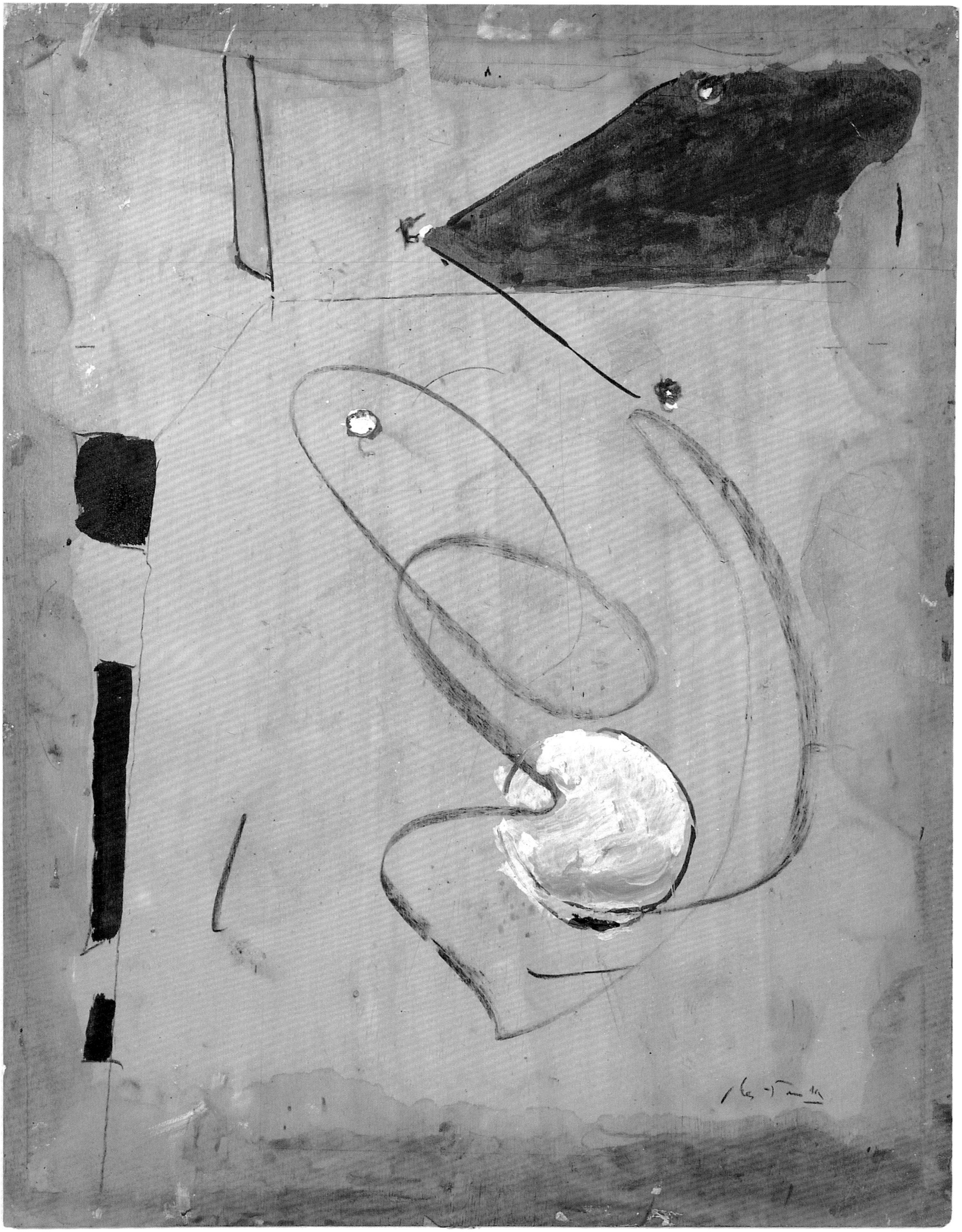

Harmonie- und Gleichgewichtsverhältnisse, wenn er zu malen beginnt. Er sieht sie, wenn er die Bilder anderer, besonders alter Meister betrachtet. Man muss Falk von seinen Eindrücken beim Besuch von Museen berichten hören, von den Seherlebnissen, die er vor Kunstwerken hat; dann wird einem klar, welch hohen Grad von spontaner Unterscheidungsfähigkeit seine Gestaltwahrnehmung besitzt. Da manifestiert sich, was Rudolf Arnheim «anschauliches Denken» nannte, nämlich Denken *mittels* der Anschauung, im Sehen selbst.

Jetzt, in der zweiten Stromboli-Periode, haben die zwei Naturbegabungen Falks, die koloristische und die struktive, gleichberechtigt zueinander gefunden. Selbstverständlich ist er in erster Linie ein malerischer Künstler. Er bewegt sich nicht allein im Element der Farbe und des Lichts; Farbe und Licht sind die eigentlichen *Inhalte* seines Werks, mehr als nur die Mittel, mit denen er arbeitet. Farbe und Licht sind aber an sich selbst amorph, sie müssen durch eine Form gegenständlich gefasst werden, wenn sie zum Bild geraten sollen. Auch in der ersten Stromboli-Periode ist Falk diese formale Bindung gelungen. Sie erwächst zum Beispiel aus Verdichtungen, gestützt von Hilfslinien, die gliedern und ein Verströmen verhindern oder eine Bewegung betonen (Abb. S. 29, 37). Wo Falk auf lineare Beigaben verzichtet, muss die Farbe – in Kontrasten oder Richtungsabläufen – die Morphologie des Bildes ganz aus sich selbst erzeugen (Abb. S. 48, 49) oder sie muss gestalthafte Assoziationen wecken (Abb. S. 39, 44, 46). In jener Zeit der sechziger Jahre hat Falk auch viele Bilder gemalt, die abstrakten Zeichnungen näher stehen als seinen Farbkompositionen. Farberfahrung und Gestalterfahrung traten noch als zwei relativ selbständige Potenzen zusammen (man mag dabei an Nietzsches Unterscheidung von Dionysischem und Apollinischem denken, die ja nicht zwei Stile, sondern zwei anthropologische Prinzipien benennt).

In Anspruch genommen von der dinglichen Realität konnte Falk in London und New York die Entwicklung nicht vorantreiben, die in Stromboli begonnen hatte, als er in der Farbnatur selbst das Struktive entdeckte (siehe Abb. S. 16). Und wahrscheinlich brauchte er die Reibung an den Dingen, um in ihnen die Aufbauregeln zu gewahren, die auch nichtfigurativ gelten – weil eben die Strukturen, die die Sichtbarkeit von Gegenständen prägen, für alles Gesehene, dingliches wie nichtdingliches, die gleichen sind. Diese Konstruktivität setzt sich in den Container-Bildern durch.

Aber das optische Angebot New Yorks, das dort zu Sehende, war nicht das, worin Falk das Prinzip der Einheit von Farb- und Strukturwahrnehmung frei realisieren konnte. Dazu musste er wieder an die erste Stromboli-Periode anknüpfen. Erst auf der feuerspeienden Insel, in der Spannung zwischen transparentestem Tageslicht und nächtlichen Gluteruptionen, kam er bei sich selbst an.

Stromboli, 1996
33 x 20 cm
Tusche, Acryl

Stromboli, 1997
28 x 34 cm
Bleistift, Tusche, Acryl

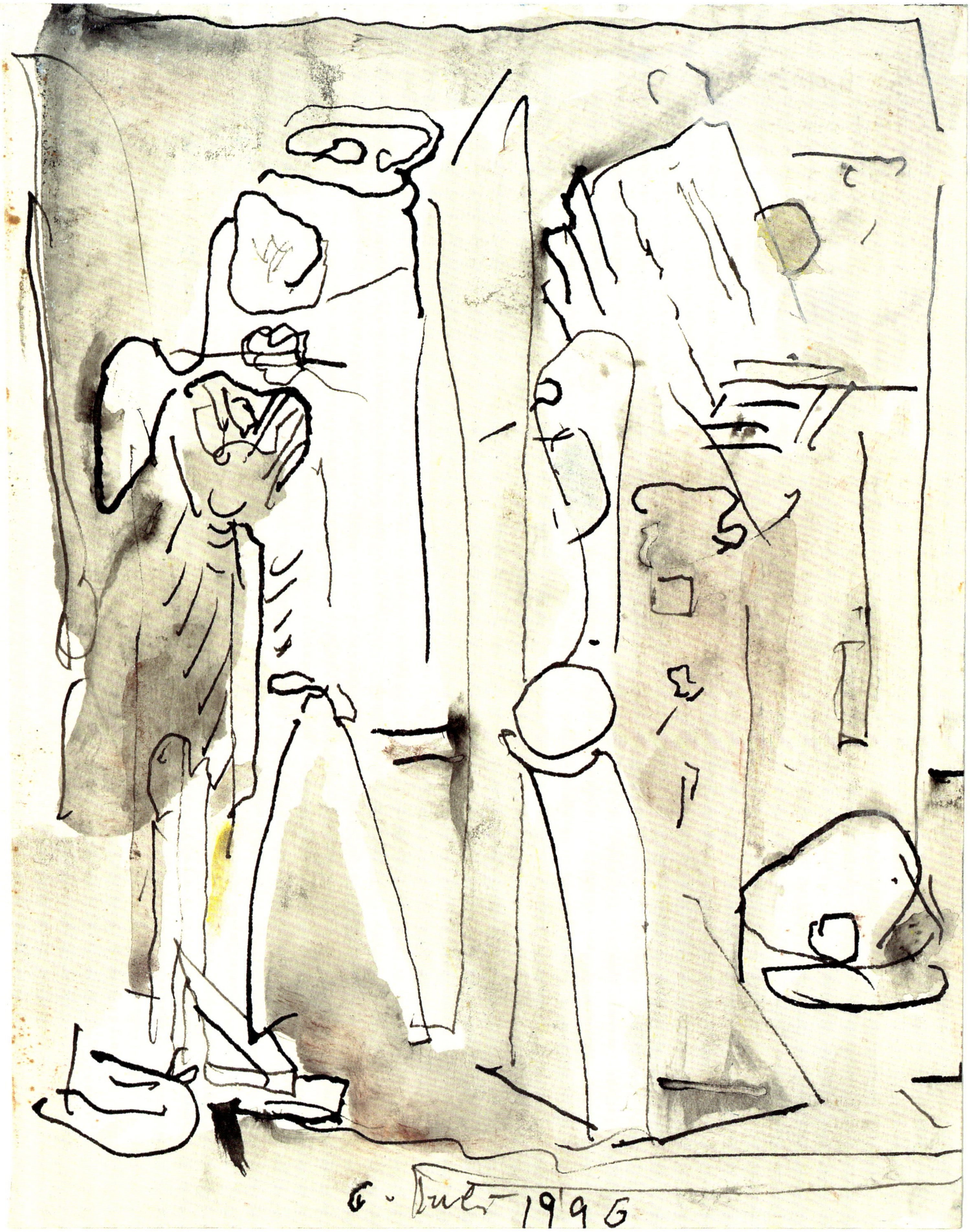
6. Juli 1996

13-VI-1996

Vorhergehende Seiten

Stromboli, 1996
35 x 26 cm
Tusche, Aquarellfarbe
auf getöntem Papier

Stromboli, 1996
35 x 26 cm
Acryl, Kreideemulsion, Tempera

Stromboli, 1997
28 x 33 cm
Kohle, Kreide, Tusche, Acryl
auf grundiertem Papier

Stromboli, 1997
28 x 33 cm
Tusche, Acryl auf Papier

Ernte

Nun kann er alles, was er in seinem Leben erprobt hat, nun macht er es, aber auf eine neue Weise. Er komponiert Bilder, als stelle er das Atelier eines Maschinenkünstlers dar (Abb. S. 106), er schnellt mit einem Peitschenschlag eine Kugel über eine monochrome Fläche (Abb. S. 107), er lässt Weiss und Schwarz auf sandgrauem Grund explodieren und beobachtet, was dabei herauskommt (Abb. S. 109), er baut auch wieder Strandgut in Bilder ein (Abb. S. 123), er lässt eine Lichtwoge ins Dunkel einbrechen wie Hokusais Welle und begleitet das Naturschauspiel mit erregten Kritzeleien (Abb. S. 125), er behandelt Farbgebilde als wären sie Objekte, die er über die Fläche verstreut (Abb. S. 136, 137). Kandinksy hatte eine Phase, in der er so mit geometrischen Figuren umging, Miró setzte auf diese Weise mythische Zeichen. Falk hat mathematische und mythologische Assoziationen hinter sich gelassen, er malt das Sichtbare an sich, gleichgültig woher er den Seheindruck aufgenommen hat, er verwandelt ihn in ein Organ des Bildes, das ihm vor Augen steht; nein, das sich während des Malens vor seinen Augen bildet.

Noch einmal: Nicht Ecriture automatique, sondern bewusste Komposition, aber solche, die ihr eigenes Werden mit abbildet und keineswegs einfach Ausführung eines Vorhabens ist. Wie die «allmähliche Verfertigung der Gedanken beim Reden» (die Kleist beschreibt) entsteht auch das Bild beim Malen. Der Maler weiss zwar anfangs ungefähr, was er sieht, aber er weiss noch nicht, wie es zu einer erkennbaren Gestalt wird, die aus sich selbst einen Sinn erzeugt.

Der figurative Maler muss sich in den Grenzen halten, die ihm die Gegenstände setzen. Der Konstruktivist unterstellt sich mathematischen oder quasimathematischen Regeln. Die Meister des Informel haben sich daran gemacht, die sinnliche Wirkung rein als solche, abgelöst von gegenständlichen Vorgaben oder methodischen Produktionsregeln, festzustellen und zu vermitteln. Dabei besteht die Gefahr, einem bloss privaten Subjektivismus zu verfallen, der auch im Betrachter nur subjektive Empfindungen auslöst. Das Informel stellt die Verbindlichkeit des Kunstwerks auf die Probe. Die bedeutenden Vertreter dieser Stilrichtung haben, jeder auf seine Weise, Ausdrucksmittel entwickelt, die wieder eine objektive Verbindlichkeit herstellen, das heisst eine allgemeine Verstehbarkeit, überprüfbare Interpretierbarkeit und mitteilbare Aneignung des Werksinns gewährleisten sollen. Hans Falk gehört zu den wichtigsten Künstlern des Informel, vielleicht kann man sagen, er sei unter ihnen der klassizistische. Wenn man feststellt, dass es eine besondere Syntax der informellen Bildsprache gibt, so hat Falk einige zentrale syntaktische Figuren dieses Idioms kreiert.

Stromboli, 1995
30 x 25 cm
Sepia, Acryl, Kreide auf handgeschöpftem Papier

Folgende Seiten

Stromboli, 1995
105 x 85 cm
Öl, Tempera, Kalkemulsion, Collage auf handgeschöpftem Papier

Stromboli, 1994
105 x 70 cm
Öl, Tempera, Tusche, Kreide

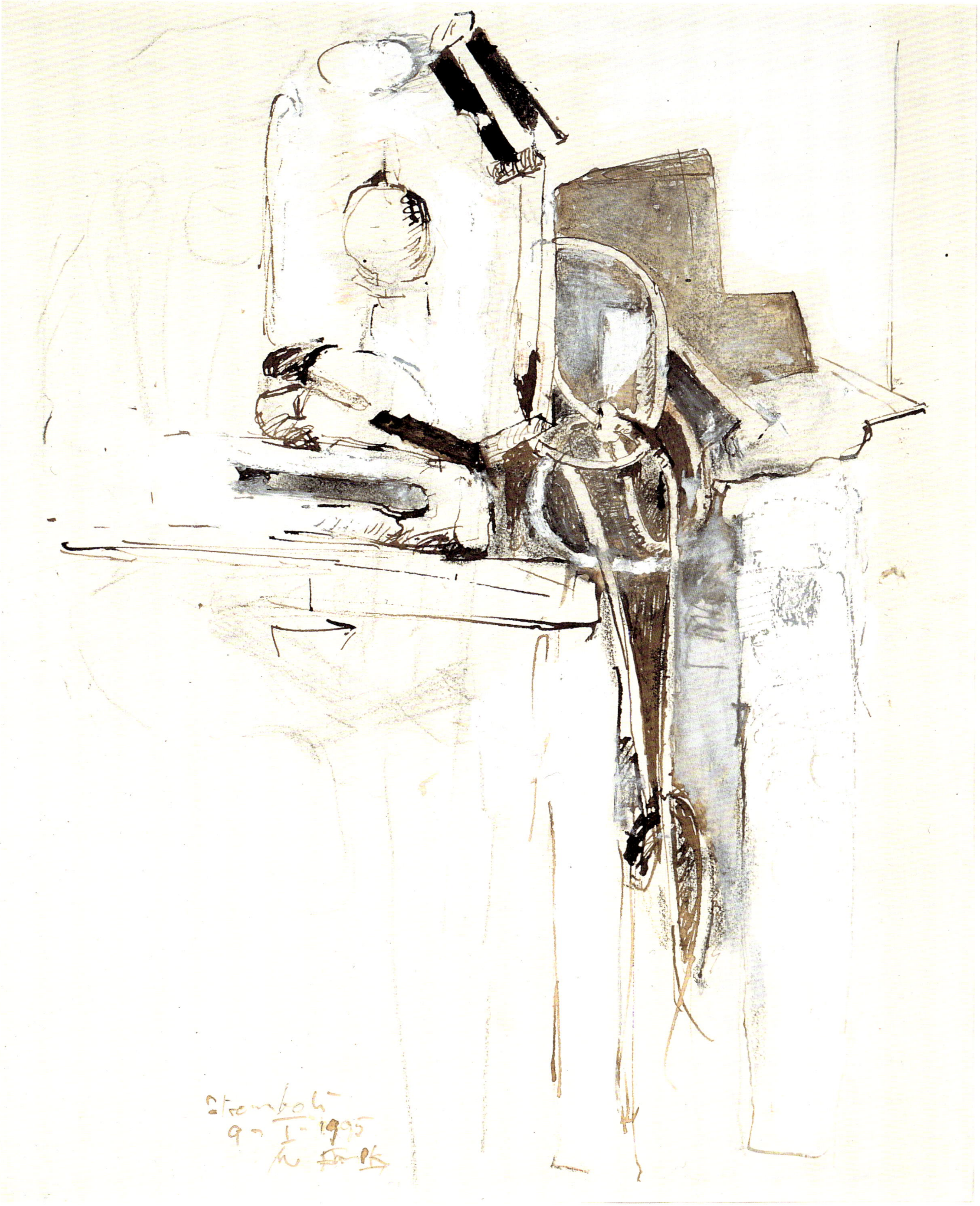
Stromboli
1995

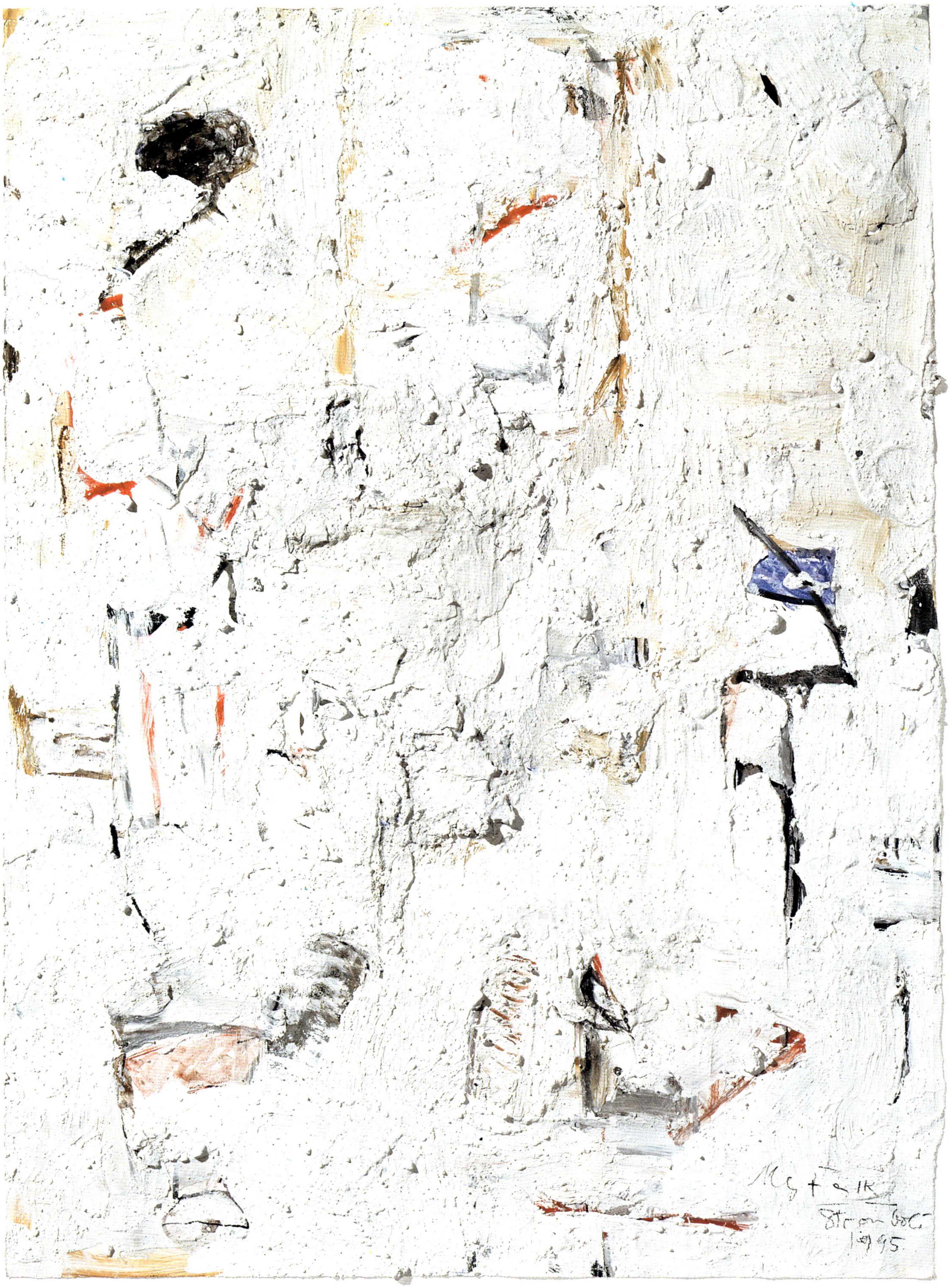
Stromboli
1995

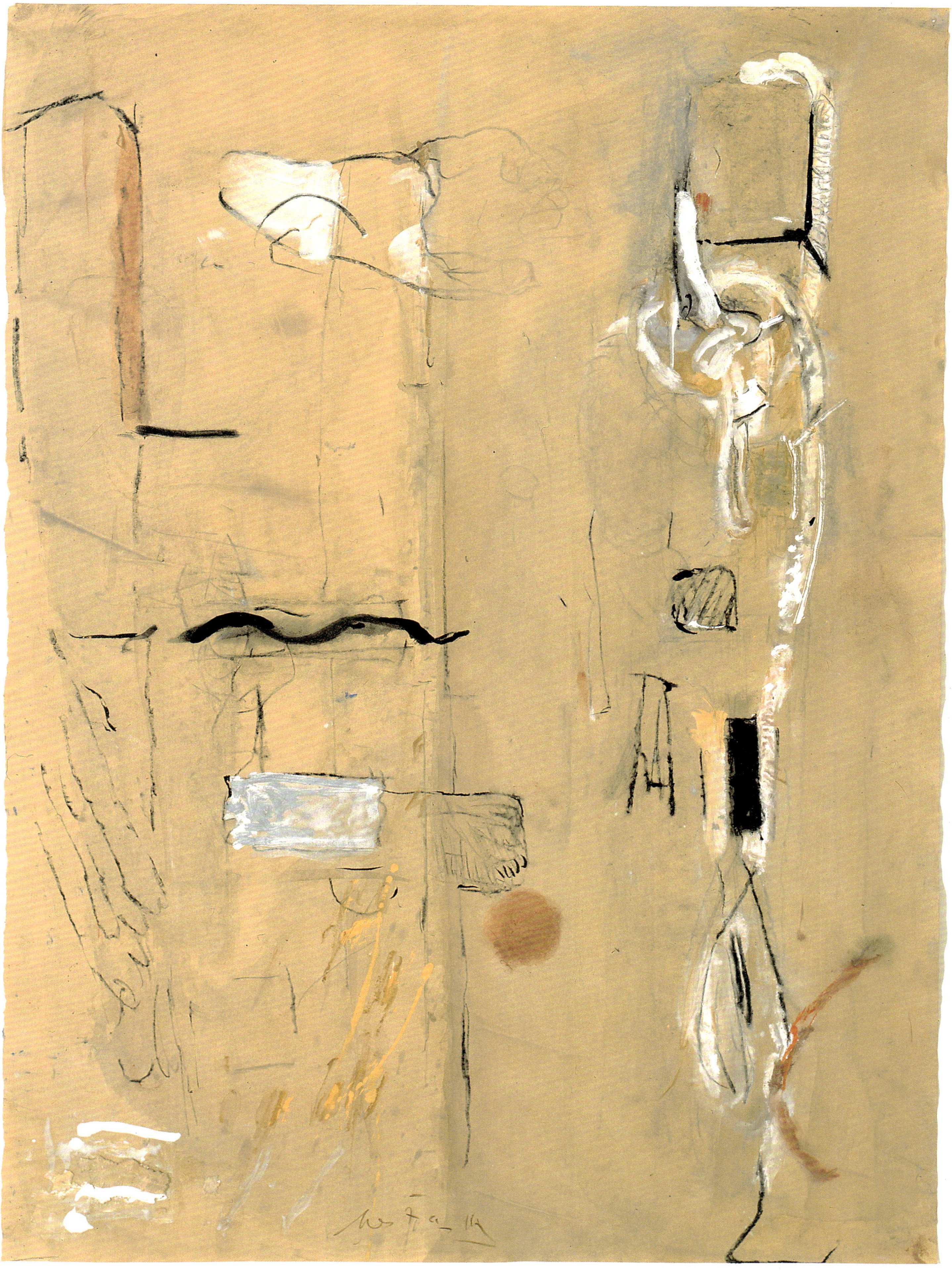

Als ich von Urdorf – wo Hans Falk während seiner Schweizer Aufenthalte malt – nach Zürich zurückfuhr, kam ich an einem Waldrand vorbei, dem ein schmales Wiesenband vorgelagert war. Es war ganz mit einem Gestrüpp von fast mannshohen Disteln bewachsen. Die Blütezeit war schon vorüber. Über den dicht nebeneinanderstehenden Stachelköpfchen lag eine graue Wolke der wolligen Samenträger, durch die nur hie und da das heftige Violett einer Spätblume leuchtete.

Der Augenreiz, den das Zusammentreffen von zartverwischtem, wolligem Grau mit glänzender Farbigkeit auslöste, konnte, bedenkt man das Tempo der Fahrt, nur etwa eine Sekunde gedauert haben, und ich hätte ihn wohl kaum registriert, wäre ihm nicht die angelegentliche Beschäftigung mit Falks Bildern vorausgegangen. So aber war die flüchtige Begegnung am Strassenrand Antwort auf die dem Maler nicht gestellte Frage, welcher Art die Augenerlebnisse seien, die in seinem Falle den schöpferischen Akt auslösen.

Nun gilt es, den Schlüssel zu finden zu dieser Chiffre-Schrift, die auf den ersten Blick so hermetisch erscheint wie wenig andere. Das Sesamwort ist identisch mit dem Entstehungsort der Bilder. Es heisst Stromboli. Ich war nie auf Stromboli, aber ich kenne einen andern aus Lava und Bimsstein aufgetürmten, unter der gleichen Feuersonne aus dem gleichen Kobaltmeer aufragenden Feuerberg: die Kikladeninsel Santorin. Und Santorin finde ich in Falks Bildern wieder bis in geringfügige Einzelheiten.

So gehörten zu den stärksten Augenerlebnissen «meiner» Insel die Innenhöfe der weissgekalkten Kubenhäuser, in denen das ungeheure Licht sich dermassen steigert, dass man sich in einem Kristallblock aus lauter Helligkeit eingeschlossen glaubt.

Und während ich vor einer Leinwand solchen Erinnerungen nachhänge, sagt mir der Maler, dass sein Arbeitsplatz auf Stromboli aus einem Geviert aus getünchten Hausfronten bestehe, dass das Bild also unter den genau gleichen Bedingungen entstanden sei, deren Vorstellung es bei mir geweckt hatte. Und nun, da das Schlüsselwort gefallen war, stellten sich die Übereinstimmungen des vor Augen Stehenden mit den Erinnerungsbildern Schlag auf Schlag ein.

Eine kleine Leinwand, ganz in Weiss gehalten, die nur ein paar unebene, aufgerauhte, fast unmerklich ins Rahmgelbe und Schattenbläuliche hinüberspielende Stellen aufwies – sie kam der Beschwörung jenes weissgetünchten Mauerwerks gleich, die das ganze Entzücken meines Inselaufenthaltes ausgemacht hatte. Und ein winziger Farbfleck von zugleich süssem und schneidendem Rosa, der in einer körnig-grauweissen Fläche schwamm, vergegenwärtigte mir die intensiv gefärbten Blumen, die unvermittelt aus dem Bimssteingeröll des Vulkanrückens dringen.

Ja, so stark waren die Anklänge an die ungestüme Natur des Vulkaneilandes, dass mir scheinen wollte, Falk habe für seine Bilder nicht die gewöhnlichen Farben, sondern Erden und Erze und die Säfte von Blättern, Blüten und Früchten seiner Insel verwendet. Aber nicht nur Anklänge an Mineralisches und Pflanzliches melden sich bei der Betrachtung von Falks Bildern, sondern auch Erinnerungen an die Zeugen längst versunkener Kulturen.

Manuel Gasser

Stromboli, 1996
50 x 65 cm
Öl, Kohle auf hand-
geschöpftem Papier

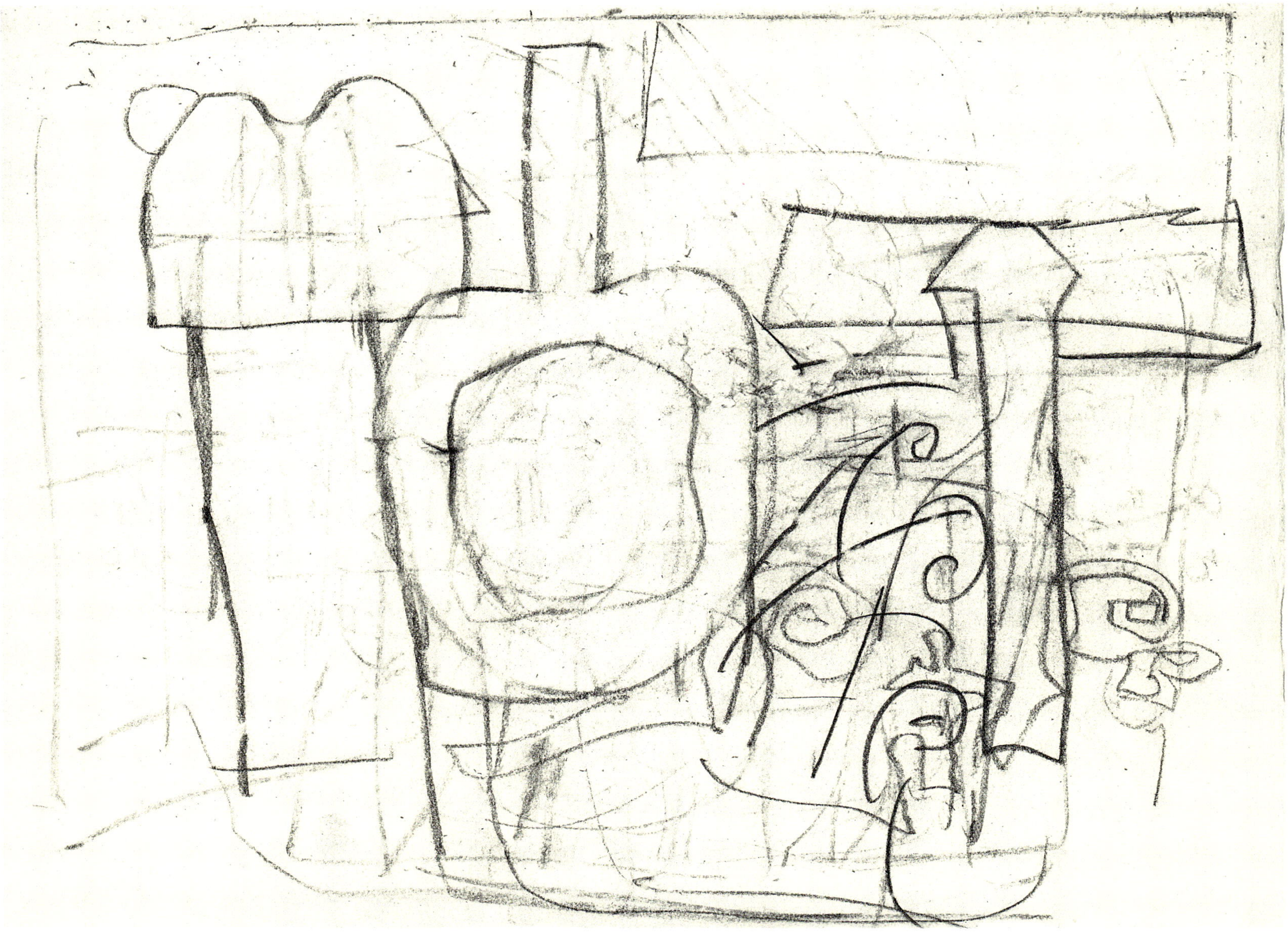

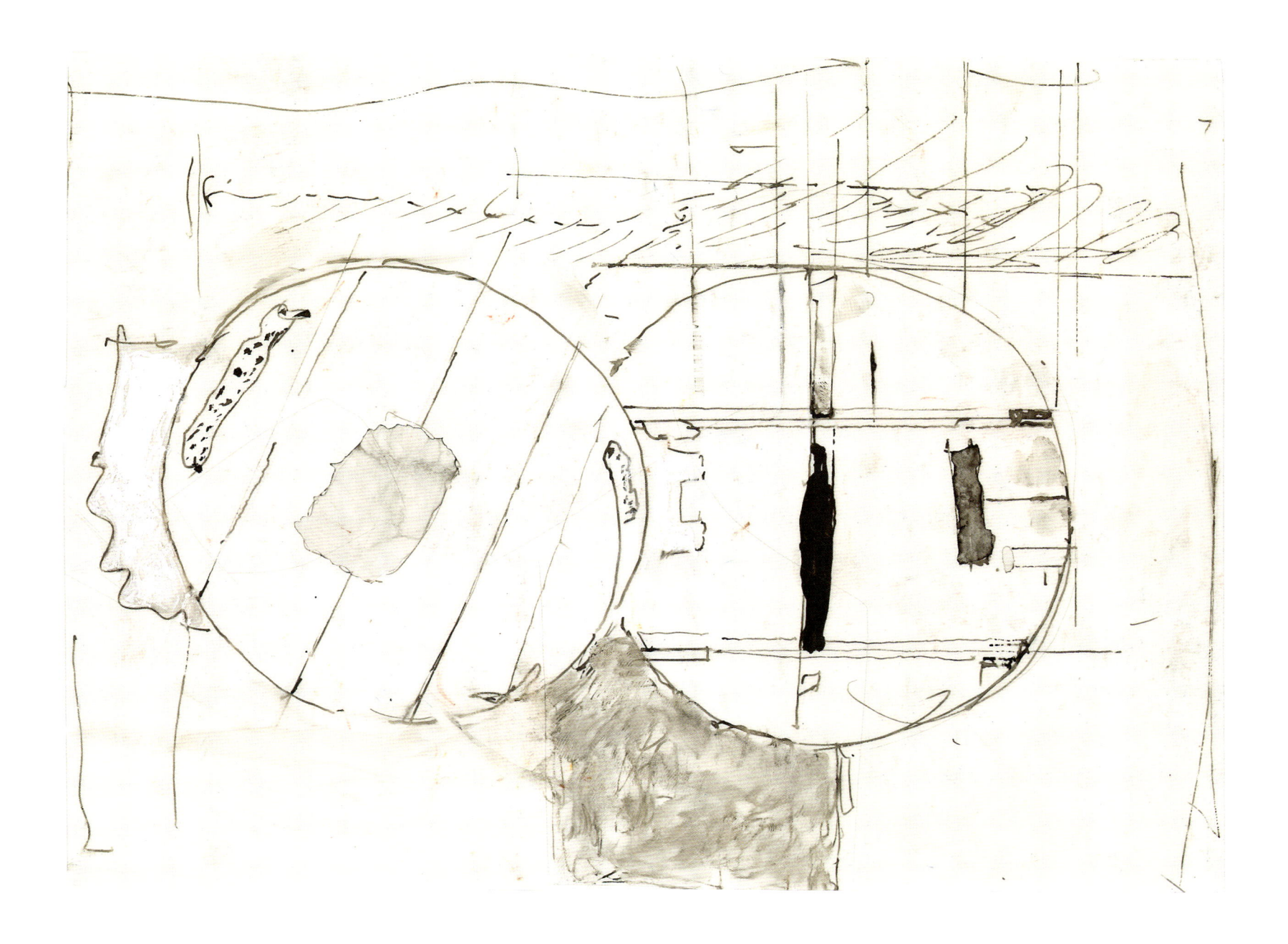

Stromboli, 1962
26 x 20 cm
Kohle, Kreide auf Papier

Stromboli, 1997
33 x 40 cm
Tusche, Tempera auf
transparentem Papier

Stromboli, 1995
112 x 85 cm
Kohle, Tempera, Collage

Stromboli, 1984
80 x 65 cm
Öl, Collage, Kohle

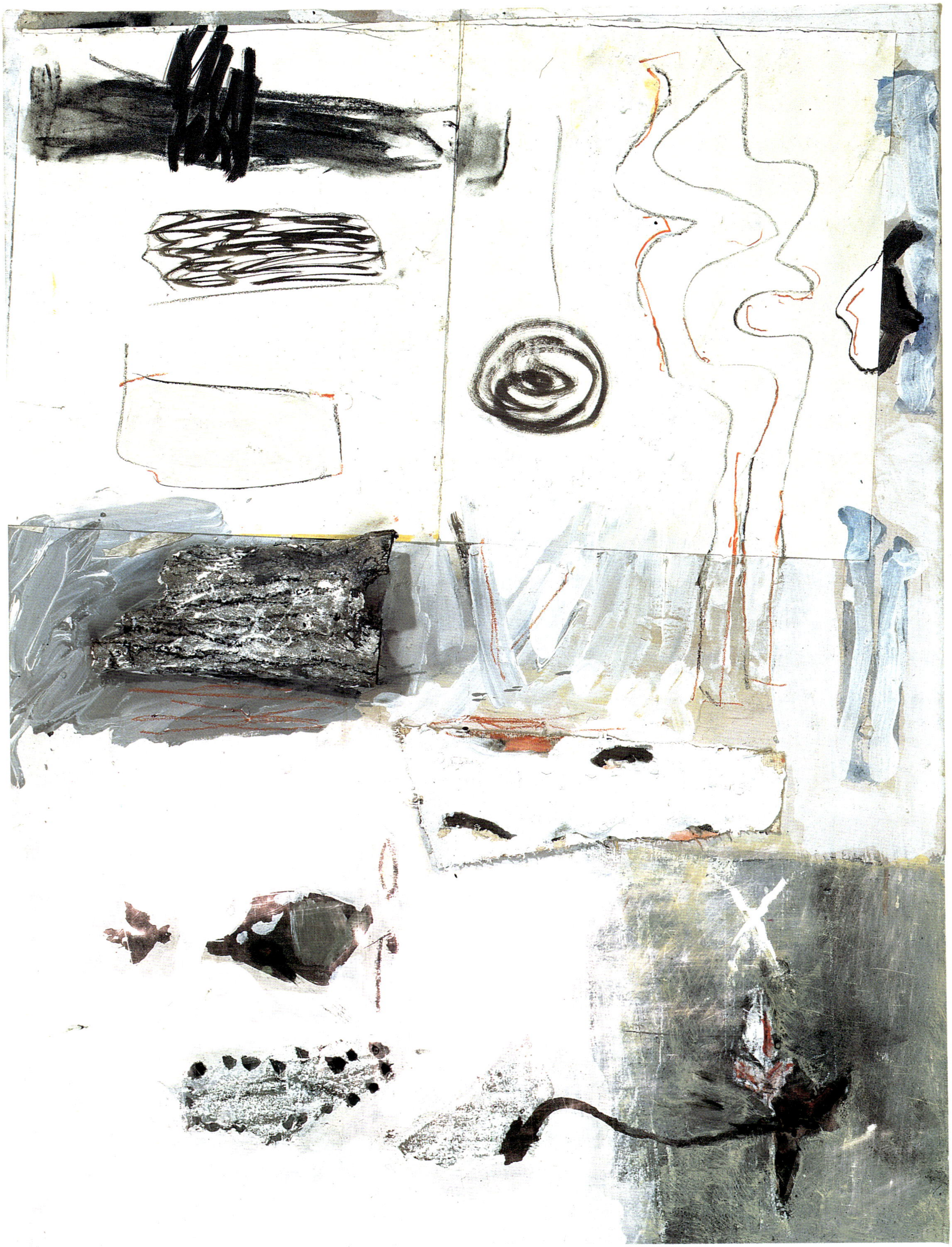

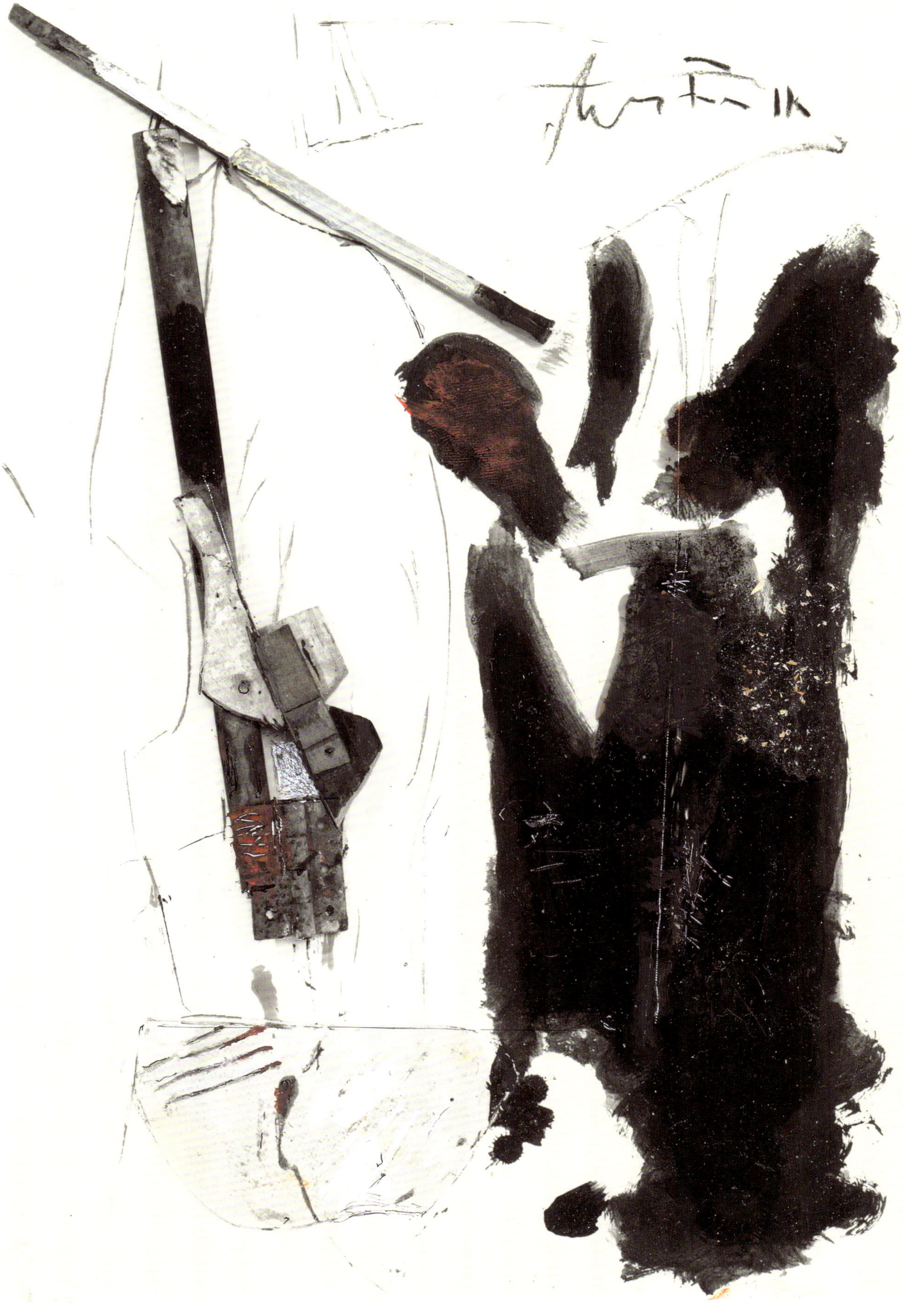

Polyphone Satzgefüge

Rolf Wedewer hat die Einsicht in die «Sprachlichkeit von Bildern» zu einem theoretischen Konzept der Rekonstruktion von Bildgrammatiken ausgearbeitet. Dieses Konzept, das mit den Mitteln formanalytischer Kunstgeschichte an den Werken von der Eiszeit bis zum 20. Jahrhundert (einschliesslich des Konstruktivismus) verifiziert werden kann, auch für den scheinbaren Auflösungsprozess der Gestalt im Informel einzulösen, hatte er schon in seinem frühen Buch «Bild-Begriffe» unternommen, in dem er ein kategoriales Instrumentarium für das Verständnis der informellen Syntax entwickelte. Eine der hauptsächlichen sinnstiftenden Kategorien ist die der «örtlichen Norm» (ein von Paul Klee eingeführter Ausdruck). Das besagt, dass die Position eines Bildelements in bezug auf andere (und prinzipiell auf alle anderen) Bildelemente eine semantische Information darstellt, dass die Totalität der Bildorte den Sinn des Bildes ausmacht und mitteilt, dass also die Bildgestalt selbst der Inhalt der Mitteilung ist. Das gilt gewiss auch für den strengen Konstruktivismus; bei diesem aber sind es in Fortsetzung und Radikalisierung der Bild-Tradition nach formalen Regeln erzeugte und wiederholbare Strukturen, die rein als solche der Bild-Gehalt sind und die für sich selbst sprechen. Im Informel treten an die Stelle dieser real-allgemeinen Strukturen individuelle Erlebnisqualitäten, die mit den Farbwahrnehmungen gegeben sind. In einer ersten Phase führte dies dazu, dass «die Form aus dem Bilde eliminiert wurde», wie Wedewer am Beispiel von Pollock und Wols zeigt. «Ohne den Widerstand einer präzis umrissenen Form» (so fährt er fort) «agierte die Farbe in unbegrenzter Ausdehnung. Einen Widerstand vermochte ihr nur die Farbe einer anderen Tonlage zu bieten. Oftmals wurde die Farbe einfach auf die Leinwand gespritzt oder gegossen, sie zerfloss zu breiten Flecken und verdankte ihre endgültige Erscheinungsform weitgehend dem Zufall.» Wie in den sogenannten «chaotischen Prozessen» in der Natur zeigte sich aber auch in der Malerei, «dass sich auch in der scheinbaren Chaotik dieser Bilder ein bestimmbares Ordnungsprinzip artikuliert. ... Die Struktur wurde zur Individualstruktur, die variierbar, aber nicht wiederholbar ist. ... Der Formbegriff im früheren Sinne existiert nicht mehr, aber der an seine Stelle getretene Begriff vom Gestaltwert der Farbe hat seine definierbare Tragfähigkeit erwiesen.»

Der Gestaltwert der Farbe – und hier schliesst sich der Kreis von Begriffsbestimmungen – ist nun aber definiert durch ihre Position im Ganzen, eben ihre «örtliche Norm». Die Gestalt taucht aus der zunächst amorph wirkenden Farbmasse auf, als eine Ordnung an sich deutungsfreier Einzelelemente.

Sicherlich sucht der Maler auf Stromboli nicht die zur Gestaltung anregende südliche Landschaft; das Landschaftliche fliesst in sein Werk nur gelegentlich ein, und dann in starker Umsetzung, in Gestalt von Ablagerungen und Schichtungen, von Glut, Trockenheit und Erosionseffekt der Farbe und Farbmaterie. Seine Malerei verwirklicht sich ganz ohne Literatur, das heisst ohne Symbol und Metapher, als Linie und Spur, als verwischter, transparenter oder zudeckender Fleck, als Kringel, Verspannung, Punktierung, als Verdichtung oder Lockerung, als das Mittelfeld besetzender, vom Rand her eindringender, abströmender Schub und Gegenschub.
Fritz Billeter

Stromboli, 1996
56 x 76 cm
Öl, Tempera, geschlämmte
Kreide, Kohle, Tusche

Stromboli, 1997
106 x 140 cm
Chinatusche, Acryl auf
handgeschöpftem Papier

Stromboli, 1962
70 x 45 cm
Kohle, Tusche, Farbkreide
auf Papier

Stromboli, 1993
45 x 70 cm
Tusche, Acryl auf getöntem
Papier

immer zu denen, die dagegen polyphone Satzgefüge dichteten, vergleichbar der voll instrumentierten Rhetorik in attischen oder römischen Volksversammlungen. Ich meine diesen Vergleich ganz wörtlich: Die stilistischen Figuren, die Quintilian in seinem Lehrbuch der Redekunst vorführt, liessen sich in eine exakte Analogie zu den bildnerischen Mitteln setzen, die zum Beispiel ein Falk oder ein Vedova inszenieren – Vedova mit dem barocken Pathos eines Abraham a Santa Clara, Falk eher mit der urbanen Finesse eines Cicero oder Erasmus. (Nirgendwo vielleicht als in der extrem subjektiven Kunst des Informel ist der Persönlichkeitsstil so entscheidend für den Charakter des Werks.) Welch eine zunächst unübersichtliche Fülle wie auf der Komposition «Stromboli 1995/96» (Abb. S. 131): Rot, von kleinen hellen Fanfarenstössen bis zum Rostbraun des mächtigen Basses; Grau, vom hellen Blaugrau bis zum dunklen Anthrazit; helles Grau mit allen Beimischungen, rosa und bläulich und weiss; wenige gelbe Tupfer und Pinselstriche; einige markante blaue Akzente. Ein Gebilde von Haupt- und Nebensätzen, mit Anspielungen und Ironien, Steigerungen und Peripetien. Alles fest verklammert: Vertikale Schichten, die (wenn man will) vor- und zurücktreten wie Raumkulissen, überschnitten von schräg geführten Farbkolben, die in ihrer Richtung aufeinander zugeordnet sind, so dass eine Grundbewegung auf der Fläche entsteht. Das Dunkel rechts hält das Gewirbel im Lot, aber es ist nicht sein Abschluss, denn alle Bewegung drängt nach der Mitte, wo aus dem Chaos der Farben das Licht hervorbricht, in das wir getaucht sind, wenn wir vor dem Bilde stehen. Die Analyse müsste eine Monographie sein, die die Hierarchie der Formen klärte, Hauptformen, Nebenlinien, stützende und verbindende Partikel einer Funktion im Aufbau zuordnete und daraus die Kraft erklärte, mit der das Licht das Dunkel durchdringt.

Die zweite Stromboli-Periode umfasst zahlreiche Werke solch komplexen Aufbaus (Abb. S. 6, 12, 13, 119, 127/128), aber auch viel einfachere, ganz aus dem Grau aufsteigend, das die Dämmerung ist, in der das Licht erwacht. Die gleissende Helle der Sonne, der weiss gekalkten Häuser, des glitzernden Meeres war ja schon in der ersten Stromboli-Zeit zum Leitmotiv Falkschen Arbeitens geworden – die immer präsente Aufgabe, was auch immer der konkrete Anlass einer Bildidee gewesen war. Das Licht zu fassen, hatte ihn schon in Cornwall und Irland beschäftigt. Titel wie «Gälisches Licht» weisen darauf hin. Das grosse Gemälde «Aktinientraum» (Abb. S. 32/33) von 1959 ist ein Drama des hervorscheinenden Lichts aus dem Dunkel. Die Erschaffung des Lichts aus der Farbe ist Falks Lebensthema.

Stromboli, 1995
Eintragungen im Skizzenbuch
18 x 14 cm
Tinte, Bleistift

Sammelobjekte

Radschuh, geschmiedetes
Eisen, Innerschweiz

Goa, Indien,
Ruderholz, verschnürt,
hergestellt von Fischern
am Indischen Ozean

Stromboli, 1995/96
34 x 42 cm
Tempera, Öl, Tusche

immer zu denen, die dagegen polyphone Satzgefüge dichteten, vergleichbar der voll instrumentierten Rhetorik in attischen oder römischen Volksversammlungen. Ich meine diesen Vergleich ganz wörtlich: Die stilistischen Figuren, die Quintilian in seinem Lehrbuch der Redekunst vorführt, liessen sich in eine exakte Analogie zu den bildnerischen Mitteln setzen, die zum Beispiel ein Falk oder ein Vedova inszenieren – Vedova mit dem barocken Pathos eines Abraham a Santa Clara, Falk eher mit der urbanen Finesse eines Cicero oder Erasmus. (Nirgendwo vielleicht als in der extrem subjektiven Kunst des Informel ist der Persönlichkeitsstil so entscheidend für den Charakter des Werks.) Welch eine zunächst unübersichtliche Fülle wie auf der Komposition «Stromboli 1995/96» (Abb. S. 131): Rot, von kleinen hellen Fanfarenstössen bis zum Rostbraun des mächtigen Basses; Grau, vom hellen Blaugrau bis zum dunklen Anthrazit; helles Grau mit allen Beimischungen, rosa und bläulich und weiss; wenige gelbe Tupfer und Pinselstriche; einige markante blaue Akzente. Ein Gebilde von Haupt- und Nebensätzen, mit Anspielungen und Ironien, Steigerungen und Peripetien. Alles fest verklammert: Vertikale Schichten, die (wenn man will) vor- und zurücktreten wie Raumkulissen, überschnitten von schräg geführten Farbkolben, die in ihrer Richtung aufeinander zugeordnet sind, so dass eine Grundbewegung auf der Fläche entsteht. Das Dunkel rechts hält das Gewirbel im Lot, aber es ist nicht sein Abschluss, denn alle Bewegung drängt nach der Mitte, wo aus dem Chaos der Farben das Licht hervorbricht, in das wir getaucht sind, wenn wir vor dem Bilde stehen. Die Analyse müsste eine Monographie sein, die die Hierarchie der Formen klärte, Hauptformen, Nebenlinien, stützende und verbindende Partikel einer Funktion im Aufbau zuordnete und daraus die Kraft erklärte, mit der das Licht das Dunkel durchdringt.

Die zweite Stromboli-Periode umfasst zahlreiche Werke solch komplexen Aufbaus (Abb. S. 6, 12, 13, 119, 127/128), aber auch viel einfachere, ganz aus dem Grau aufsteigend, das die Dämmerung ist, in der das Licht erwacht. Die gleissende Helle der Sonne, der weiss gekalkten Häuser, des glitzernden Meeres war ja schon in der ersten Stromboli-Zeit zum Leitmotiv Falkschen Arbeitens geworden – die immer präsente Aufgabe, was auch immer der konkrete Anlass einer Bildidee gewesen war. Das Licht zu fassen, hatte ihn schon in Cornwall und Irland beschäftigt. Titel wie «Gälisches Licht» weisen darauf hin. Das grosse Gemälde «Aktinientraum» (Abb. S. 32/33) von 1959 ist ein Drama des hervorscheinenden Lichts aus dem Dunkel. Die Erschaffung des Lichts aus der Farbe ist Falks Lebensthema.

Stromboli, 1995
Eintragungen im Skizzenbuch
18 x 14 cm
Tinte, Bleistift

Stromboli, 1997
140 x 107 cm
Öl auf Leinwand

Hans Heinz Holz, sein Text inspirierte mich zum vorliegenden Bild. Ich schrieb diesen handschriftlich, er wurde Teil des Bildes.
Stromboli, 1994

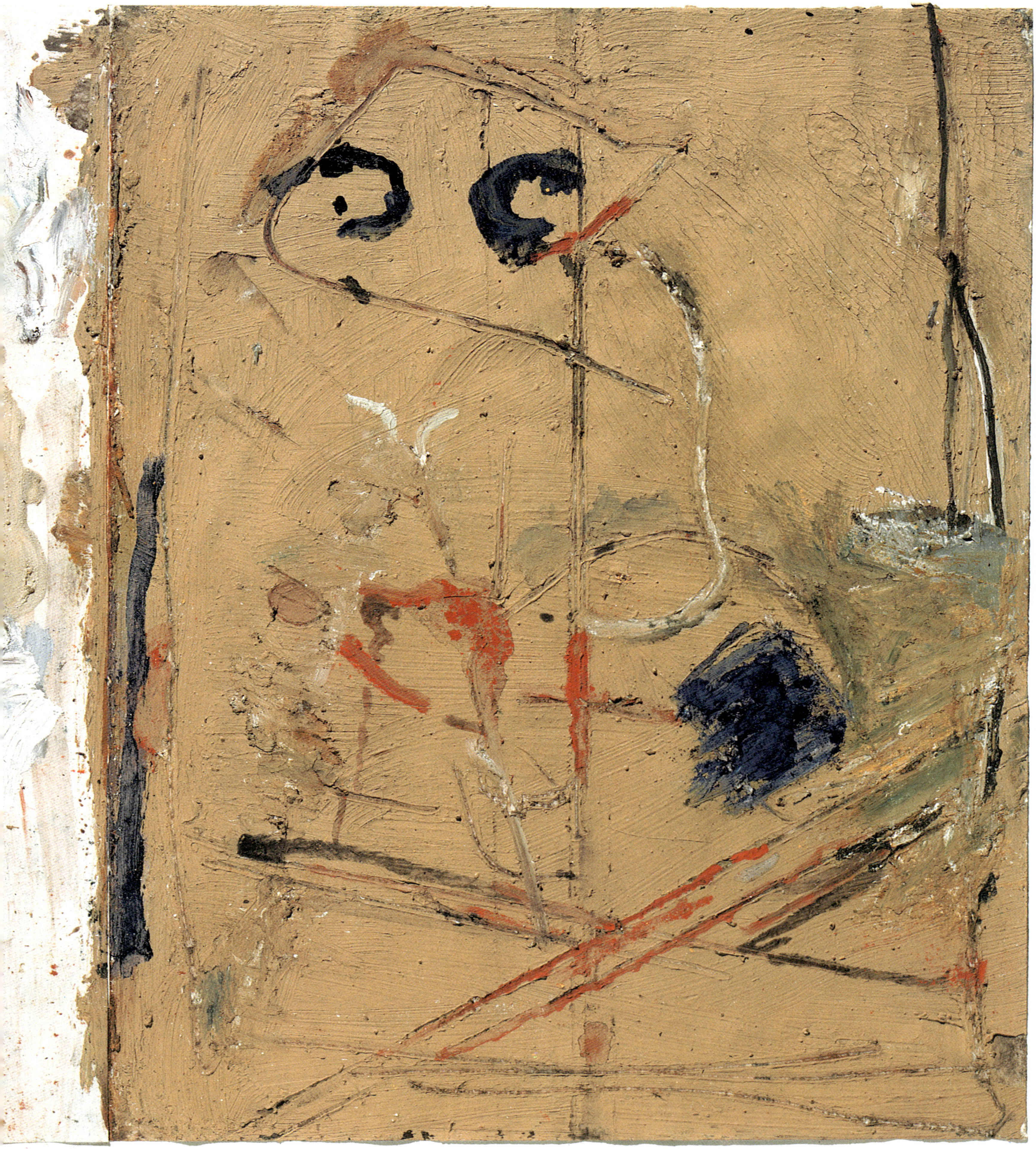

Vorhergehende Doppelseite

Stromboli, 1977
30 x 50 cm
Acryl, Öl, Tusche auf
grundiertem Papier

Stromboli, 1994/95
137 x 108 cm
Acryl, Kalk, Kreide und
Collage

Stromboli, 1993
137 x 110 cm
Tempera auf grundiertem
Papier

Stromboli, 1993
35 x 26 cm
Acryl, Collage, Tusche auf
Leinwand

Stromboli, 1997
35 x 26 cm
Acryl, Kreide auf Papier

Stromboli, 1992
12 x 15 cm
Acryl, Tusche auf Papier

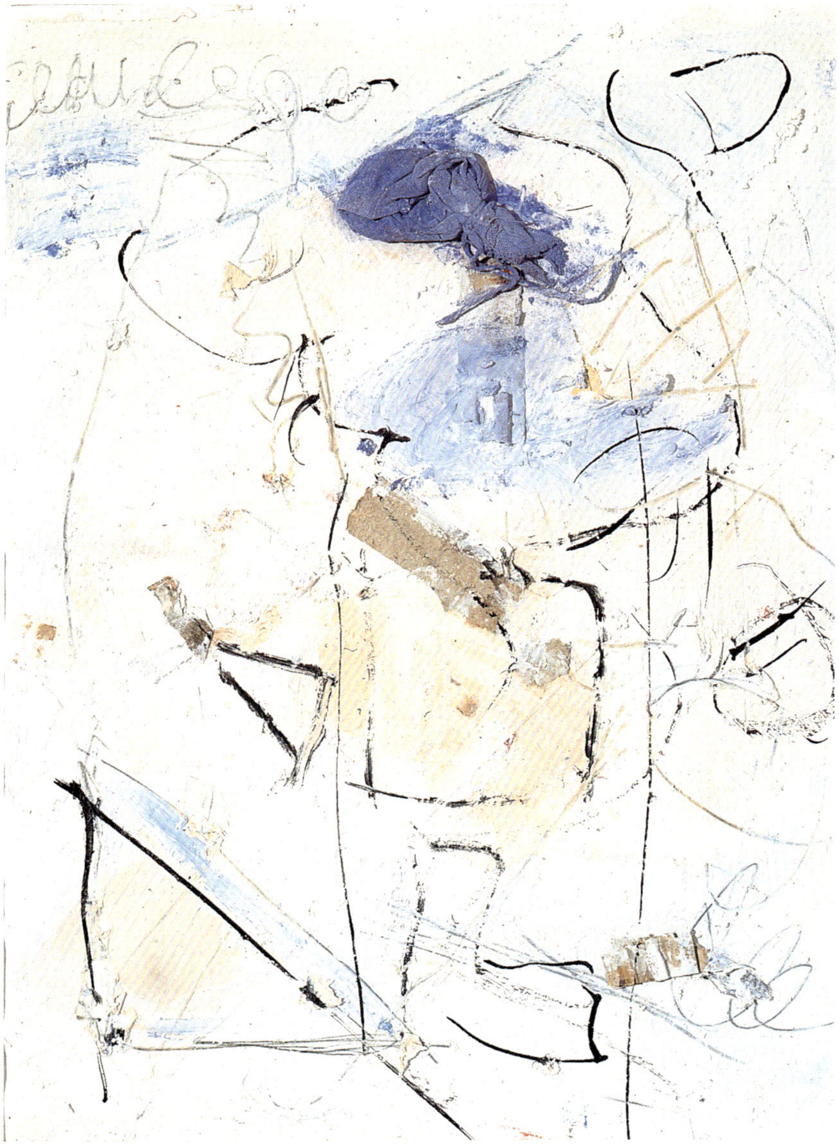

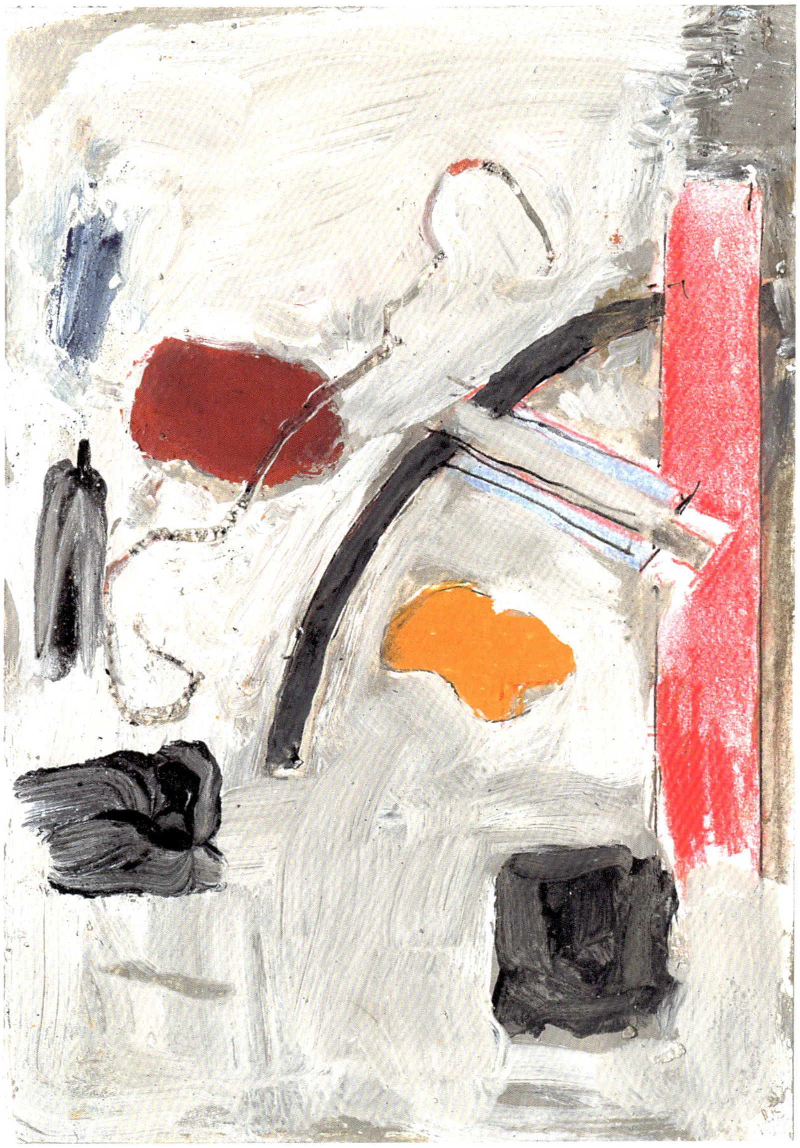

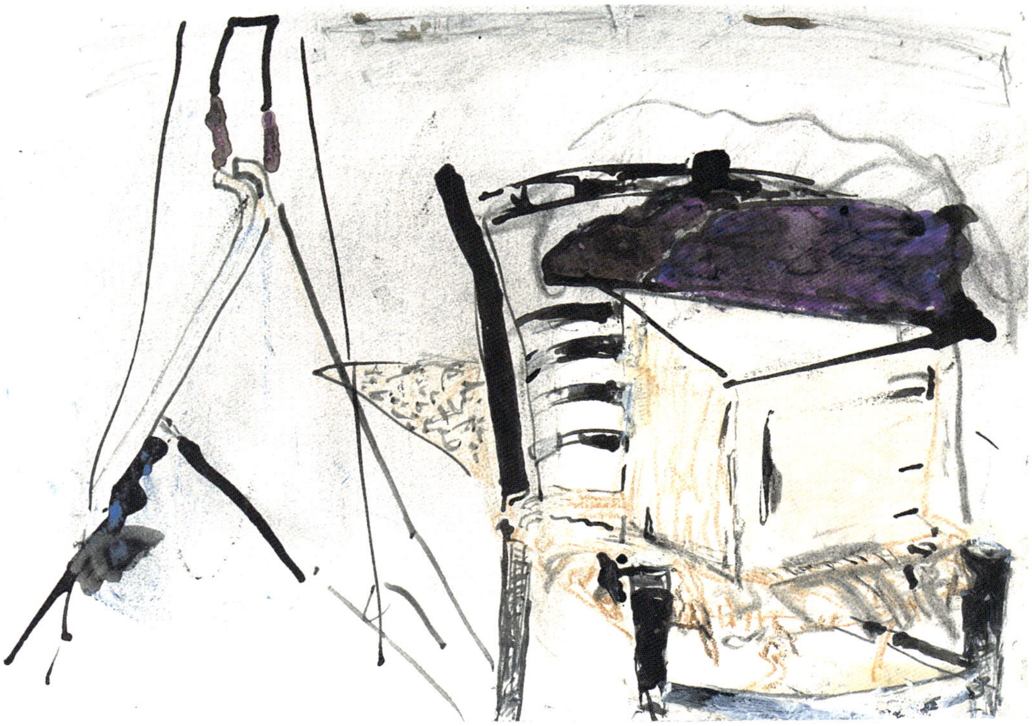

Stromboli, 1990
Skizzenbucheintragungen
15 x 22 cm
Farbkreide, Tusche

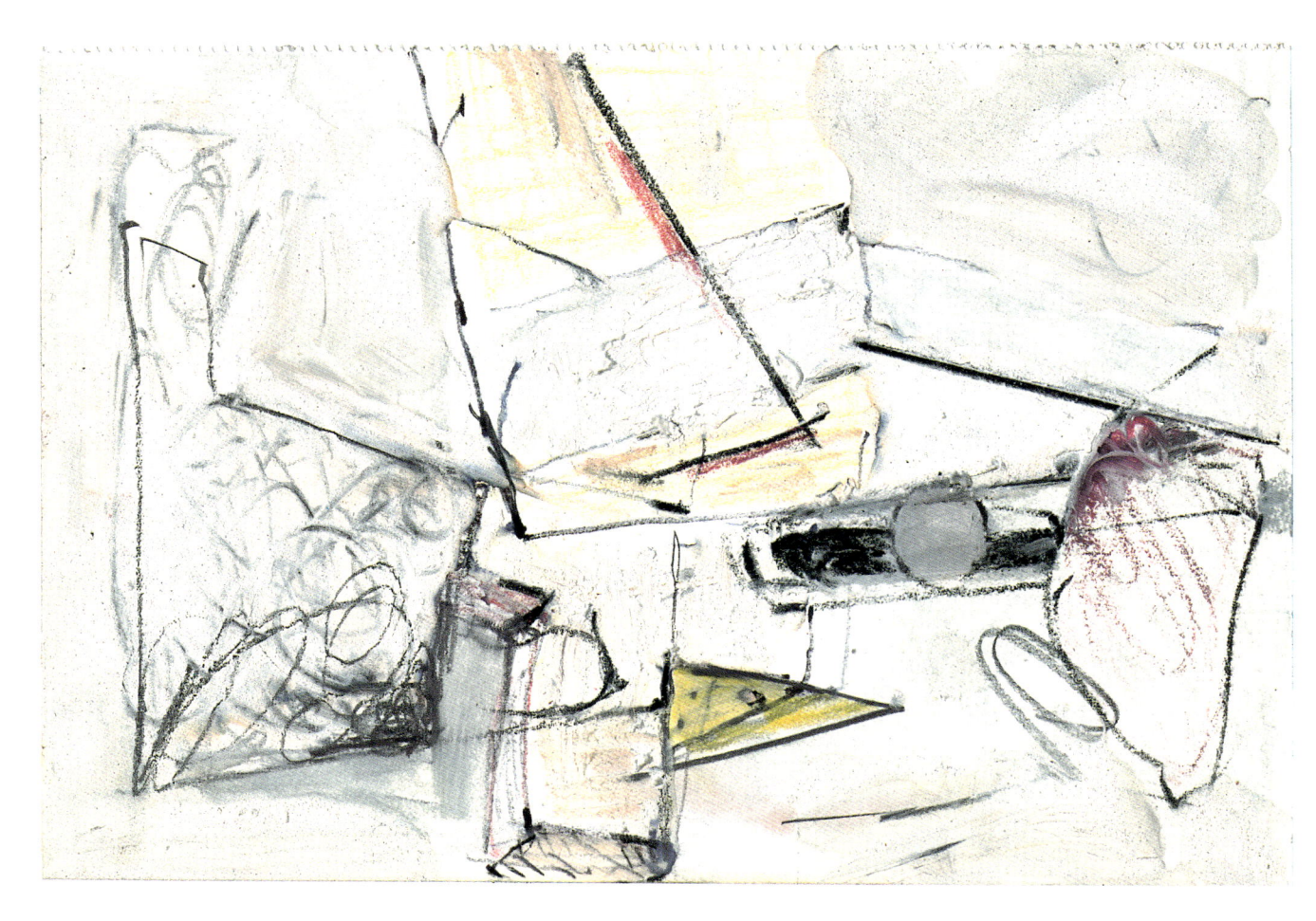

2- Sept 1990

2- Sept 1990

Leuchten eines Lebens

Schon früh findet Falk zu einer subtilen Lichtkoloristik, die aus zartesten Farbabschattungen die Helligkeit hervorgehen lässt. Wenn sich da zum Beispiel aus verdichtetem Grau mit dunklem Zentrum oben links wie aus einer Wolke eine gestaltlose Helligkeit hervorschiebt, mit blassem Gelbschatten durchsetzt, und sich dann zu zwei Balken von Weiss kontrahiert, die die linke Bildhälfte beherrschen, dann hat diese Helligkeit so viel Kraft, dass auch das zarte Grau der rechten Seite zu mildem Licht wird, in dem ein kräftiger Gelbakzent die Ankunft der Sonne prophezeit. Ein Zeichen der Utopie – *ex tenebris lux*; schon ist die Finsternis gewichen, was einst dunkel war, ist nun als ein diaphanes Grau selbst schon leuchtend geworden (Abb. S. 38).

In der Tat haben wir auf vielen Bildern Falks den Eindruck, nicht die Farbe im Licht, sondern das Licht selbst zu sehen. Wie ist das möglich? Machen wir uns klar: Das reine Licht ist unsichtbar. Wir sehen überhaupt nur, wenn Licht auf Gegenstände fällt, die nicht Licht, also dunkel sind. Das Licht an sich ist die absolute Durchsichtigkeit; wenn nicht etwas im Licht erscheint, dann ist die Transparenz unwahrnehmbar und einfach Leere. Mit der Leere ist es wie mit Raum und Zeit, sie sind erst im Verhältnis von Inhalten zueinander. Ein Raum erscheint erst als Raum durch die Dinge, die Orte in ihm einnehmen. Der Ort als das Hiersein (und nicht Dortsein) einer Sache ist früher als der Raum, der Moment als das Jetztsein von etwas früher als die Zeit, in der die Dinge vor- oder nacheinander oder während einer gewissen, wiederum begrenzten Dauer existieren. Immerwährende, unbegrenzte Dauer wäre zeitlos, Ewigkeit, unbestimmtes Sein; unbestimmtes Sein ist aber nichts, also Nichts. Absolutes Sein und absolutes Nichts sind ununterscheidbar – damit hebt Hegels «Wissenschaft der Logik» an.

Es ist konsequent, dass Gott, den die Theologen als das jede Grenze und Bestimmtheit übersteigende Sein denken – «grösser als gedacht werden kann», formulierte Anselm von Canterbury, der Vater der Gottesbeweise –, metaphorisch als *Licht* benannt wird, das identisch ist mit der Dunkelheit, nämlich «die Verneinung aller Eigenschaften des Seins und auch aller Eigenschaften des Nichtseins, die doch immer Bestimmungen sind und Begrenzungen und Trennungen von anderen Eigenschaften», wie Dionysios Areopagita in der «Mystischen Theologie» sagt.

Das Licht ist das universale Medium, in dem alle Dinge erscheinen und sichtbar werden, und nur indem sie sichtbar erscheinen, ist das Licht – Licht, sonst ist es selbst Finsternis. Erst dadurch, dass das Licht die Materie erhellt, «lässt es sein eigenes Leuchten um so lichtvoller erglänzen», stellt der Areopagite fest – ein Vergleich, der bei anderen zu der Folgerung umschlägt, dass Gott (als das Licht) nur vermittels der materiellen Welt er selbst ist.

Man sieht, in welche Paradoxien die Beschäftigung mit dem Licht führen kann. Für den Künstler bedeutet das, dass er das Licht gerade durch das Andere des Lichts, das Dunkle, darstellen muss. Wie aber kann er aus dem Dunkel das Licht hervorbringen?

Leonardo hat sich Gedanken darüber gemacht. Nicht vom Hellen zum Dunklen sieht er die Abstufungen verlaufen, so als ob zuerst das Licht sei und es dann durch Trübung oder Schatten immer dunkler werde, bis es schliesslich in der Finsternis verschwindet. Vielmehr geht alles aus dem Dunklen hervor, denn das materielle Sein ist das erste und an sich dunkel.

«Der Schatten ist von unendlicher Dunkelheit und von unendlich vielen Stufen der Abschwächung dieser Dunkelheit. ... So ist die Finsternis die erste Stufe des Schattens und das Licht die letzte.» Aber auch die Dinge sind ja in der Finsternis unsichtbar und gewinnen erst gestalthaftes Sein im Licht, so dass Dionysios sagen kann, «das Licht sei auf herrscherliche Weise die Ursache des Seins selbst und des Sehens».

Eigentlich also sehen wir nur Grade von Dunkelheit, Auflösungen der Finsternis in Grautöne bis hin zu Weiss, das nur weiss ist, wenn es ganz und gar undurchlässig ist und das ganze Licht reflektiert. Leonardo hat darauf hingewiesen, dass die «lichteste Farbe», die Helligkeit an sich, gerade die entgegengesetzte Eigenschaft des Lichts hat, nämlich überhaupt nicht transparent ist. Er hat daraus den Schluss gezogen, dass Sehen, Sichtbarkeit und gestalthaftes Sein aus dem Widerstreit (wir würden heute sagen: aus der Dialektik) entgegengesetzter Momente entspringe, aus dem Zusammenstoss des (unsichtbaren) Lichts mit der (ebenso unsichtbaren) opaken Materie. Licht und Finsternis und ihre graduellen Zwischenstufen des Schattens behandelt Leonardo allerdings abgetrennt von den Farben, die für ihn besondere Eigenschaften der Materie sind und selbst schattiger oder heller sein können. Sie mischen sich ins Grau und Weiss und teilen diesen etwas von der Qualität des materiellen Seienden mit.

Diese nicht physikalischen Künstlerreflexionen über Licht und Farbe sagen etwas über unsere ästhetische Wahrnehmung aus. Farben haben ihre kompakte eigene Wirkung, die von den Dingen ausgeht und an Dinge in ihren verschiedenen Aggregatzuständen gebunden ist – also auch im Wasser und in der Luft, in ihrer atmosphärischen Qualität erscheint. Farben werden sichtbar im Licht, aber sie haften an den Dingen, die vor dem Licht da sind, wenn auch ohne Licht nicht sichtbar. Allerdings wird auch das Licht erst sichtbar, wenn es auf die Dinge trifft, die ja prinzipiell irgendeine Farbe haben. So wird das Licht sichtbar dadurch, dass es die

Stromboli, 1992
32 x 52 cm
Tusche, Tempera auf
Leinwand

Stromboli, New York, 1967
30 x 40 cm
Acryl, Collage, Kreide auf
Gipsplatte
«Der Mensch kommt aus
dem Holozän»
Max Frisch
Der goldene Schnitt

Auf der Vulkaninsel Stromboli, wo er viele Jahre lebte und arbeitete, fand der Maler Hans Falk in verlassenen Häusern verrottete Möbelstücke und Gegenstände mannigfachster Art, die seine Phantasie aufs angelegentlichste beschäftigten; denn sie beschworen die Existenz von Menschen herauf, die vor Generationen aus Furcht vor dem Feuerberg aufs Festland geflüchtet waren. Er sammelte diese Objekte, versah das eine und andere mit einem Sockel und kombinierte sie schliesslich, so dass Gebilde entstanden, die eine entfernte Ähnlichkeit mit menschlichen oder tierischen Wesen zeigten. Das Verhältnis, das der Künstler zu diesen Schöpfungen unterhält, ist zwiespältig. Auf der einen Hand scheut er sich, sie als «Kunstwerke» zu bezeichnen, und vermeidet es, sie als ebenbürtige Bestandteile seines Werkes neben seinen Bildern auszustellen; auf der andern ist seine innere Beziehung zu ihnen so stark, dass er sie als integrierenden Bestandteil seines Œuvre betrachtet.
Willy Rotzler

Stromboli, 1994
135 x 169 cm
Öl, Tempera, Kohle auf handgeschöpftem Papier

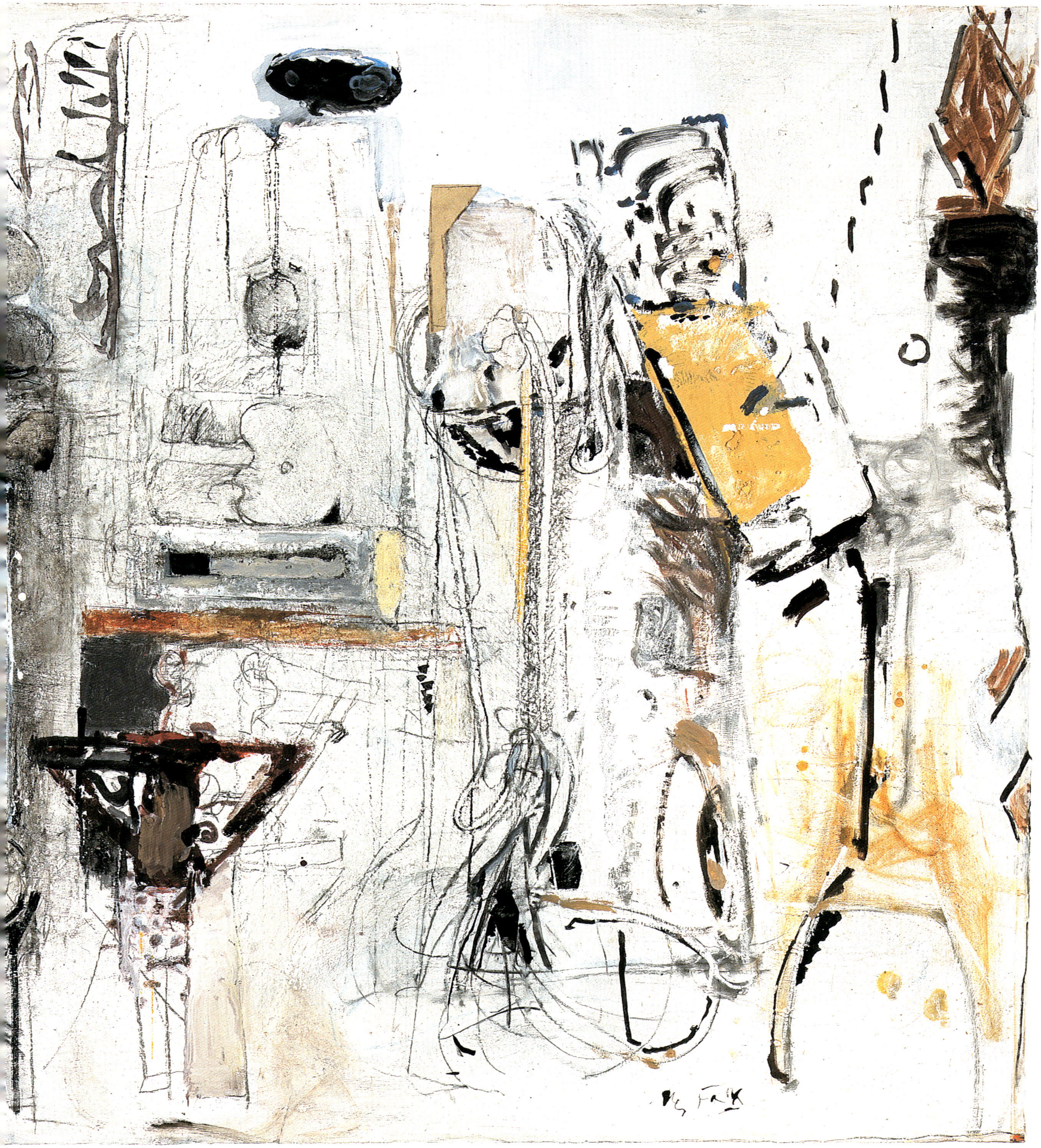

Farben sichtbar macht, und zunächst ist das Licht nichts anderes als das Medium, in dem die Farben erscheinen. Und gesehenes, gemaltes Licht muss immer irgendwie farbig sein. Auch auf jeden bloss grauen Schatten ist etwas von der Farbigkeit der Gegenstände übergegangen, auch in jedem Schatten gibt es einen Unterton von Farbe.

Da Körper nur im Lichte farbig erscheinen und jeder Körper seine Eigenfarbe zeigt, schreibt Hegel im § 317 der «Enzyklopädie»: «Die Gestalt leuchtet selbst nicht, sondern diese Eigenschaft ist ein Verhältnis zum Licht.» Die besondere Farbe des Körpers ist die jeweilige Modifikation dieses Verhältnisses. Somit bleibt die Farbe dem Dunkel zugehörig, sie ist nicht Moment des Lichts, sondern der Finsternis (wie aufgehellt auch immer). Wie also kommt die Farbe zum Leuchten? Wenn wir Licht immer nur mittelbar durch die Helligkeitsgrade von Körpern erfahren können, so ist es an sich selbst nicht darstellbar. Caravaggio und seine Nachfolger haben daraus die Konsequenz gezogen, Lichteffekte als Beleuchtungseffekte darzustellen, erst Rembrandt hat den Schein des Leuchtens im Bilde selbst hervorgebracht. Er vermochte dies, indem er die Farbmaterie so auf die Bildfläche auftrug, dass die reflektierten Strahlen des das Bild beleuchtenden Lichtes auf den Betrachter fallen, als strahlten sie aus der Tiefe des Bildes selbst.

Aber Rembrandt ist dieser Effekt auch auf graphischen Blättern gelungen, wo nur Braun- oder Grautöne variiert werden und das Mittel des Farbauftrags wegfällt. Die Materialstruktur der Bildoberfläche mag also wichtig für die Lichtwirkung sein, aber es kann nicht allein auf sie ankommen. Deutlich wird, dass gerade da das Beleuchtetsein ins Leuchten übergeht, wo das Licht sich nicht auf die Gegenstandsform richtet und mit dieser deckt, sondern über sie hinweggeht. Der Vergleich von Rembrandts Leningrader «Danae» mit Tizians «Danae» aus Neapel macht das evident. Wo die caravaggesken Maler zum Selbstleuchten kommen (wie zuweilen de La Tour), bildet das Licht eine eigene formale und semantische Ebene «über» den Dingen. Das hängt wohl damit zusammen, dass Licht und Raum koextensiv sind. Der Raum ist prinzipiell erfüllt von Licht. Ein lichtloser Raum erscheint nicht als Raum. So muss auch das Licht *aus dem Bildraum* strahlen, damit es erscheint, als ob es von den Dingen im Raum ausgehe.

Insofern schafft die Auflösung der Gegenstandsformen und die Reduktion der Bildsprache auf die reine Farbfläche im Informel eine günstige Voraussetzung für die Thematisierung des Lichts. Dass Falk, dem das Licht zum malerischen Ur-Erlebnis geworden war, von der Gegenständlichkeit der Londoner und frühen New Yorker Phase wieder abkam, hängt gewiss auch damit zusammen, dass er für die Realisierung seines Lebensmotivs nichtfigurativ die grösseren Möglichkeiten erkannte. Er war 1960 in Stromboli zum Maler des

Stromboli, 1996
22 x 16 cm
Acryl und geschlämmte Kreide auf Papier

Lichts geworden, des Strahlens von Helligkeit aus dem Bildgrund, und er führte in der zweiten Stromboli-Periode das fort, was er 1960 begonnen hatte. Nicht das Leuchten eines künstlichen Lichts (wie oft bei Caravaggio oder de La Tour), auch nicht das Leuchten eines übernatürlichen Lichts (wie auf den biblischen oder mythologischen Szenen Rembrandts), sondern die lichte Helligkeit des mediterranen Tags, unspektakulär, unvisionär, ein Licht, das die Welt für die Augen so klar werden lässt, wie die Aufklärung es für das «Licht des Verstandes» erreichen wollte.

Noch einmal: Wie macht er das? Wie vollbringt ein Maler das Schöpfungswunder, dass sein Wollen «es werde Licht» zu dem Ereignis führt «es ward Licht»? Denn natürlich ist dies Schein, der *Eindruck* von Licht muss erzeugt werden, das wirkliche Licht, das auf die Leinwand fällt, muss dazu vorhanden sein. Im fensterlosen Rathaus Eulenspiegels wären auch Falks Bilder nicht zu sehen. Ihm stehen nichts anderes zu Diensten als Farben. Aus ihrer Dunkelheit muss er das Licht erzeugen.

Weiss. Es ist unentbehrlich. Auch da, wo nur kleine weisse Stellen oder gar nur kleine weisse Blitze Löcher in dunkle Farben reissen, sind sie Quellen von Lichtwirkung. Aber nur im Kontrast. Weiss allein ist nicht Licht, sondern nur eine helle Fläche. Erst wo die Farbe sich dem Weiss entgegenhält, bekommt es die Chance, Manifestation von Licht zu sein. Das mögen kleine Einsprengsel sein oder eine geballte farbige Gegenmacht – die Antithese ist nötig. Im einen Fall haben wir das Licht einer stillen, heissen Mittagsstunde (Abb. S. 116), im anderen das Licht, das im Gewitter durch die Wolken bricht (Abb. S. 109), Beethovens Pastorale sozusagen. Jede Assoziation an Gegenstände muss aus dem Bewusstsein entfernt sein, denn wenn das Auge sich auf Gegenstände fixiert, sieht es nicht, sondern *sieht etwas*. Aber Etwas-sehen ist gerade nicht Licht-sehen, denn jedes Etwas ist ja schon ein dem Licht sich entgegensetzendes Dunkles. Licht-sehen ist reines Sehen, Sehen an sich, ohne Gegenstand, ein Un-Sehen eigentlich, das durch die figurlosen Farbwerte möglich wird, die als reines Verhältnis von Farbe und Helligkeit nichts anderes als eben die Modi des Lichts sind.

So kann aus der Farbe das Licht geboren werden, in Umkehrung des physikalischen Vorgangs, bei dem die Farbe im Licht aufscheint und, in Newtonscher Analyse, ein herausgefilterter Teil des Lichts ist. Die Phänomenologen der Farbe, von Goethe angefangen, haben zwar naturwissenschaftlich unrecht, aber sie haben ästhetisch Recht behalten. Dass sich das Verhältnis von Farb- und Lichterzeugung umkehrt, wenn vom Naturprozess zu seinem ästhetischen Äquivalent übergegangen wird, hat einen tiefen Sinn. Wir bilden eine reale Beziehung ab, aber immer nur in idealer Spiegelung. Eben das fordert Leonardo vom Maler: «Er soll sich verhalten gleich einem Spiegel, der sich in alle Farben verwandelt, welche die ihm gegenübergestellten Dinge aufweisen. Und wenn er so tut, wird er wie eine zweite Natur sein.»

Leonardo spricht in seinem Vergleich wohlüberlegt von den Farben. Dinge können wir abbilden, ihre Gestalt ist äusserlich nachvollziehbar. Das wäre keine *zweite* Natur, sondern ein Vorgang innerhalb der natürlichen Reproduktionsbedingungen. Aber die Farben zu nehmen, um aus ihnen Licht werden zu lassen – das ist die Umkehrung des natürlichen Verhältnisses, dass die Farben entstehen, wenn das Licht auf sie fällt. Der eine Vorgang ist nicht weniger «natürlich» als der andere, aber er ist seine Umkehrung. Dass diese Umkehrung möglich ist, liegt in der Dialektik des Lichts begründet, von der wir oben gesprochen haben. Hans Falk ist der einzige Maler der Gegenwart, von dem ich sehe, dass diese Dialektik zum Prinzip und Thema seiner Malerei geworden ist. (Nicolas de Staël, der ganz ähnliche Probleme aufgegriffen hat, ist in seinem Spätwerk durch seine Bemühung um eine Restitution des Gegenstands aus der Farbe in eine andere Richtung gelenkt worden; er müsste einmal strukturanalytisch mit Turners späten venezianischen Bildern konfrontiert werden.)

Es gibt Bilder Falks, in denen das Licht das eigentliche Thema ist. Es gibt kaum ein Bild Falks, in dem nicht das eigene Bildlicht das Thema begleitet und umspielt: Vor nebligem und sandigem Grund steigen graufarbige Bälle auf – sind es Luftballons, sind es Planeten im Weltraum, jedenfalls fern entrückt wie hinter einem Schleier, nicht zum Greifen. Sie steigen auf eine magische Weise im Licht und ins Licht. Die kaum spürbare unruhige Struktur der senkrechten Farbflächen, der nach Weiss tendierende Sog zwischen ihnen, kaum wahrnehmbare Beimischungen von Gelb, der scharfe Kontrast zum dunklen Abschluss rechts, der dem verschwimmenden Dunst eine kompakte Masse entgegenstellt – das alles mag den Eindruck erzeugen, die Kugeln schwebten im Licht; es bleibt dennoch Magie (Abb. S. 104). Aber auch ohne Farbtönungen, nur in der Bewegtheit der Linien und Abschattungen einer Grisaille, strahlt Licht, wie eine Probe aufs Exempel zu Leonardos Erwägungen über Schatten und Helligkeit (Abb. S. 105).

An solchen Beispielen mag das sich durchhaltende Wesentliche an Falks Malerei verdeutlicht werden. Es ist charakteristisch, dass er seinen Bildern fast nie Titel gibt. Der Ort und das Jahr – das genügt. Der Ort zeigt an, wo der verarbeitete Eindruck empfangen wurde, welche Lokalstimmung er festhält; die Jahreszahl orientiert über die Stelle im Entwicklungsgang des Künstlers. Es geht Falk nicht um Sachverhalte, die durch Titel benennbar wären. Es sind Konstanten, die er in ihrem Wechsel auffasst – Identität und Nichtidentität desselben: die ewige Natur des Lichts, die Bewegung der Luft und des Meeres, das zeitlose Gemäuer in seiner Verwitterung; das Immergleiche in immer anderen Gestalten.

Wenn sich ein Lebenswerk erfüllt und rundet, kommt es den Künstler wohl zuweilen an, mit seinem Können und seinen Mitteln zu spielen. Eine serene, auch ein wenig abständige Weltfreude zieht in die Bilder ein, eine gelassene Heiterkeit, eine Unbekümmertheit des Gestaltens. Es gibt die Spätwerke von Matisse und Braque, auch das von Mondrian, aus denen eine solche Gestimmtheit spricht. Daran gemahnen mich manche Werke Falks aus den neunziger

Jahren, nicht nach Form und Machart, aber in der Gefühlslage. Es kommt etwas Tänzerisches in die Konfiguration der Farben (Abb. S. 129, 133, 136), Flächen verselbständigen sich als Farbregionen und halten einander zum Narren, Zeichen von Kinderspielen erscheinen – ein Segelschiff, ein zum Flieger gefaltetes Papier, ein Notenständer (Abb. S. 137–139). Ein fröhlicher Unernst beherrscht die Bilder, das Gelächter eines Weisen, der sein Tagwerk getan weiss und sich ein abendliches Spiel mit seinen Enkeln gestattet. Es ist, als mache der Künstler zwischenhinein einen Scherz. Dann kehrt er wieder zum Werk zurück, zum Aufgang des fahlen Mondes in silbrig schimmerndem Nachtlicht (Abb. S. 11), zur Verehrung der schwarzen Stele des Hades durch die Farben des Lichtes (Abb. S. 13) – ein herrliches Bild, das das Dunkel des Todes ganz in die Helle des Lebens aufgenommen hat.

Falks Œuvre zeigt, von den Anfängen in Cornwall bis zu den Werken des Achtzigjährigen in Stromboli, eine Kontinuität, die das Zeugnis eines künstlerischen Charakters ist. Als er sich vor vierzig Jahren für die Sprache, für den malerischen Gestus des Informel entschied, entdeckte er das Thema seines Lebens: die Manifestation des Lichts. In dieses Medium löste sich auf, was er wahrnahm. So wurde er zu einem der bedeutenden Maler des Informel, mit unverkennbarer persönlicher Handschrift, der jener Seite der Wirklichkeit, die in der Konstellation von Licht und Farbe ihr Sein offenbart, Gestalt gegeben hat.

Stromboli, 1995
76 x 105 cm
Acryl, Tusche, Bleistift, Kreide
auf handgeschöpftem Papier

Stromboli, 1994/95
101 x 131 cm
Öl, geschlämmte Kreide,
gebundenes Farbpulver
auf Holz

Hans Falk – vor mehr als dreissig Jahren hat er für mich ein Licht angezündet, als zum erstenmal ein Stromboli-Bild mit verhaltenem Strahlen von Gelb und Blau in meinem Zimmer hing. Andere sind hinzugekommen, die Wärme des Sands, die leisen Dialoge von Grau mit Grau. Durch jedes dieser Bilder entsteht ein Stück Welt, die Falks Sensibilität sichtbar macht. Er hat, was Hegel die «Zärtlichkeit für die Dinge» nannte. Er lebt in seinen Bildern, ja man könnte sagen: Er lebt *als* diese Bilder. Sein Werk ist er selbst. Das Licht, das in seinen Werken da ist, als wären sie der helle, strahlende Tag, leuchtet aus seinem Leben.

Stromboli, 1962
17 x 12 cm
Tusche auf Filmmaterial

Stromboli, 1992
27 x 33 cm
Metall, Gips, gefärbter Firnis,
Kreide, Kohle, Acryl auf
Leinwand

Stromboli, 1992
14 x 21 cm
Farbkreide, Tusche
auf Papier

Stromboli, 1992
32 x 40 cm
Öl, Tempera, Bleistift,
Tusche auf Papier

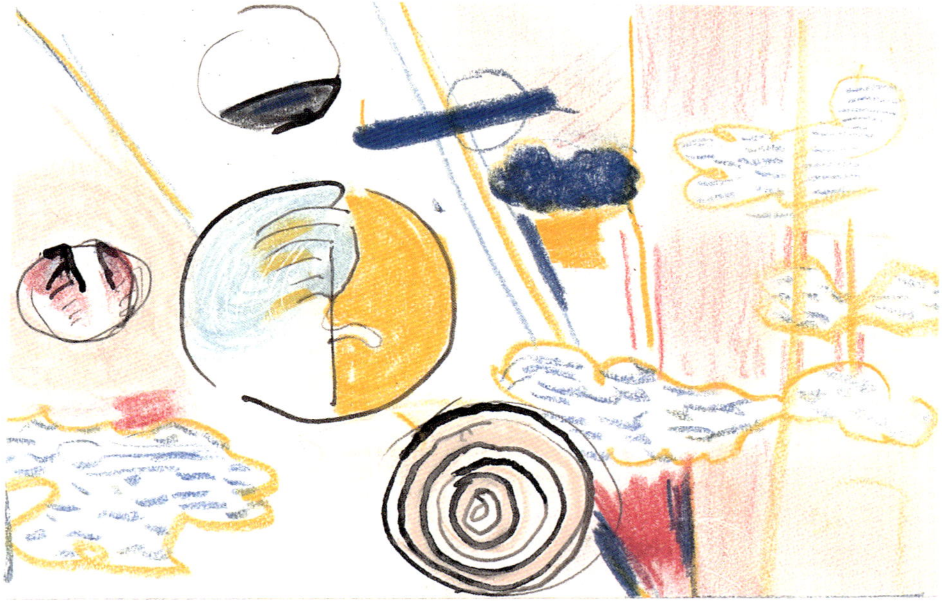

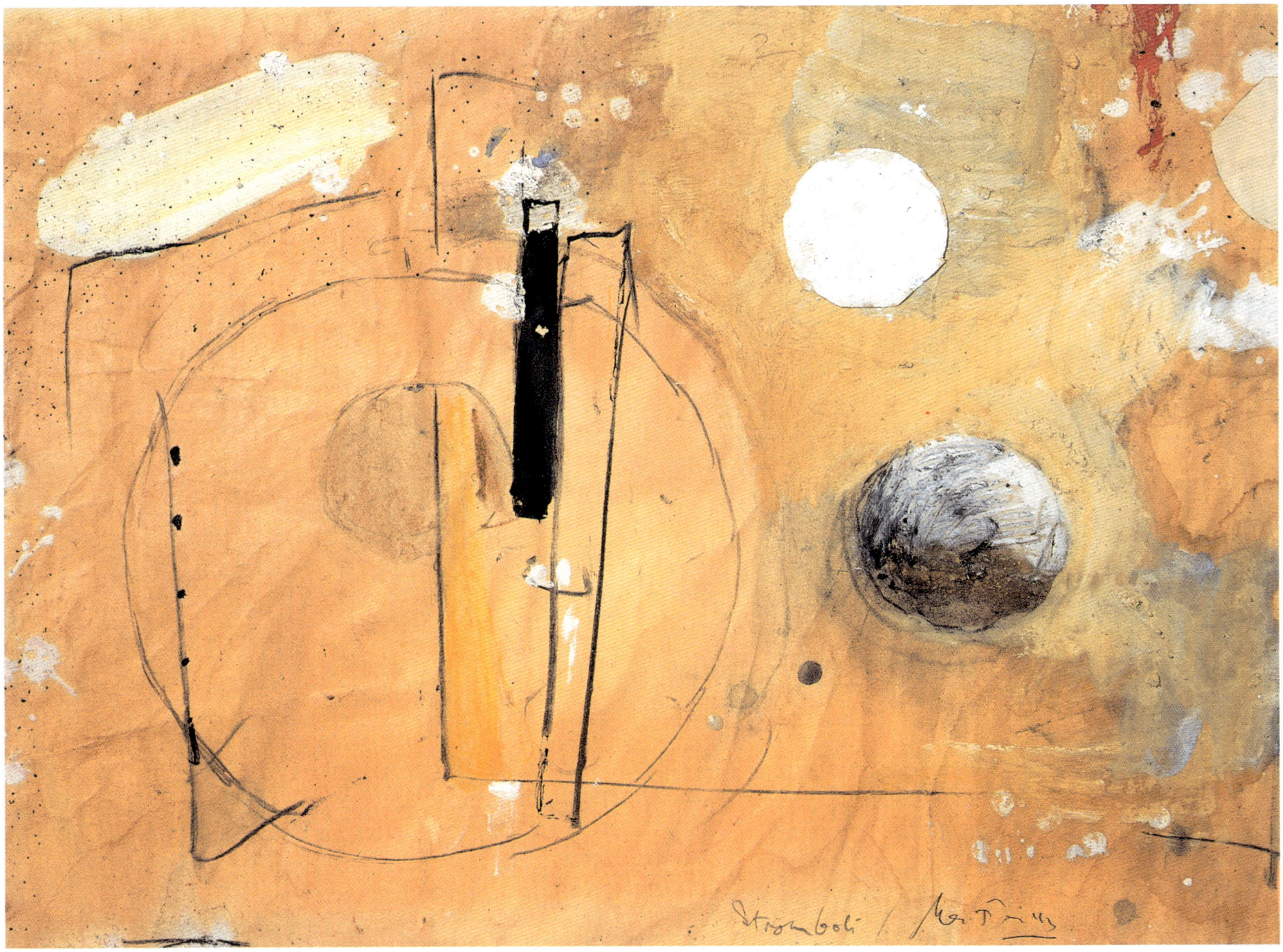
Stromboli

Ich hatte sozusagen meine Vorfahren, von denen ich wenig wusste, gekannt hatte ich nur meinen Grossvater. Aber Gesprochenes, eher Getuscheltes über meine Vorfahren machten mich neugierig. Erst viel später, im ledergebundenen Fotoalbum, fing ich mich zu fragen, zu wundern, woher kommt dieses Gesicht? Das war Dein Urgrossvater, die Figur im Bratenrock war Dein Urgrossvater. Dies jedoch half mir nicht weiter, aber ein Stück Fotografie der Vorjahrhundertwende war handfest, beflügelte meine Fantasie.

An der Kunstgewerbeschule in Luzern unterrichtete Max von Moos. Sein Vater Josef von Moos war Direktor der Schule. Bei ihm hatte ich das Fach figürliches Zeichnen. Nahm er auf dem Zeichnungshocker des Schülers Platz, forderte dieses Vorgehen Aufmerksamkeit, die Achtung verlangte. Wenn bei seiner Korrektur, die er über der Zeichnung des Schülers machte, die zeichnerische Linie nicht an den Punkt kam, wo sie hingehörte, irgendwo ausserhalb dieser, die er zu korrigieren vornahm, musste der Schüler hinhalten. Er stand vom Zeichnungsstuhl auf und bemerkte: «Sie hänsd Figürli versablet.»

1928 war ich Schüler im Primarschulhaus Moosmatt in Luzern. Am Weg zum Pausenplatz war ich einem seltsamen Wandbild ausgeliefert – verfallen – irritiert. Zwei blaue Ochsen pflügen. Weshalb blaue Ochsen? Der Pflug goldbesteint im Steingeflecht des Mosaiks. Bei uns zu Hause hing ein Bild «Rehe am Waldteich». Diese waren rehbraun gemalt. Zehn Jahre später wurde ich Schüler von Josef von Moos. Die blauen Ochsen im Primarschulhaus waren sein Werk. In den zwanziger Jahren, Zeit des Symbolismus, setzte er die blauen Steine. Neben der Windlade, ein Erbstück meines Vaters und dem Elefantengefäss steht angelehnt an die Atelierwand das Foto meiner Mutter. Fotografiert während ihres Pariser Aufenthaltes. Ein Fin de Siècle-Habitus. Im Sessel hingeschwenkt der Lauf ihrer Körperlinien. Die Farben in Brauntönen, welche verhaltene Eleganz. Zeitlich um Jugendstil entstand das Bildnis meiner Mutter. Die Fotografie der Mademoiselle Anna. Ich komme keinen Tag lang an ihr vorbei. Schaue zu Dir ins angelehnte Bild aus jedem Winkel des Tages.
Hans Falk

New York, 1981
Gefässe
21 x 13 cm
Kohle und Tusche

Selbstporträt, 1938
28 x 21 cm
Aquarell

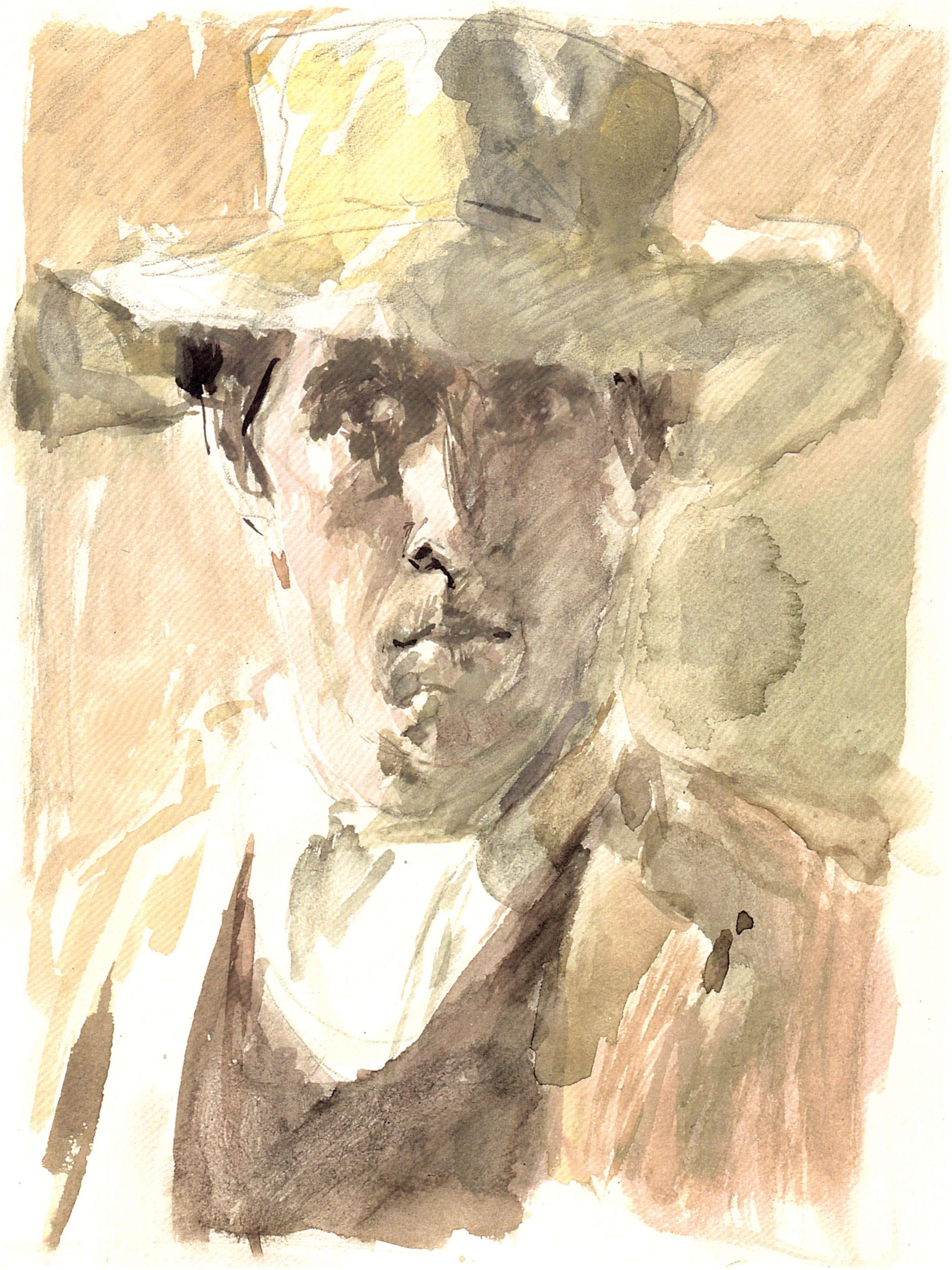

Meisterschaft des Zeichnerischen

«Maler, kümmere dich zuerst darum, dass die Bewegungen der Geistesverfassung der Wesen, aus denen sich deine Bilderzählung zusammensetzt, entsprechen. Wenn du die Formen der Dinge in Wahrheit kennen willst, so fange bei ihren kleinsten Teilen an und gehe nicht zum zweiten über, wenn du das erste noch nicht im Kopfe und in Übung hast.»

(Leonardo da Vinci, Traktat von der Malerei)

Zum Meister des Informel ist Falk erst geworden. Er hat mit dem Blick auf den Menschen begonnen, auf seine leibliche, lebendige Gestalt, seine sinnliche Erscheinung, fasziniert vom Ausdruck des Körperlichen. Diese Faszination ist ihm nie verlorengegangen. Auf Tausenden von Seiten seiner Skizzenbücher sind Menschen, Gesichter, Torsi, Gliedmassen in Momentaufnahmen festgehalten, die im flüchtigen Augenblick ein Wesen aufblitzen lassen. Tagebücher eines Sehenden möchte ich sie nennen – eines Sehenden, dessen Augen ein Sog sind, in den die Welt hineingezogen wird. Aus jeder der Zeichnungen, Lithographien, hingehauchten Skizzen spricht der Maler, dem die Gegenstände im Spiel von Licht und Schatten zu leben beginnen und für den der Farbton der Flächen, über den Kontur hinweghuschend, die definitorischen Trennungen des Verstandes in die fliessende Einheit der Sinne zurückführt.

Es gibt zwei entgegengesetzte Wesen des Graphischen: die deskriptive Präzision des Silberstifts der frühen Niederländer und die evozierenden Andeutungen von Rembrandts lavierten Federzeichnungen. Falk gehört entschieden zur zweiten Gattung. Schon auf den frühen Blättern verselbständigt sich bei ihm der Strich der Kohle, der Kreide, des Rötels zum Eigenleben farbiger Gesten. Nicht die Ränder von Figuren, sondern die Verdichtung und Aufhellung von Farbmaterie oder einfach von Dunkelheit lässt das Bild eines Menschen, einer Landschaft, einer Gefässgruppe entstehen.

Später gewinnt Falk dann aus dem Gewoge von Licht und Finsternis die Linie zurück; ein feines Lineament, das manches unausgeführt lässt, abbricht und neu ansetzt. Der Körper verhält sich zum Umseienden nicht eindeutig, er verwandelt sich und wird er selbst. Die Identität der Person und die Nichtidentität in der Bewegung und Veränderung werden sichtbar, das dialektische Hin und Her, in dem wir zu uns selbst kommen.

Falk verliebt sich in die Physiognomie des Leibes. «En imaginant ta nudité/Je voudrais en connaître tous les détails/ Pour l'élever au-dessus de l'univers extasié», dichtete Apollinaire für Madeleine; 1965 hat Falk dieses Dokument einer Liebe in einer bibliophilen Ausgabe der Alpha-Presse mit einer Serie von Lithographien begleitet, die zu den subtilsten Werken erotischer Kunst gehören. Der Akt des Zeichnens selbst ist zum Inhalt geworden, der sich in seinem Gegenstand darstellt.

Die Linie liebkost die Fläche. Sie streichelt sie mit einer leichten, zärtlichen Bewegung, streichelt sie so, dass aus ihrer Zärtlichkeit der Umriss eines Körpers erwächst, abgetastet von einer sensiblen Hand, die in den Fingerspitzen das Glück der Berührung empfindet. Haut streift leise über die Haut, fast unmerklichem Druck fügt sich nachgiebig das Fleisch.

Die Linie ist die Bewegung der tastenden Hand. Darum gibt sie nicht nur, wie ein graphisches Signet, die Umrisse der Gestalt, sondern die ganze Leiblichkeit; atmende Fülle, gespannte Sehnen, vibrierende Nerven unter der Oberfläche. Der Körper, den der Strich schafft, ist mit allen Sinnen erlebt: gesehen, gefühlt, geschmeckt. Wir spüren, wie das Blut schneller in ihm jagt, wenn des Künstlers Liebkosung ihm Leben gibt. Und vom Bild, in dem dieses Leben ist, springt es auf uns über: Wir sehen, fühlen, schmecken den Körper.

Die Welt ist zum Sinnenreiz geworden. Der Blick auf eine Landschaft, in ein Grossstadtquartier, auf die Fassade eines noblen Hauses, auf ein beliebiges Stück Gemäuer weckt mannigfache Nuancen der Empfindung, des Staunens, des Betroffenseins; und nie ist nur ein Teil der Sensibilität angerührt, sondern eine synästhetische Ganzheit. Das Gezeichnete oder Gemalte geht uns unter die Haut, es versetzt uns in Erregung. Falk malt nicht nur mit Sinnlichkeit, er erzeugt sie in uns.

In der Sinnlichkeit vernehmen wir die Sprache der körperlichen Dinge und Wesen. Wir vernehmen sie mit unserem eigenen Körper, nicht bloss mit dem Verstand, nicht bloss mit Begriffen. Was ausser uns ist, dringt durch die Sinne in uns ein; und wenn wir uns dem Eindruck ganz weit öffnen, vermögen wir es wahrzunehmen wie der Liebende in der Umarmung die Geliebte: in wortlosem Einverständnis. Max Scheler hat als die höchsten Stufen der Sympathie Einfühlung und Einsfühlung beschrieben. Einfühlend bleiben wir vom anderen doch getrennt; wir verhalten uns deutend. Einsfühlend verschmelzen wir mit dem anderen, die Schranken der Vereinzelung fallen; wir verhalten uns identifizierend. Die Mystik berichtet von solchen Erlebnissen. Nur die Kunst indessen kann sie, frei von irrationalem Weltverlust, als die Hingabe an die Materialität der Welt hervorbringen. Einsfühlung ist das Erlebnis des Eros, Erotik ist die Kraft und Fähigkeit, das andere so in uns hineinzunehmen, dass wir es empfinden wie unser eigen. Wie das gemeint sei, wird deutlich in der Beziehung von Mensch zu Mensch. Aber Erotik reicht weiter, sie kann sich auf alles in der Welt richten, je auf seine Weise. Sie ist das metaphysische Prinzip der Weltverbundenheit, an ihr hat teil, wer in sich selbst die Sprache der Körper vernimmt. Wer in die höchsten Mysterien des Eros eindringen will, sagt Diotima in Platons «Gastmahl», der «muss innewerden, dass die Schönheit an jedem einzelnen Körper der an jedem anderen Körper verschwistert ist. ... Denn dies eben heisst ja, den richtigen Weg des Eros einschlagen oder von einem anderen auf diesen geleitet zu werden, wenn man um des Urschönen willen von jenem vielen Schönen ausgeht und so stufenweise innerhalb desselben immer weiter vorschreitet, von einem zu zweien und von zweien zu allen schönen Körpern, und von den schönen Körpern zu den schönen Bestrebungen, und von den schönen Bestrebungen zu den schönen Erkenntnissen – bis man innerhalb der Erkenntnisse bei jener Erkenntnis endigt, die von nichts anderem als jenem Urschönen selbst die Erkenntnis ist, und so schliesslich das allein wesenhaft Schöne erkennt.»

Eros ist, so lehrt uns Platon, ein dämonischer Gott, der uns besessen macht von der Schönheit des Wahrgenommenen und trunken von den Sinnen, der durch die Sensualität zu uns spricht und uns in ihr das Geistige entdecken lässt, nämlich die Form, die als reine Form die Idee ist. Ja, das Wort selbst enthält schon all dies – Idee, Eidos, heisst «das Gesehene», «die Gestalt», «die Form» und also als das Sichtbare, Sinnenhafte auch «das Wesen». Erst die Weltfeindlichkeit des Christentums verketzerte den Körper und die Sinne und trennte die Idee als etwas Immaterielles davon ab. Der Künstler aber, eh und je Sinnenmensch und heidnisch durch und durch, konnte nie verlernen, dass das Geistige in der Materie wohnt; ihm blieben die Sinne rein.

Kunst allgemein ist sich darstellender Eros. Kunst aber, die dem Leiblichen und Stofflichen verfallen ist, den sinnlichen Reizen des Fleisches und der Oberfläche, ist erotisch in einem besonderen Sinne. Falk appelliert an unsere verschüttete, verdrängte, von den Zwängen des Leistungsprinzips unterdrückte Sinnlichkeit. Er lehrt uns, dass Leben Lust ist; Lust am Flimmern der Luft, auf der die Hitze lastet; Lust am Gesang der Mädchen, die zum Brunnen gehen; Lust am Körper der Geliebten, in dem alles Glück der Welt gegenständlich und begehrenswert wird und Antwort gibt. Linien sind ihm Zeichen der Lust, Farben sind ihm der Ton, auf den sie sich einstimmt: gewaltig aufsteigend in einem mächtigen Rot, verglühend, wenn dieses Rot sich zum Braun hin aussengt; nächtlich verdunkelnd in Schwarz; unsäglich zart in hellem Gelb, schwebend wie ein Vogellied in jenem fast weissen Grau, das in feinster Beimischung das Gelb des Lichts, das Blau des Himmels reflektiert. Falks Eros ist von einer antikischen Naturhaftigkeit, nicht üppig wuchernd wie die Sinnenpracht Indiens, sondern einfach wie die Transparenz des Tempels auf kargem attischem Vorgebirge.

Guillaume Apollinaire
... zart wie Dein Bild
Lithographie
Alpha-Presse Zürich, 1965

Algeciras, 1955
Selbstporträt
17 x 24 cm
Kreide auf Papier

Stromboli, 1964
Charlotte Falk
17 x 24 cm
Bleistift auf Papier

Jahresende 1904 trans.

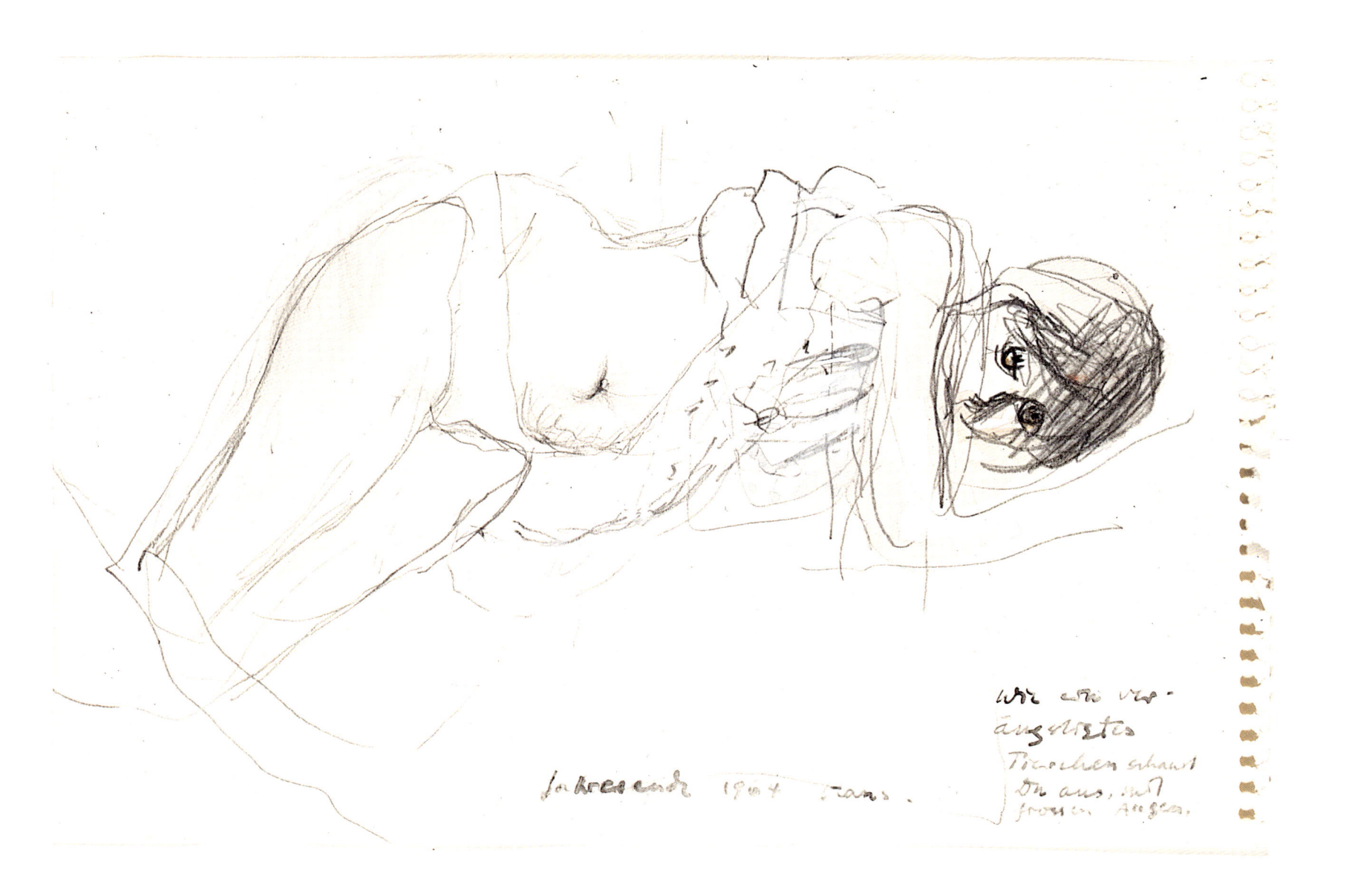

Wie ein ver-
ängstigtes
Tierchen schaut
Du aus, mit
frommen Augen.

Cornelia Falk, 1954
24 x 18 cm
Tinte auf Papier

Cornelia Falk, 1954
24 x 18 cm
Originallithographie,
einziger Abzug auf Papier

Mein Bruder Arthur Falk,
er stand mir öfters Modell
28 x 21 cm
Tusche auf Papier

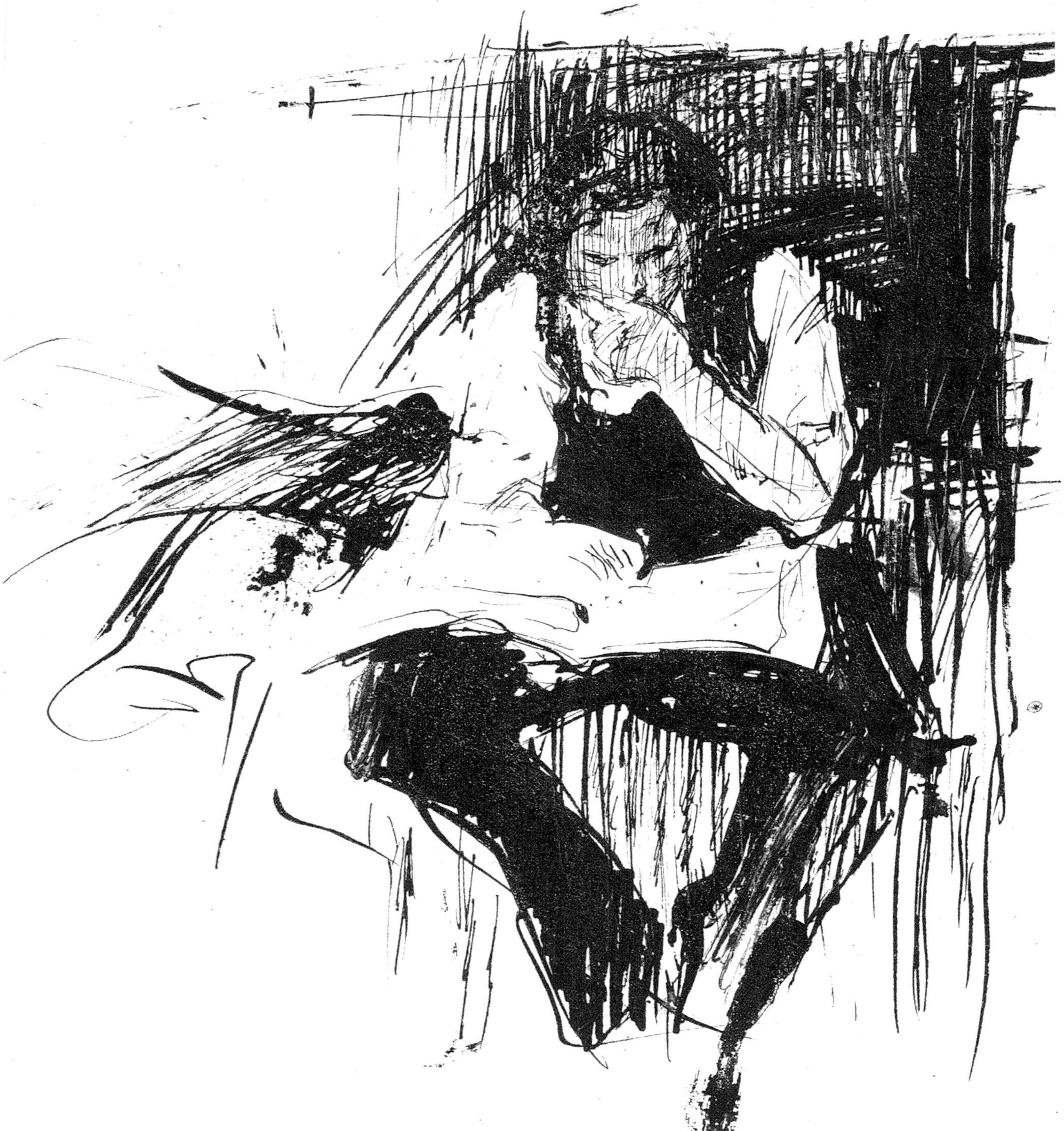

London, 1969
Yvonne Falk
26 x 33 cm
Kreide auf Papier

London, 1969
Yvonne Falk
26 x 33 cm
Kreide auf Papier

New York, 1977
Yvonne Falk
22 x 14 cm
Tinte auf Papier

Goethe, Faust
Editeurs Portes de France,
Porrentruy
19 x 13 cm
Aquatinta auf Papier, 1946

Die Tragödie auf der Jagd
Anton Tschechow
19 x 13 cm
Originallithographie, 1949

Die Tragödie auf der Jagd
Anton Tschechow
19 x 13 cm
Lavierte Tuschzeichnung, 1948

Ich begann mit den Vorarbeiten zum Wandbild in Zürich-Leimbach. Zeichnete im Circus Ringlin & Barnum & Bailey, der im Madison Square Garden die Show abzog. Mein Circus-Verständnis war es nicht, doch auf den Hotel-Folianten, meinem Skizzenbuch, schlossen sich die Erinnerungen fast augenblicklich wieder an das im Kopf Gespeicherte, andere Circensische.

In den Gewölben der Maschinenräume, die uns der Deskman des Woodstock zeigte, sahen wir auch den ersten Freezer, eine Eismaschine, die eisgekühltes Wasser in die Hotelzimmer des 1907 erbauten Woodstock-Hotels pumpten. Auch den staubbedeckten Kopf eines Bisons als Trophäe der sinnlosen Jagden auf die Bison-Herden in indianischen Reservaten und Territorien.

Auch anzunehmen war, dass damals der Abschuss des mächtigen Tieres gefeiert wurde. Die 32 Tischfähnchen der damals noch 32 Staaten der USA reihum versammelt am grossen Tisch. Ein Besenschlag auf den mächtigen Kopf des Bisons zeigte, wie lange er schon auf der Souvenirrampe stand. Staubwolken verdunkelten das eh schwache Licht der Hotelkatakombe.

In den Kellern fand ich auch die Boardbücher mit den Namenslisten der um 1910 abgestiegenen Hotelgäste. Sie dienten mir für meine Eintragungen. So war ich immer begleitet.
Eingetragen, was in meiner Arbeitsnähe immer lag, das Tuschgefäss, Kohlen und Kreidestifte.

Hans Falk

21

Pipo in Slow Motion

25. Juli
1978 Elefanten
(Kurvenlineale Rüssel)

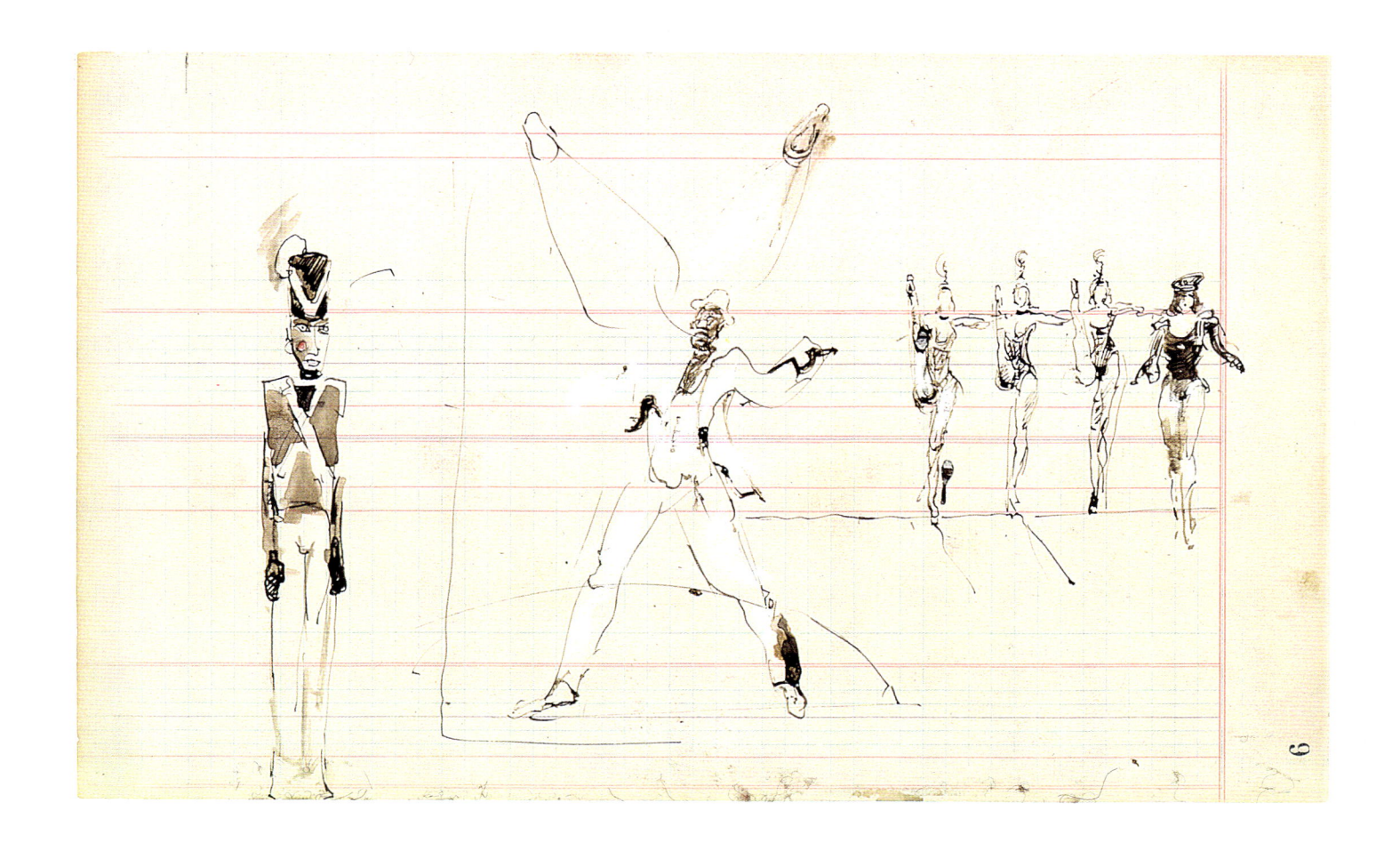

Starr scheint die Pupille im kleinen Auge stecken zu bleiben, ein isolierter Schreck im gewaltigen Leib.
Hans Falk

«Das Zeichnen entspringt dem Gefühl, Mass nehmen zu wollen», sagt Falk. Und Massnehmen heisst bei Falk nicht, sich bloss rational einer Ordnung zu vergewissern. Massnehmen meint eine allesumfassende Ortung, da bringt sich einer existentiell – mit allem, was ihn gerade beschäftigt, mit seinen noch so privaten Empfindungen, mit Freuden und Leiden, mit ästhetischer Lust und auch politischer Vernunft – voll und ganz ins Spiel. Dieses künstlerische Massnehmen gleicht einer ständig neuen Selbstvergewisserung im Umgang mit den Gegenständen dieser Welt.
Im Auge des Elefanten, so wie es Falk zeichnerisch zu begreifen versuchte, wurde mir eine Erfahrungsgewalt spürbar, die schlicht alles zu

New York, 1975
Radio City Music Hall
21 x 33 cm
Tusche, Sepia, Kreide

Elefantenmaske aus Obervolta, Westafrika, Sammelobjekt, Primitive Art
Höhe 112 cm

umfassen scheint, was im realen Leben, aber auch im philosophischen Diskurs Bedeutung meint. Falk ist nicht der Erscheinung einer Sache auf der Spur, nicht das rein Formale ist es, was ihn interessiert, sondern deren Bedeutung, das Wesen hinter der scheinbar ungebrochenen Erscheinung. Falk ist als Zeichner ein Semiotiker seines Faches. Er forscht in allem nach der sinnlich fassbaren Ausdruckskraft. In Falks Zeichnungen gibt es nichts Flächige. Der noch so beiläufige Strich erzeugt das Gefühl von Ausdehnung, von Körperlichkeit.

Das Auge des Elefanten ist klein, sehr klein. Sein Gedächtnis hingegen ist Legende. Falk *ist* das Auge des Elefanten, seine Zeichnungen sind der schelmische Wink des Zeitzeugen, der weiss, dass die Menschheit droht, sich mit Gedächtnislücken zu arrangieren.

Marco Meier

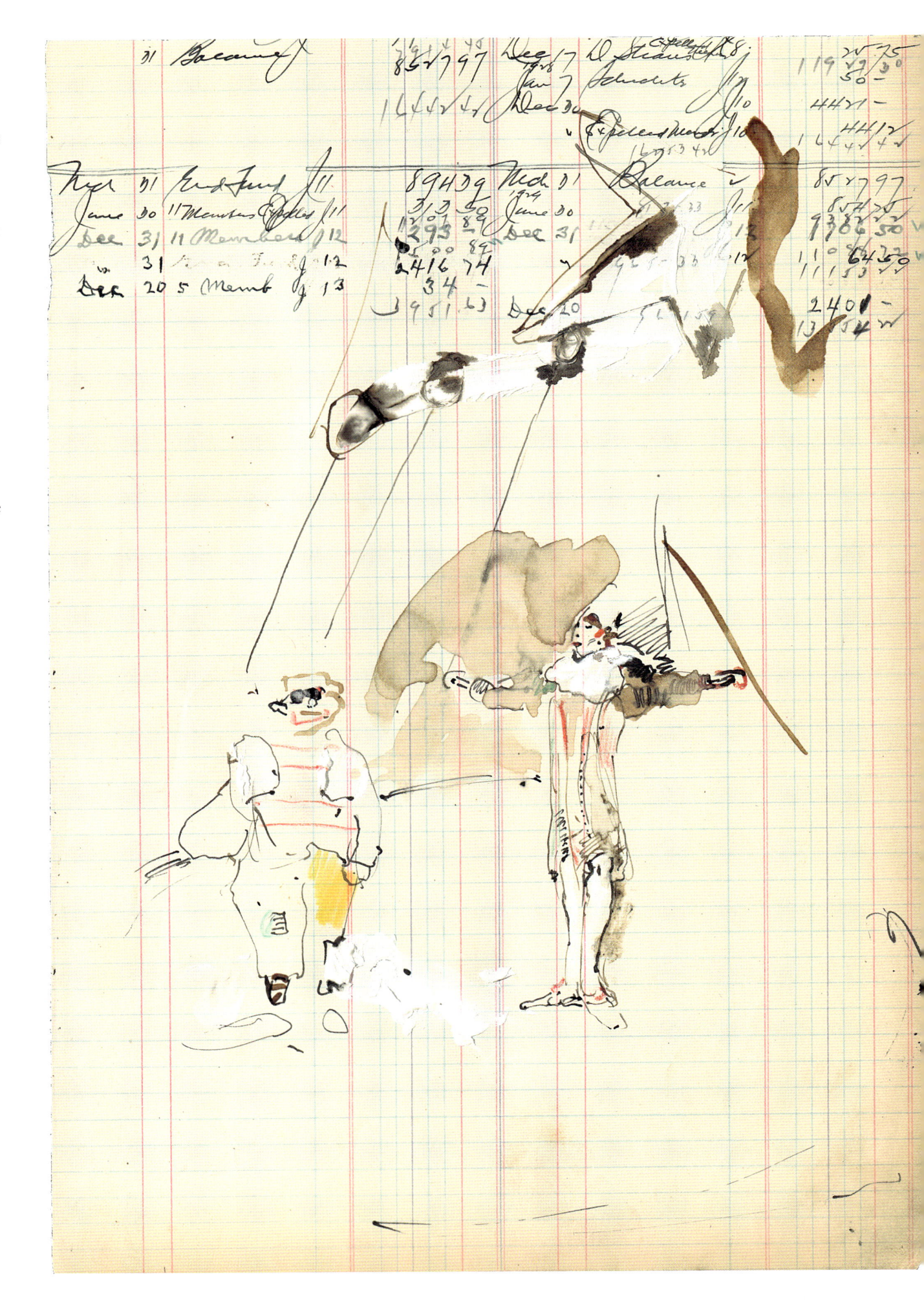

New York, 1973
Circus Ringlin & Barnum
Clown und Pierrot
33 x 21 cm
Tusche, Kohle, Kreidestifte

New York, 1973
Circus Ringlin & Barnum
Akrobatin auf Pferd
33 x 21 cm
Tusche, Kohle, Kreidestifte

Folgende Seiten

Chapiteau, 1977
34 x 25 cm
Kreide, Tusche, Sepia

Schwungseil, 1977
34 x 25 cm
Sepia, Tusche, Tempera

Mario Cort, 1978
Spanischer Weissclown
34 x 25 cm
Gouache auf Vinyl

Zeltkonstruktion, 1977
25 x 34 cm
Kreide, Tusche, Tempera

Chapiteaux
Circus Knie
11. und 12. Mai
1987
4–7ʰ ω 12–6ʰ

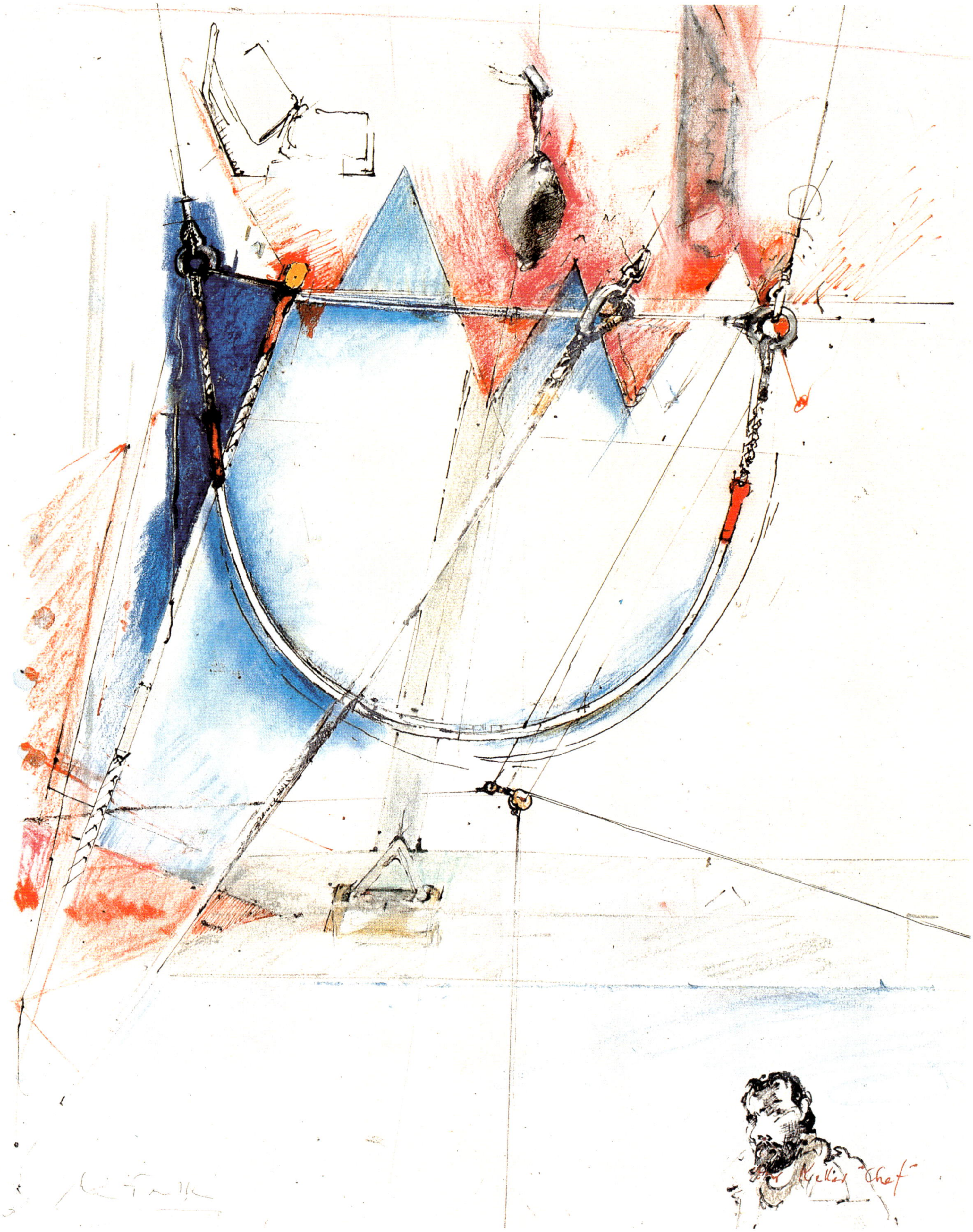
"Chef"

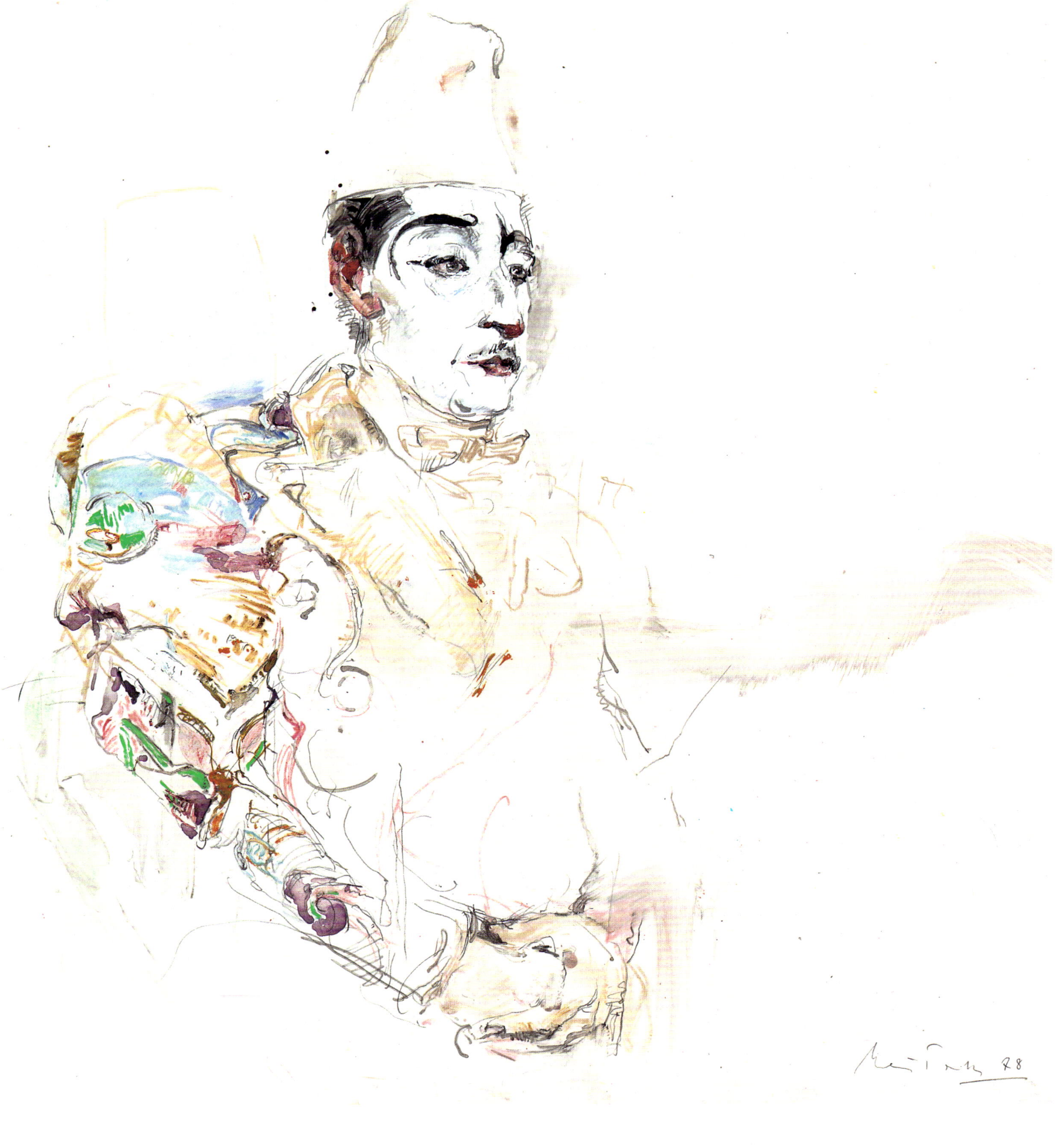

Sprungreifen, Podeste, 1978
21 x 33 cm
Kreide, farbige Tusche

Fabiana, Trapezistin, 1979
Proben auf der Holzbank
21 x 33 cm
Sepia, Kreide, Aquarellfarbe

Maria Zalewski,
polnische Perche-Artistin
25 cm hoch
Farbkreide

Folgende Seiten

Situation im Training der
Artisten, 1973
40 x 29 cm
Tusche, Aquarellfarbe

Pferd in der Manege, 1978
32 x 28 cm
Kreide, Tusche, Aquarellfarbe

Spiel der Körper

Eros ist anderes als Sexus. In New Yorker Nachtklubs hat Falk die nackte Sexualität gezeichnet, die Aufreizung und das Angebot zur Triebbefriedigung. Das hat nichts mit den zarten Empfindungen des Apollinaire-Buches zu tun, es ist eine andere Welt. Eros ist eine Liebe zur Gestalthaftigkeit der Dinge, zum Zusammenklang ihrer Konturen, die einander antworten in einer kosmischen Sympathie, die jedes mit jedem verbindet (wie die Pythagoräer meinten und Platon es von ihnen übernahm). Eros ist die Freude am Körper als dem Organ der Sensibilität.

Diese erotische Energie des Körperlichen wird als Spiel inszeniert im Zirkus. Mit angestrengtester Spannung und äusserstem Einsatz, aber eben als Spiel, das «die leichteste Weise der Existenz» vollzieht. Ein Bild von Freiheit, die höchster Disziplin entspringt. Die Körperbeherrschung des Artisten lässt uns die eigene Körperlichkeit fühlen, wenn wir ihr staunend zuschauen.

Am Rande der Gesellschaft, nicht integriert in ihren Tageslauf und diesem doch wie ein Glanzlicht aufgesetzt, führt der Zirkus ein Eigenleben, dem sich der Künstler verwandt empfindet. Auch der Ernst seines Tuns ist für die anderen ein Spiel. Woran er leidet und, im Gelingen, sich hochgetragen fühlt, ist für die anderen ein Genuss. Der Zirkus bietet reinen Genuss, er verlangt nichts als Zuschauen.

Falk hat vor mehr als fünfzig Jahren ein Plakat für den Zirkus Knie entworfen, und seitdem besteht eine innige Beziehung zwischen ihm und der Manegenwelt. Daraus ist eines der schönsten Bücher über die harte Arbeit und die flitternde Pracht des Zirkus entstanden; 1977 hat Falk bei Knie gelebt, ist mit den Wagen durchs Land gezogen und hat Hunderte von Zeichnungen gemacht, hat die Technik der Geräte, die Leiber der Tiere, die Übungen der Artisten, die Kostüme der Auftritte festgehalten, hinter der Szene, ehe die Vorstellung beginnt.

Das ist charakteristisch für Falk: Nicht der Galaabend mit Publikum und Beifall und Tusch interessiert ihn, sondern die Arbeit, die Proben, das Selbstsein und manchmal wohl auch Verlorensein der Artisten sind seine Motive. Das Kunststück, das der Elefant vorführt, wenn er mit gekrümmtem Körper auf einer kleinen kreisrunden Platte steht und einen schmalen Balken betritt, den massigen Körper im Gleichgewicht haltend, ist nur beiläufig notiert, liebevoll dagegen die Körperpflege, die der Mahaut dem Dickhäuter angedeihen lässt. Der Titel zu einer Zeichnung heisst: «Elefanten haben eine äusserst sensibel behaarte Haut». Solche einfühlenden Wahrnehmungen sind wichtiger als die Dressur, obwohl Louis Knies Meisterstück, einen Tiger auf dem Rücken eines Elefanten reiten zu lassen, Falk eine Doppelzeichnung wert ist, frontal nur auf den gespannten Blick des Tieres konzentriert, das eine natürliche Urwald-Feindschaft überwinden muss, wenn es die Raubkatze auf seinem Nacken, knapp über den hochempfindlichen Ohren, duldet.

Die Tiere sind Ko-Akteure im Spiel, nicht gedemütigte Opfer einer Unterwerfung. In einer Serie, wie Artisten Handstand und Kopfstand, Stirnperche und Balance üben, erscheint auch ein Pferd, das sich allein, ohne Meister, in der Manege vor leeren Rängen auf die Knie lässt, ein Mitspieler bei der Probe wie alle anderen. Auch der Tiger, der durch den Reifen springt, ist ohne Dompteur dargestellt, es ist seine eigene Leistung, die gezeigt wird: der vom Podest absetzende Körper, die Biegung des Rückens, der auf die Kreisöffnung zielende Kopf mit den vor Anstrengung gebleckten Zähnen, ein Artist gleich denen, die auf dem Seil ihre Kunststücke vollführen.

Die sich kreuzenden Linien von Gestängen und Seilen, von Trapezen und Dekorationsstücken, ein scheinbares Gewirr, in dem es doch auf millimetergenaue Ordnung ankommt, geben Motive, die an den frühen Konstruktivismus gemahnen. Die Verknotung einer Zelthalterung macht deutlich, mit wie einfachen Mitteln Sicherheit gewährleistet werden muss. Der Blick des Künstlers kann sich auch verselbständigen, indem er getrennte Elemente technischen

43

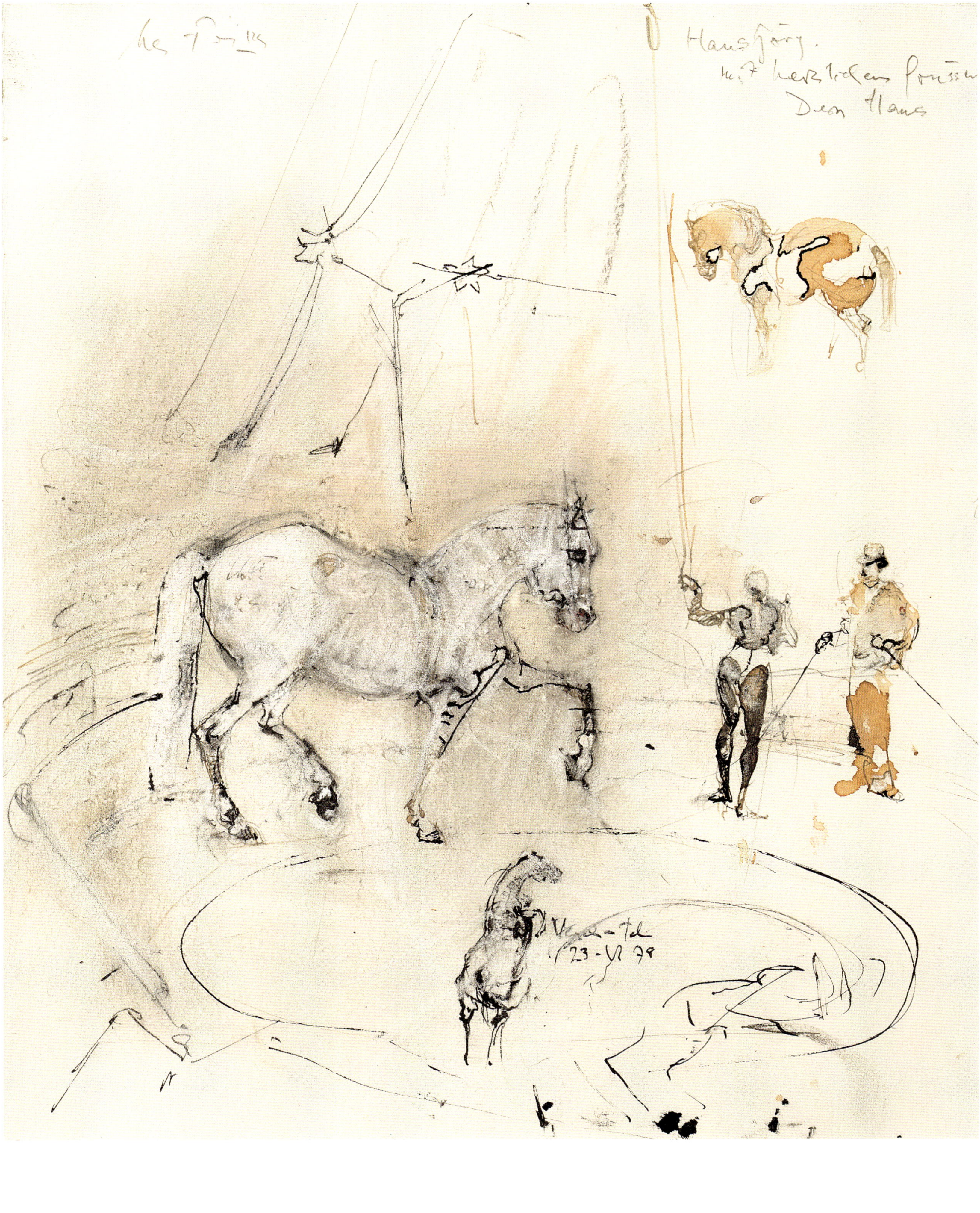
Hansjörg.
mit herzlichen Grüssen
Dein Hans

HENRY MILLER
444 OCAMPO DRIVE
PACIFIC PALISADES
CALIFORNIA 90272

Mr. Hans Falk
127 W. 43rd St.
New York, N.Y.
(10036)

henry miller 444 **ocampo** drive -- **pacific palisades** california 90272

Nov. 7, 1978

My dear Hans Falk —

Your Swiss publishers sent me a copy of their publication of the "Smile" with your marvelous lithographs. I cannot tell you how moved I was when I opened the book and saw your work. (I immediately thought you were Japanese or Chinese.) Certainly, I can think of no Western painter, not even the greatest, who could surpass your artistry.

Every illustration is a complete surprise and joy. Because of the prices of the two editions only a few people can afford such a work. (The prices are thoroughly justifiable.) May I suggest, if you happen to have a copy with you, that you show it to these book stores:

1.) Gotham Book Mart (Miss Frances Steloff)
41 West 47th St. N.Y.C.

2.) Burt Britton c/o Books + Co.
939 Madison Ave. N.Y.C.

They may be able to make some good suggestions as to its sale here in the U.S.A.

Thank you ever so much for this labor of love which I shall treasure the rest of my life.

Henry Miller

---

7. Nov. 1978

Mein lieber Hans Falk,
Ihre Schweizer Verleger sandten mir ein Exemplar ihrer Ausgabe von «Smile» mit Ihren zauberhaften Lithographien. Ich kann Ihnen nicht sagen, wie bewegt ich war, als ich das Werk öffnete und Ihre Arbeiten sah. (Ich dachte augenblicklich, Sie seien Japaner oder Chinese.) Ich kann mir wirklich keinen westlichen Maler denken, nicht den grössten, der Ihre künstlerische Leistung noch übertreffen könnte.
Jede Illustration ist eine vollkommene Überraschung und Freude. Wegen der Preise der beiden Ausgaben werden sich nur wenige Leute ein solches Werk leisten können. (Die Preise sind durchaus gerechtfertigt.) Darf ich Ihnen vorschlagen, wenn Sie zufällig ein Exemplar bei sich haben, es diesen Buchhandlungen zu zeigen:
1. Gotham Book Mart
(Miss Frances Steloff)
41 West 47th St. N.Y.C.
2. Burt Britton
c/o Books + Co.
939 Madison Ave. N.Y.C.
Diese sind vermutlich in der Lage, einige gute Vorschläge für den Verkauf hier in den Vereinigten Staaten zu machen.
Besten, bleibenden Dank für diese liebevolle Arbeit, die ich für den Rest meines Lebens schätzen werde.
Henry Miller

"I PISS ON IT ALL FROM A CONSIDERABLE HEIGHT." L. F. Celine

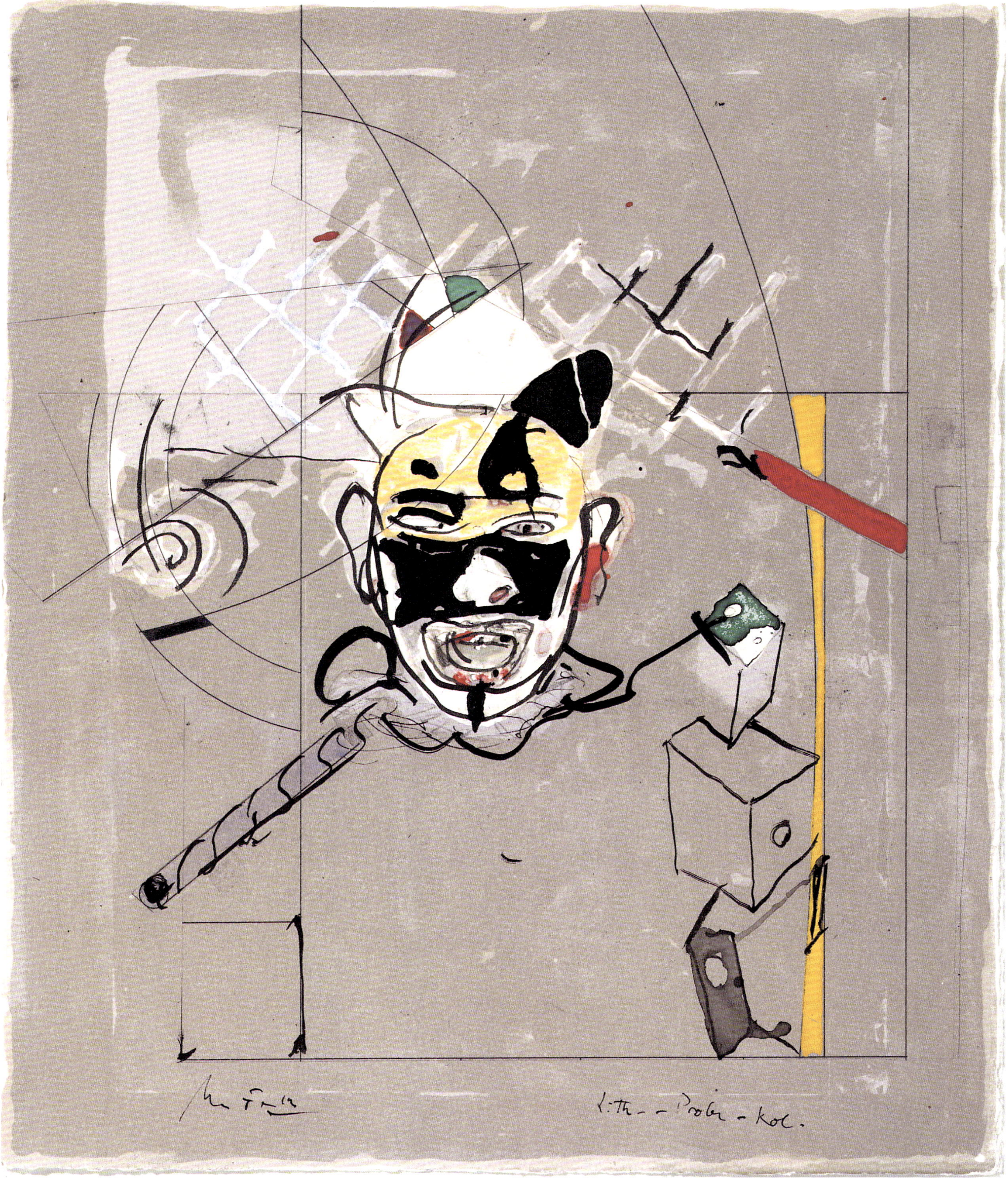
Lith. - Probe - Kol.

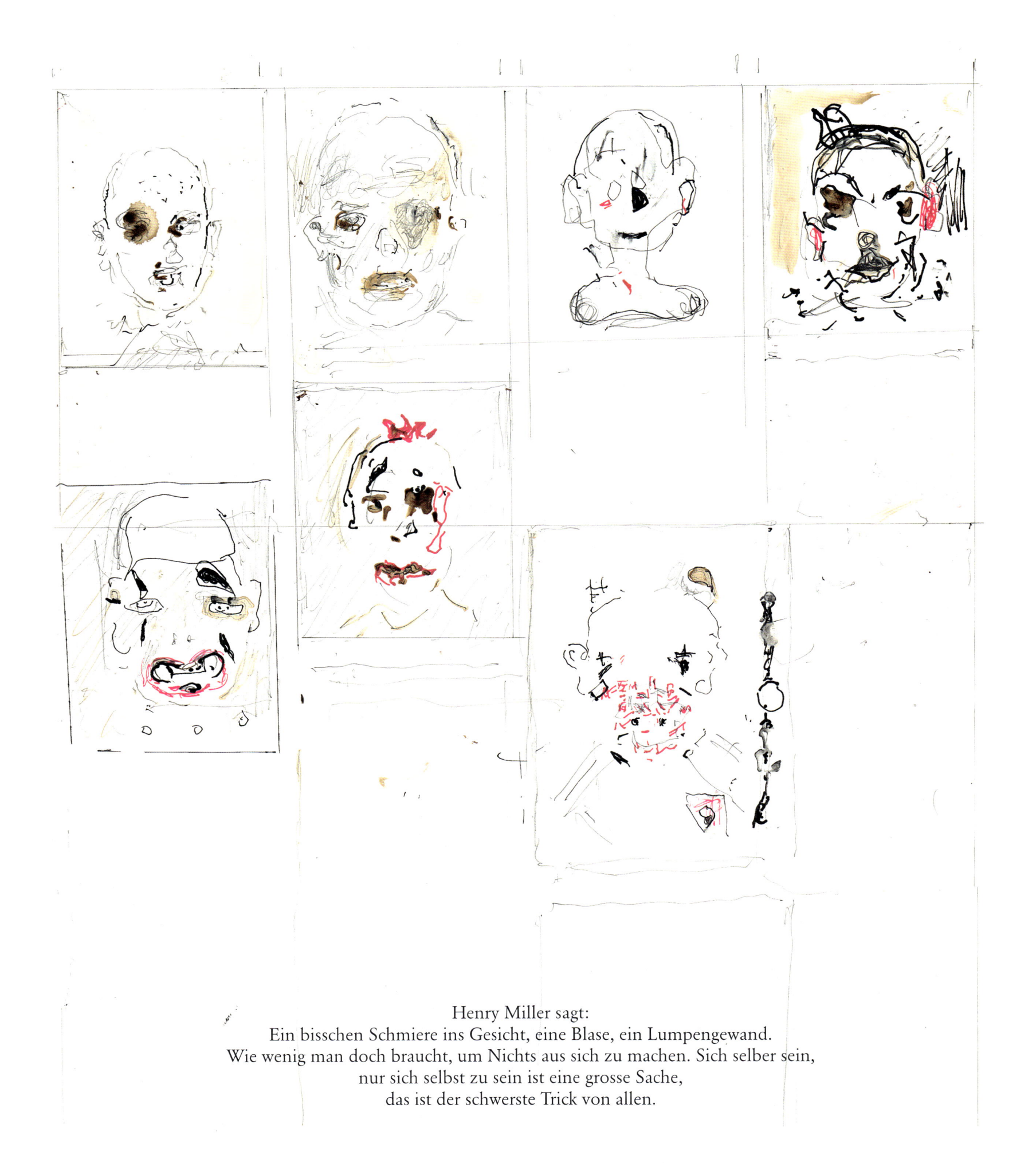

Henry Miller sagt:
Ein bisschen Schmiere ins Gesicht, eine Blase, ein Lumpengewand.
Wie wenig man doch braucht, um Nichts aus sich zu machen. Sich selber sein,
nur sich selbst zu sein ist eine grosse Sache,
das ist der schwerste Trick von allen.

Henry Miller

6 lithographies originales par Martin

Sourire au pied de l'échelle

25 Mai 1978
André Gourin

Vorhergehende Seiten

Henry Miller, Le sourire
au pied de l'échelle, 1978
30 x 25 cm
Lithographie, koloriert,
einziger Zustand

Gesichter im Werden zur
Maske
Skizzen, Tusche, Aquarell

Entwurf zum bibliophilen
Buch «Le sourire au pied de
l'échelle»

Pipo, Weissclown, 1978
22 x 17 cm
Tusche, farbige Kreide

Artistin auf Konstruktion, 1978
20 x 13 cm
Tusche, Tempera auf Papier

Miss Rayas
mit ihren Pythons, 1978
29 x 23 cm
Sepiatusche und Kreide auf
Vinyl

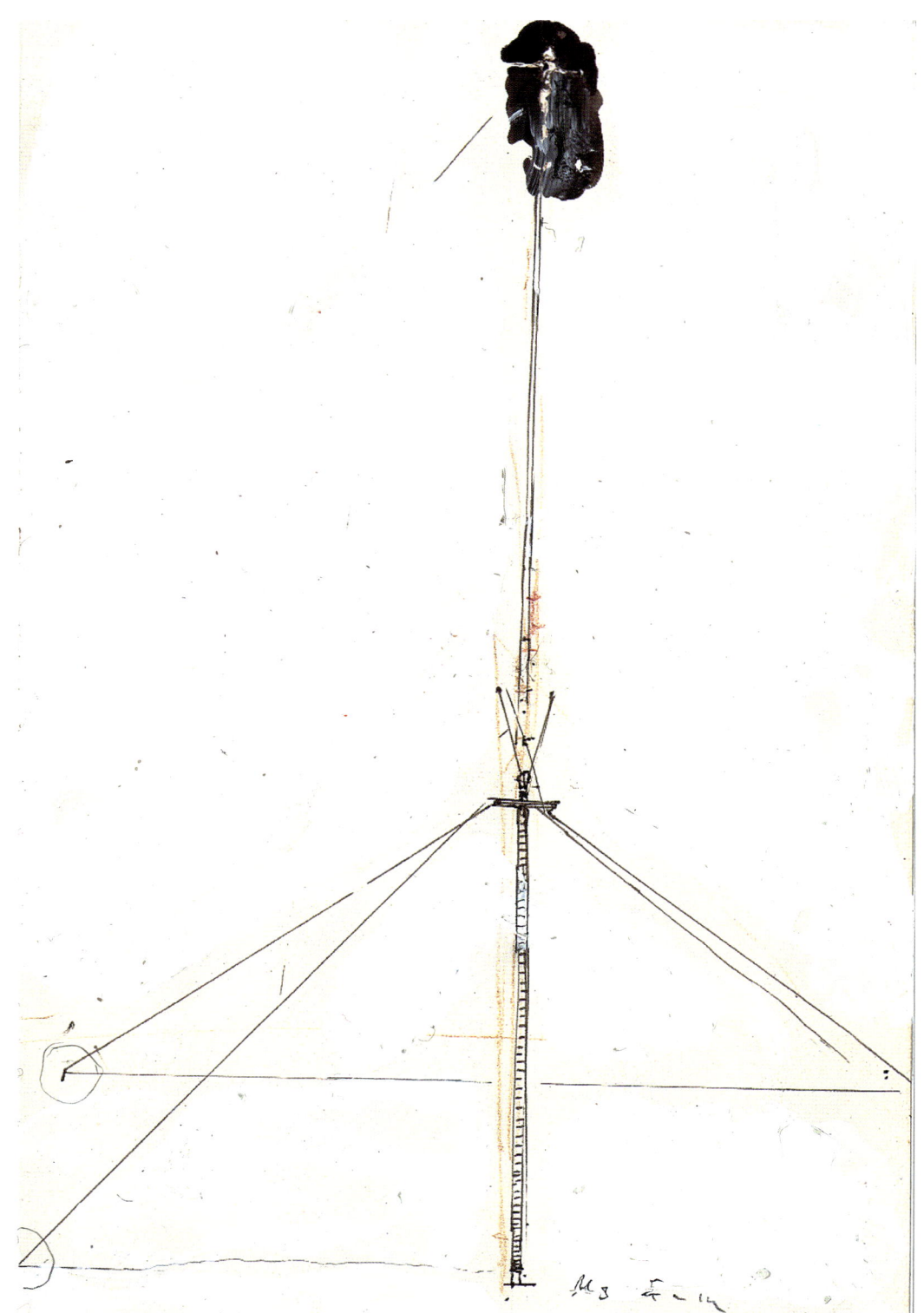

Aufbaus und Requisiten zu einer Collage zusammenstellt, die die Atmosphäre des Zirkus zu einem Bildeindruck gerinnen lässt. Die Farben: helles Blau, festliches Rot in vielen Tönen, zuweilen ein strahlendes Gelb – sie sind es, die den Probenalltag in die Stimmung der Vorstellung transponieren.

New York, 1979/80
Umschlagentwurf zum Buch
Transvestie
22 x 16 cm
Pulver und Lackfarben

New York, 1976
27 x 35 cm
Acryl, Tusche, Gips, Collage
auf Packpapier

Vor allem aber die Menschen. Wir sehen sie in den extremen Körperhaltungen, die ihre Nummern verlangen, zur Säule erstarrt oder biegsam, im Schwung oder in bebender Ruhestellung. Nicht das gleichsam physikalische Spiel der Muskeln und Sehnen ist es, durch das Falk uns eine Leistung verdeutlicht (wie es ein Renaissancekünstler getan hätte in einer Zeit, die der Leidenschaft für die gerade entdeckte Anatomie frönte). Falk spricht die Sprache der Linie; der Umriss des Körpers, die Vibration des Stifts, das Verfliessen der Tusche geben in der Momentaufnahme eines Akts die Bewegung seiner Entstehung. Der Schein der Schwerelosigkeit bleibt gewahrt, der Kraftaufwand darf nicht sichtbar werden, aber man muss ihn ahnen.

Schöne Frauen – wie anders dürften sie in dieser Glitzerwelt sein als schön! – ziehen die Blicke auf sich: Germaine Knie, dominant, eine Fürstin strenger Disziplin mit sich und anderen, Mary José Knie, strahlend mit dem Lipizzaner, eine Prinzessin, die dem Prinzen entgegensieht, Maria Zalewski auf dem Hochrad, die Kautschuk-Akrobatin Miss Mati, Fabiana, Tsun Mei, Gloria. Sie alle haben eine erotische Ausstrahlung, die von innen kommt, aus der Souveränität, wie der Leib sich seiner Schwere im Spiel entledigt.

Ein Zirkus wäre unvollständig ohne den Clown. Clowns sind das Leitmotiv, das Falks Zirkusbuch durchzieht. Fast stets abgelöst von ihrer Rolle, ganz sie selbst als Figur und Maske. Das «Lache-Bajazzo»-Klischee vom traurigen Clown, der die eigene Melancholie hinter der Erheiterung des Publikums verbirgt, hat den Beobachter Falk nicht verführen können. Seine Clowns – es sind etwa zehn verschiedene in dem Buch – haben wache Augen, analytisch, nachdenklich, sarkastisch, der eine vielleicht auch hochmütig; nur traurig sind sie nicht. Soll die Groteske die Wirklichkeit entlarven, so muss sie scharfsichtig und präzis angelegt sein; dessen sind sie sich offenbar bewusst. So jedenfalls hat Falk sie gesehen, hinter der Bühne. Maske und Kostüm sind ihre Wahrheit, nicht etwa Verkleidung (wie in Verwechslungskomödien), sondern eine andere Kleidung als Zeichen eines anderen Wesens. Die Weiss-Schminke verleiht eine eigentümliche Würde und Unnahbarkeit, der spanische Clown Mario könnte ein Grossinquisitor sein.

Transvestie

Einzutauchen in eine andere Wesensnatur und ein neues Leben zu beginnen ist ein alter Erlösungstraum der Menschen. *Incipit vita nova* ist eine religiöse Verheissung. Aufhebung des Zertrenntseins in Gegensätze, Aufhebung der Zerspaltung des Ur-Einen ist ein frühgeschichtliches mythologisches Motiv. Bei Platon wird es aufgenommen in der Erzählung, ein böser Geist habe den ursprünglich zweieinigen Menschen zerteilt in eine männliche und eine weibliche Hälfte; nun suchten die Hälften einander, um sich wieder zu verbinden. Eine schöne Fabel, die die Liebe der Geschlechter erklären soll. Die errettete Menschheit wäre wieder androgyn wie am Anfang.

New York ist gewiss eine unmythologische Welt. Die an ihrem Geschlecht leiden, sind nicht mythologische Opfer eines Demiurgen, sondern schlicht Aussenseiter, die sich ihr Sonderreich schaffen und sorgsam hüten müssen. Transvestiten ist ein irreführender Ausdruck für sie, denn sie wechseln nicht ihre Kleider, sondern schlüpfen in eine andere Wesensnatur. Wenn der Wechsel nur im Wechsel des Habits bestünde, wäre er eine Travestie, eine eher makabre und blasphemische Verzerrung.

Falk hat das geschützte Sonderreich der Transvestiten betreten dürfen, hat Vertrauen gefunden, hat Freundschaften geschlossen, hat gezeichnet. Die Aussenseiter mögen im Künstler den anderen Aussenseiter gespürt haben; jedenfalls fühlten sie, dass sie nicht als Curiosa betrachtet, sondern verstanden wurden. Der Zeichenstift ist ehrlich, sein Skizzenblock war Falks Beglaubigung.

Dass es ihm um die Wesensverwandlung ging, wird sofort offenkundig, wenn man das Skizzenbuch «Transvestie» mit Falks eigenem Erinnerungstext «Der silberne Cocon» aufschlägt. Falk geht es um die Eigenart, nicht um die Kleidung. Er zeichnet diese Sehnsuchts-Androgynen nicht in ihren glitzernden Kostümen, in ihren Frauenkleidern, in ihrem Modefirlefanz, den Accessoires der Verstellung. Er zeichnet sie nackt, mit den durch Hormonspritzen zur Wölbung gebrachten Brüsten, jungmädchenhaft bei den einen, üppiger bei den anderen, mit dem meist stattlichen Penis zwischen den Beinen. Er zeichnet diese groteske Zweigeschlechtlichkeit nüchtern, ohne Augenzwinkern, als wäre es eine ganz gewöhnliche Aktzeichnung. BH oder Slip sind die Bedeckungen, die vorkommen. Man könnte vermuten, ein Mann mit Büstenhalter wirke obszön. Falks Strich ist so sachlich beschreibend, dass der Eindruck von Obszönität nicht aufkommt. Dabei unterschlägt er die sexuelle Aura nicht, die seine Modelle umgibt, aber sie erscheint natürlich.

Auch die Transvestiten sind eine Gesellschaft der Schausteller. Sie bieten sich dar, der Wechsel ihrer Existenz ist ja nur vollzogen, wenn sie sich zeigen, wenn sie gesehen werden. Die Paradoxie ist, dass sie von ihrem Publikum nur als Verkehrte angeschaut werden, nicht als Verwandelte, die sie sein möchten. Doch auch unter sich sind sie nicht Verwandelte, sondern einfach Homosexuelle in ihrem Milieu. Es muss für sie ein seltenes Glück der Bestätigung gewesen sein, dass ein Künstler sie akzeptierend in dem wahrnahm, was sie in ihrer tiefsten Sehnsucht sein wollten: andere Wesen. An den Rändern der Gesellschaft hat Falk einen menschlichen Kern entdeckt, den er bei den Lemuren der High Society und der artifiziellen Bohème Londons und New Yorks nicht finden konnte (Abb. S. 58).

Glück des Auges

Was aber ist der Künstler selbst? Falks Œuvre zeigt uns keine Selbstbildnisse. Er offenbart nicht, wie er sich sieht. Es gibt Maler, die sich selbst darstellten, wie sie mit einer Herrschergebärde die Welt ordnen oder gar erschaffen – wenn es auch nur eine Welt ihrer Phantasie sein mochte. Rubens hat diesen Gestus; das glanzvolle Selbstbildnis von Lovis Corinth zeigt einen Mann, ein wenig Pirat, viel Theaterdirektor, ein Stück vom Götterhimmel. So sehe ich Falk nicht. Jedes Zeichenblatt von ihm spricht von der liebevollen Unterwerfung unter das Modell, unter das Motiv. Die Präzision der Beobachtung, die Empfindsamkeit für die Stimmung, der Respekt vor dem Sein des Gegenstands lassen die Egozentrik, sich selbst vor die Sache zu drängen, sie nach eigenem Gestus zu formen, gar nicht erst aufkommen. Sicher, Falk zeichnet virtuos, und Virtuosität ist immer in der Gefahr, subjektivistisch auszuschlagen. Doch Falks Virtuosität ist geläutert durch seinen Wirklichkeitssinn, der eng mit seinem Sinn für Gerechtigkeit zusammenhängt. Den Menschen und Dingen gerecht zu werden, ihnen Recht zu tun, bedeutet für Falk, sie sein zu lassen, wie sie sind, und die Verdeckungen und Bedrückungen von ihnen zu nehmen, die ihnen fremde Macht und Ausbeutung auferlegen. Falk malt keine sozialen Anklagen, aber er hat ein soziales Gewissen. Wo Menschen leiden, geht es ihm unter die Haut, wo sie glücklich und schön sind, blüht auch er auf. Von den frühen Zeichnungen seiner Wanderjahre bis zu den späten Skizzen im Zirkus oder Transvestitenlokal hält sich dies durch: Falks Auge ist sein Herz. Im zeichnerischen Werk Falks wird diese durchaus unsentimentale, sachliche Humanität inhaltlich sichtbar. Der in der Hauptsache reine und notwendige Formalismus des malerischen Werks scheint auf den ersten Blick von solchen Konnotationen abgelöst. Ich meine jedoch, dass in der leidenschaftlichen Intensität, mit der Falk die Erregungen des Sehens erlebt, sich nicht weniger Humanität offenbart als in den Abbildungen der Menschen. Ludwig Feuerbach, der nach der Philosophie des Begriffs wieder die Philosophie der Sinne in ihr Reich einsetzte und dem das Humanum das Richtmass seines Denkens war, hat die Reinheit der Sinneswahrnehmung, unabhängig von ihrem Gegenstand, als den «Anfang der Philosophie» betrachtet: «Das Sehen ist zunächst gar nichts anderes als die Empfindung oder Wahrnehmung des Lichts, die Empfindung des Helleseins überhaupt; das Auge der ‹Lichtsinn›. Sehen ohne Licht ist ebenso als Atmen ohne Luft; Sehen ist *Genuss* des Lichtes.» Diesem Genuss des menschlichsten aller Sinne hat Falk sich in vollen Zügen hingegeben. Die Freude des Geniessens ist in sein Werk eingegangen. Und er lässt uns daran teilhaben.

New York, 1980
Kitty Bermudez,
der schöne Narziss
32 x 21 cm
Kreide

New York, 1975
Puertoricanischer Tänzer
25 x 17 cm
Aquarell, Kohle, Tusche

Was soll ich anziehen? Nichts – ausziehen sollst du dich!
Sie scheut zurück. Seit drei Wochen zeichne ich fast täglich bei Kitty, sie ist mein Modell. Doch nackt vor mir zu stehen, davor hatte sie grosse Scheu. Ihr Rock fiel ihr auf die Schuhe. Sie liess ihn einfach fallen, stieg aus dem reichen Faltenwurf und löste den G-String. Stand nackt vor mir, ohne die züchtige Knebelung des Penis, den G-String in der Hand, der, lange getragen, wie sie sagte, unangenehm und schmerzhaft werde, was ich ihr sehr wohl glaubte. Warum zeigte sie so grosse Scheu? War das Verhüllen, die Verwandlung in den Zustand, in dem sich Kitty gefiel, der aber letztlich nicht vollzogen wurde (sie wünschte sich die Operation), eine Lüge? Jetzt, entblösst vom Schein, war die Maskerade offensichtlich, offensichtlich Penis und Hoden, sonst diskret festgebunden, offensichtlich die vielen Spritzen, das teure Hormon, um sie bartfrei zu machen und die Männerbrust zu Brüsten, war keine Täuschung mehr möglich. Die schöne Kitty, zerfallen die Illusion, auferstanden der puertoricanische junge Mann, den sie verbannt und verlassen hatte beim Verlassen ihrer Insel.
Hans Falk

New York, 1984
Kitty, der Transvestit von der Bronx
29 x 21 cm
Chinatusche, Aquarell, Kreide

New York, 1984
Kitty steht Modell im G-String
30 x 22 cm
Aquarell, Kreide, Tusche

Katy

Nieves, der Drag mit der
Perücke in der Hand,
1979
Aquarell, Kreide, Tusche

David, Tänzer
Cage aux Folles, New York,
1985
Tusche, Kreide, Aquarell

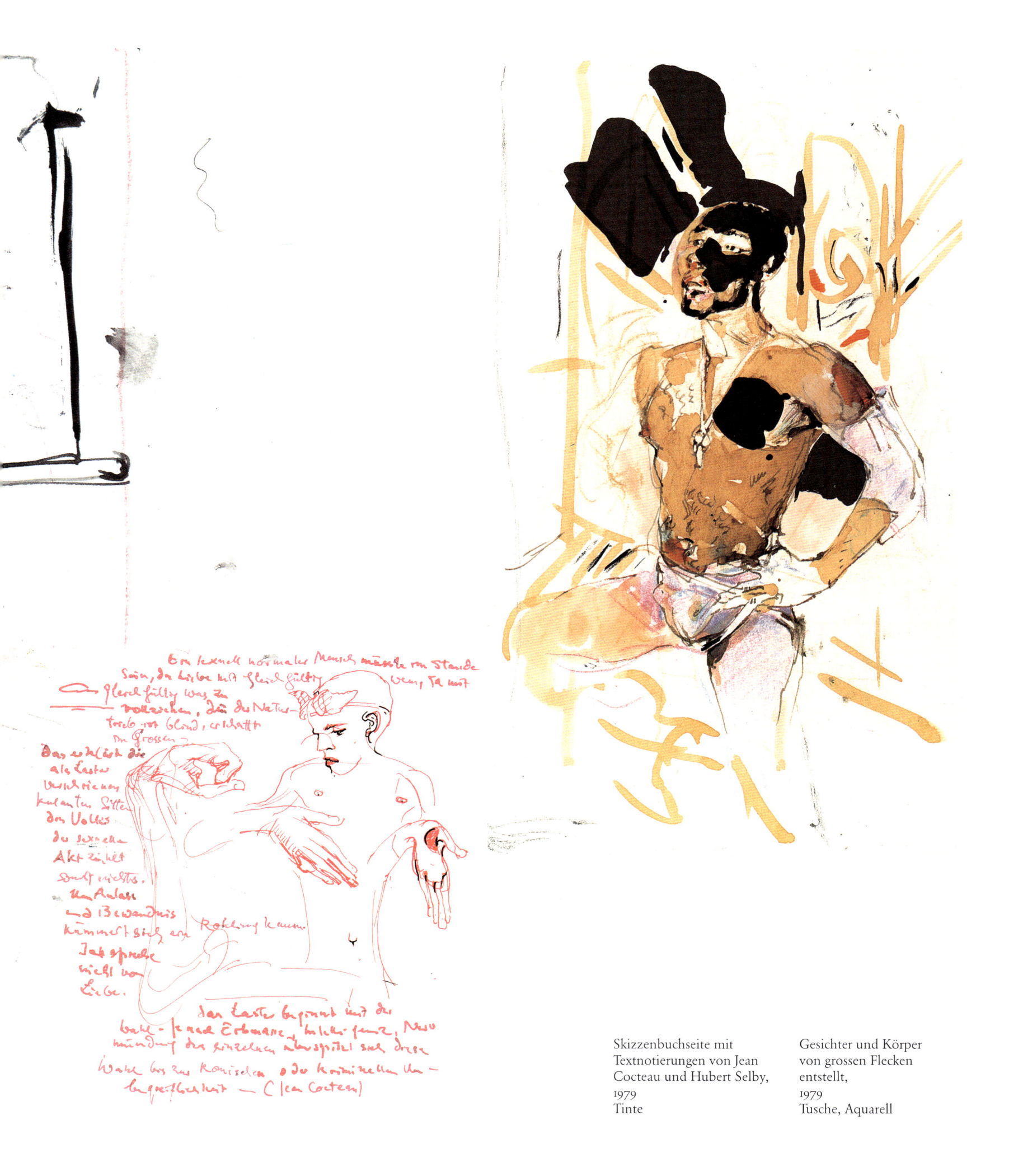

Skizzenbuchseite mit
Textnotierungen von Jean
Cocteau und Hubert Selby,
1979
Tinte

Gesichter und Körper
von grossen Flecken
entstellt,
1979
Tusche, Aquarell

New York, 1977
Decor im Nachtclub
15 x 20 cm
Tusche, Kreide, Bleistift

New York, 1977
Gläserner Raum
Objekt, bemalte Glasstücke,
Acryl, Collage

Folgende Seiten

New York, 1979
Pause des Tänzers
Kreide, Tusche

New York, 1979
Billy, ... nahe an deinem
Gesicht
Kreide, Tusche

New York, 1979
John, frischt sein Make-up
auf
Tusche, Kreide

«Du solltest die Skulptur von Wilhelm Lehmbruck im Museum of Modern Art sehen.»
Er wird sie nicht sehen. Es genügt ihm, dass ich die Ähnlichkeit, Wesensgleichheit dieses einmalig grossartigen Kunstwerkes erwähne, er ist geschmeichelt. Eine seit der Antike kaum mehr erreichte männliche Kultfigur – *das* Abbild des Jünglings. Eine verinnerlichte Schau, das Bildnis geformt aus tiefster Bedrängnis mit der Sehnsucht des Päderasten. Während du schliefst, war ich zeichnend nahe an deinem Gesicht. Ich hoffte, du würdest in die Tiefen des Schlafes versinken, gehörtest während diesem nur mir – Als du erwachtest, deine Knie langsam hochzogst, die Arme um dich presstest – «es friert mich» – hatte die zeitraffende Langsamkeit etwas Pflanzliches, so wie ein Blatt sich in der Kälte einrollt. Ich drehe den elektrischen Ofen an, sehe dich wieder ganz anders, verpuppt in die Marlene, eingerollt zum Cocon – die Härchen stehen in der Kälte, die Haut schimmert elfenbeinfarbig…
Hans Falk

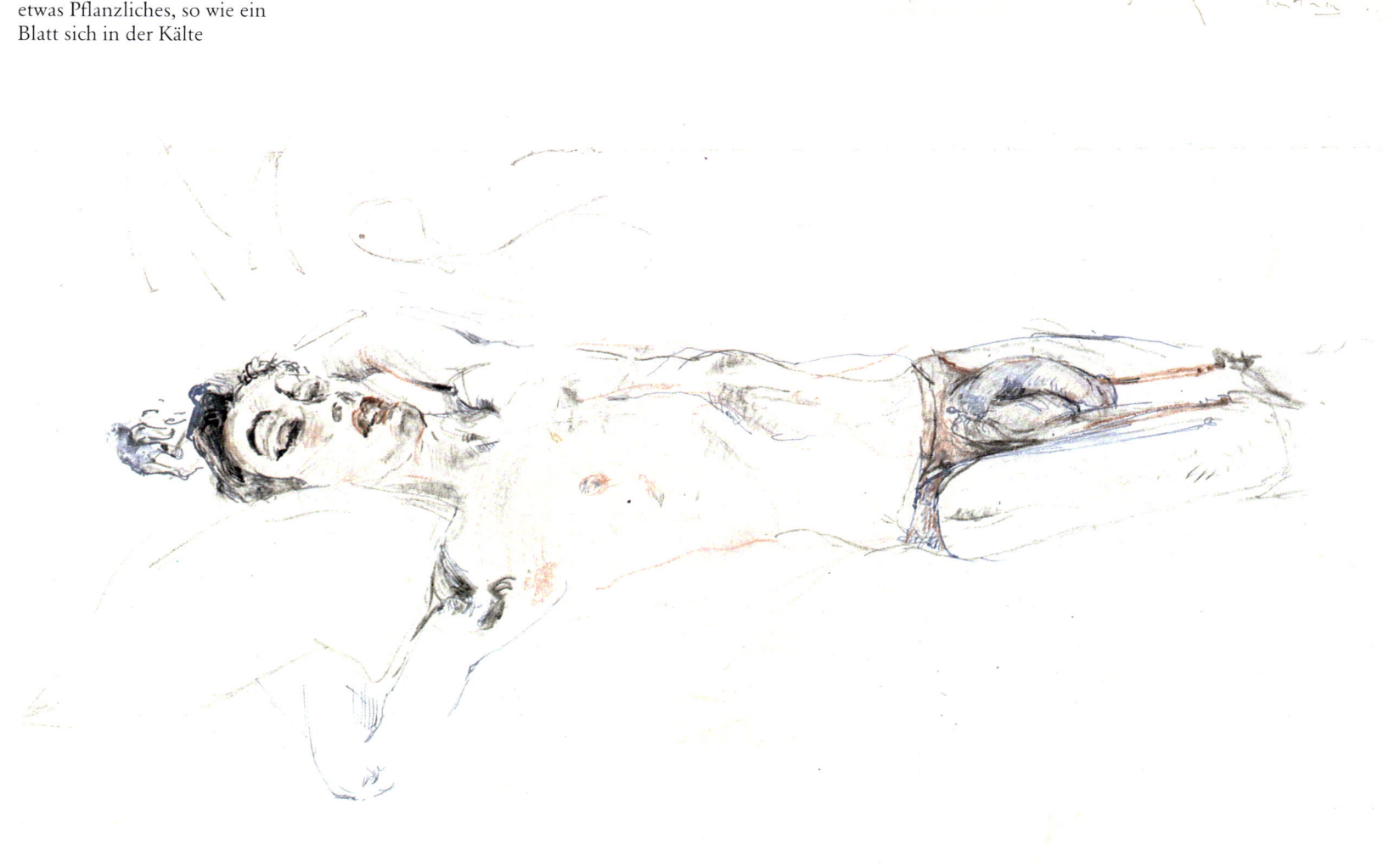

23-IV-80   In Angie's + Peach:
Apartement   115. Str. 9th Av.
Apt. 328   3 Floor

Ein hölzernes Vademekum
Der Stuhl in Peachis
Apartment, 1980
29 x 25 cm
Tusche, Aquarell, Kreide

Das Neonlicht hastet über
die Körper, 1978
27 x 29 cm
Collage, Tusche, Kreide,
Tempera

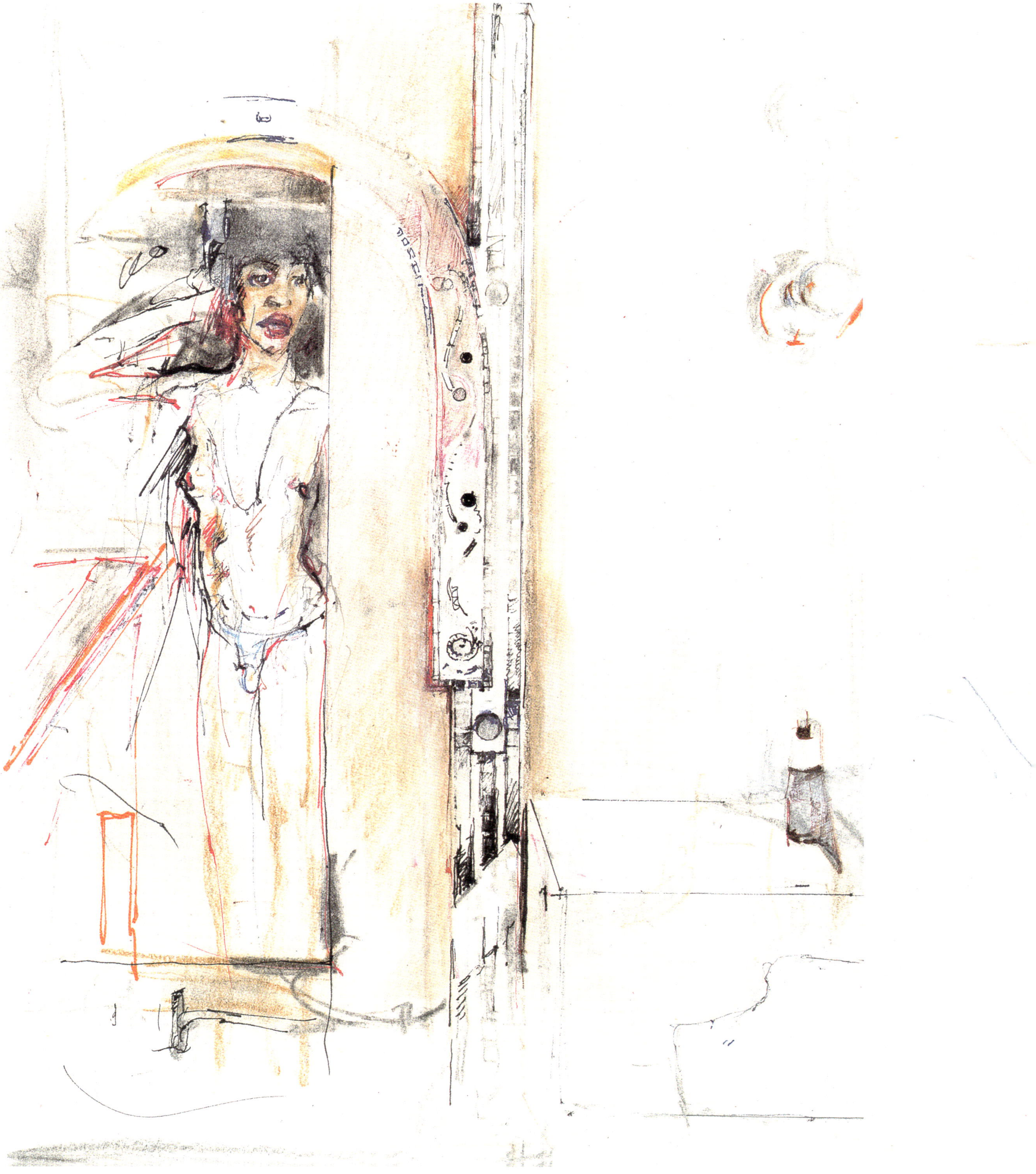

Vorhergehende Seiten

New York, 1978
Garderobe zur Floor-Show
des G.G. Barnum, N.Y.
29 x 27 cm
Tusche, Kreide, Tempera

New York, 1978
die schöne Kitty,
... das teure Hormon
29 x 27 cm
Sepia, Kreide

New York, 1976
Stoff-Mickey
Collection
of Cathy Calderwood
29 x 27 cm
Kohle, Kreide auf Papier

New York, 1980
Gaston, der Clown in
deinem Gesicht
29 x 27 cm
Kreide, Schminke, Tempera

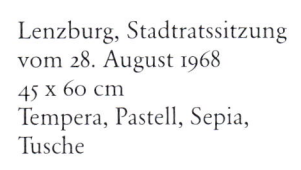

Lenzburg, Stadtratssitzung
vom 28. August 1968
45 x 60 cm
Tempera, Pastell, Sepia,
Tusche

Die Strafanstalt Lenzburg,
1968
19 x 25 cm
Kohle, Kreide, Tempera

Lenzburg, 1968
Im Innern der Strafanstalt
50 x 60 cm
Kreide, Tusche, Bleistift

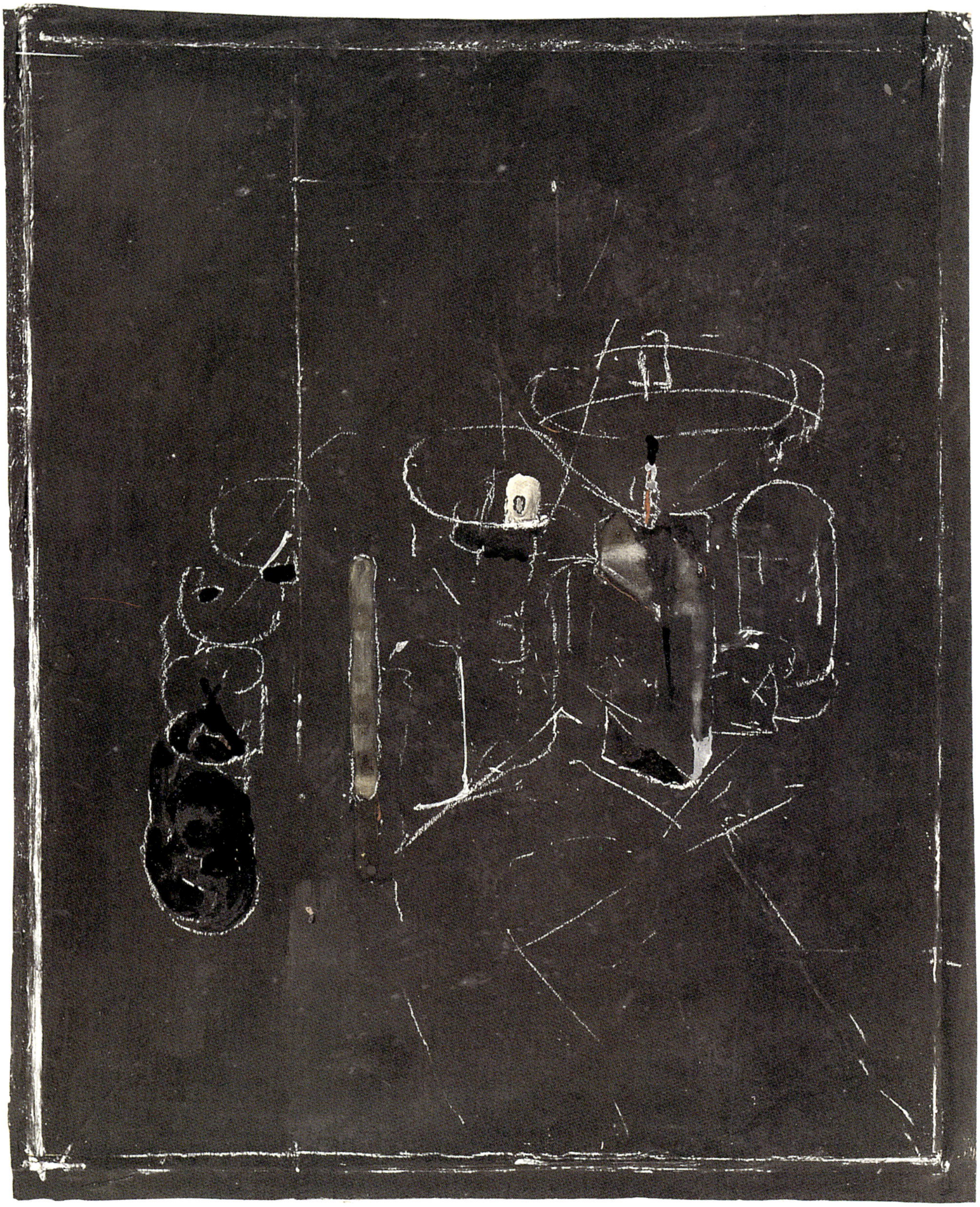

New York, 1975
Die täglichen Utensilien des
Malers
60 x 48 cm
Tempera, Kreide, Lackfarbe,
Öl auf gefärbtem
Kreidegrund

Stromboli, 1995
28 x 22 cm
Acryl, geschlämmte Kreide,
Kohle, Tusche, Öl auf
Papier

Dass ein Bild lautlos sei, scheint nun freilich eine banale Feststellung zu sein, ebenso nichtssagend wie jene, die Malerei könne den Raum und die Bewegung nur andeuten, sie sei in Wirklichkeit raum- und bewegungslos. Doch wie so oft übersieht man Binsenwahrheiten. Denn in allen diesen Feststellungen, die uns so banal vorkommen, drückt sich die Tatsache aus, dass ein Bild an sich etwas Abstraktes ist, aber auch, dass die Unterscheidungen, die wir vornehmen, etwa jene zwischen figürlicher, konkreter und abstrakter Malerei, sinnlos sind. Auf Falk bezogen: Die Auffassung, er sei ein Maler, der nun bald abstrakt, bald figürlich male, ist eine literarische Klassifizierung. Genauer wäre zu sagen, dass er gezwungen sei, sich in verschiedenen malerischen Methoden auszudrücken, weil offenbar nicht so sehr der Maler, sondern das Objekt seiner Malerei die malerische Methode bestimmt, die er anwenden muss. Was bei diesem Maler auffällt, ist das Fehlen einer Manier.
Friedrich Dürrenmatt

Wandbild
Alterssiedlung Eichhof
Luzern, 1965
300 x 700 cm
Öl auf Leinwand

Stromboli, 1965
135 x 169 cm
Öl, Tempera, geschlämmte
Kreide auf handgeschöpftem
Papier

8 Juli 1996

Stromboli, 1996
32 x 25 cm
Tusche, Acryl, Kreide auf
Papier

Stromboli, 1994
104 x 127 cm
Acryl, Collage auf Papier

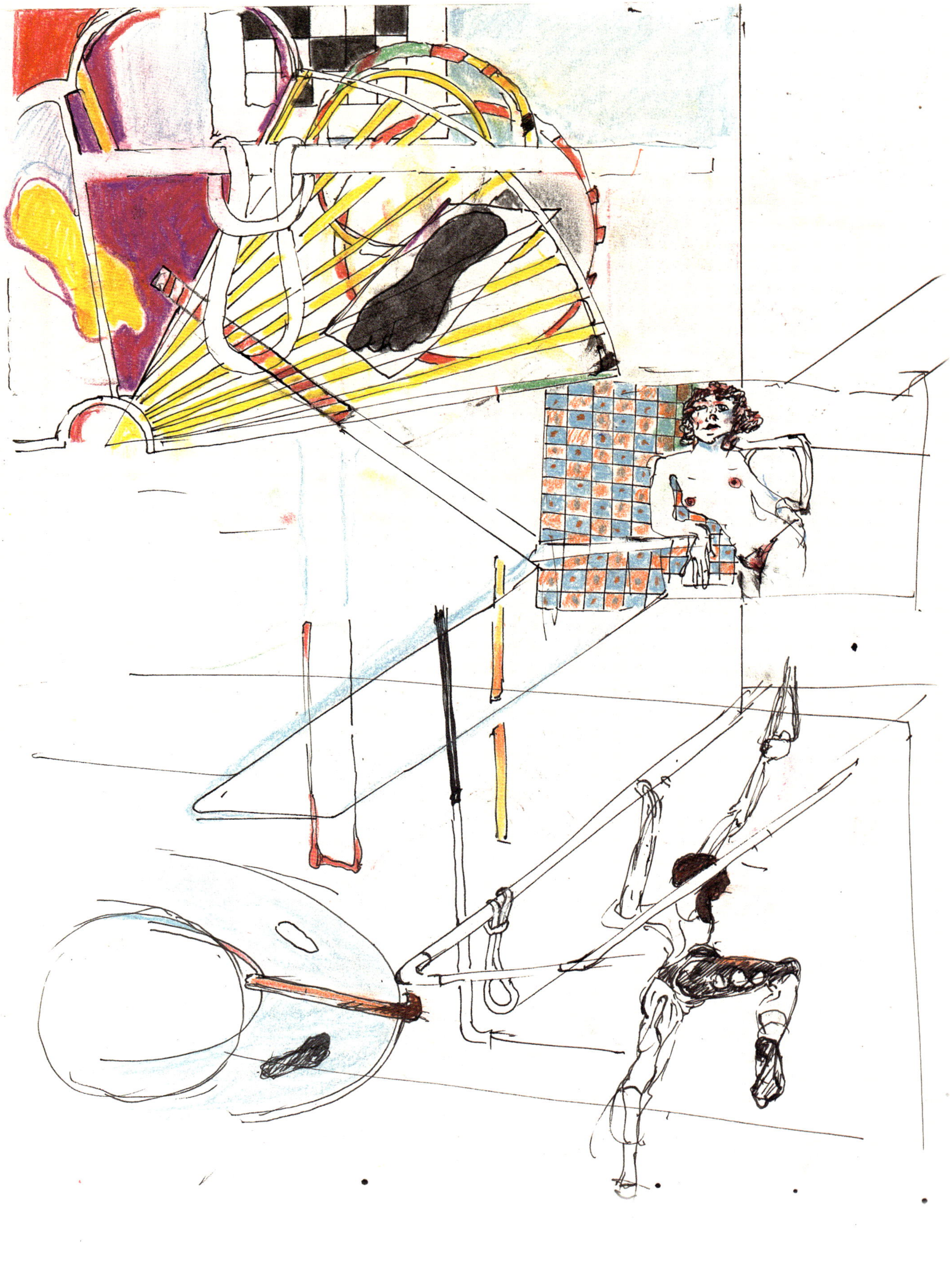

1. Entwurf
   auf die Mauer gemalt –
   in N.Y. verworfen –
   eine 13 meter lange Glaswand entstand. – Farben aufge-
        dämpft; dann versilbert –

Manege

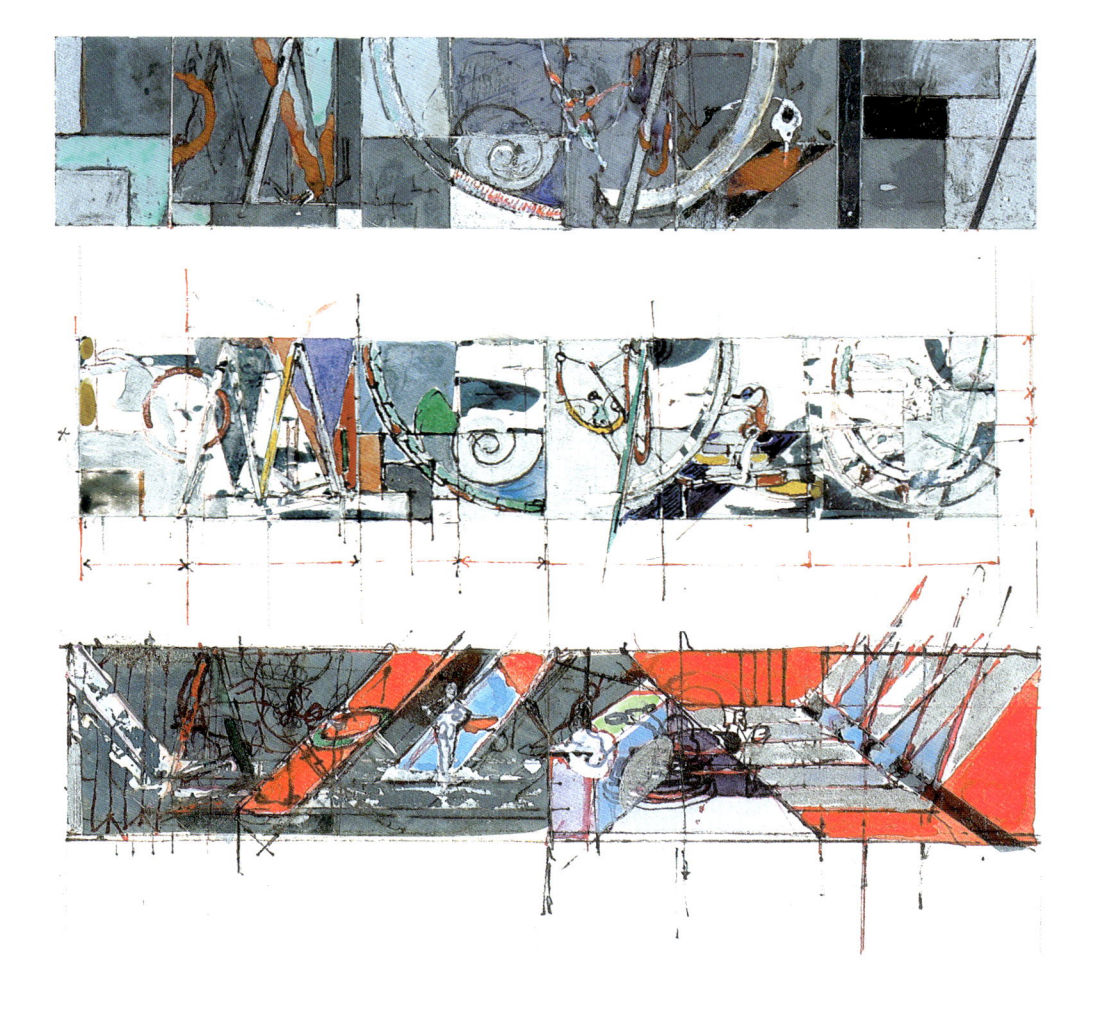

Vorhergehende und folgende Seiten

Skizzen, Gestaltungsschritte, Collagen in verschiedenen Materialien

Falks grosses Glas-Bild

Den Zirkus als Raum, als gebaute Ordnung, als Gefüge: das hat Falk in den Wochen seines Aufenthaltes bei Knie entdeckt. Damit überrascht er uns. Wer sein Werk kennt, hätte feine Detailstudien aus dem Zirkusbetrieb, subtile Farb- und Lichteffekte, Atmosphäre erwartet. Und das alles gibt es in den Skizzenbüchern in Fülle; da finden wir den virtuosen Zeichner und Koloristen seinem virtuosen Thema hingegeben. Doch diese Skizzen sind Durchgangsstationen. Falk will anderes. Er will die Raumordnung des Zirkus, in deren Rahmen diese Details erst ihren Sinn haben. Als er den Auftrag erhielt, eine Wand im grossen Speisesaal der Alterssiedlung Mittelleim-

Hans Falk hat sich verhältnismässig spät und gegen viel inneren Widerstand vom «Gegenstand» gelöst. Ihm, dem stupenden Zeichner und glanzvollen Koloristen, fiel der Abschied von den unerschöpflichen Möglichkeiten der sicht- und benennbaren Welt nicht leicht. Er hätte den Schritt nicht getan, wenn sich ihm nicht noch grössere Möglichkeiten offenbart hätten, ein noch grösserer Reichtum an Form- und Farbkonstellationen, über den er – nun ganz und allein Herr in seinem Reich – uneingeschränkt verfügen konnte. Er hätte den Schritt nicht getan, wenn er nicht erkannt hätte, dass auch – oder gerade – die nicht gegenstandsgebundene Malerei dem Künstler die Möglichkeit bietet, seine Eindrücke, seine Erlebnisse, seine Einsichten ins Bild zu bringen, vielleicht überzeugender, lebensträchtiger und lebenswahrer ins Bild zu bringen, als irgendeine Form des Abschilderns und Interpretierens es vermöchte. Da, wo ein erster Strich die blanke Papierfläche, ein erster Farbfleck die weisse Leinwand zerstört, setzt, zunächst zögernd wohl, dann immer heftiger die eigentliche Inspiration ein. Ein zeitlicher Ablauf ist ausgelöst, dessen Faszination der Maler sich nicht mehr entziehen kann. Linien, Liniennetze und Liniengewebe, die die Fläche verspannen, Farbzonen, Farbflächen, Farbakzente, dünn und transparent oder pastos und als Malerei greifbar, üben Reize auf den Maler aus, regen seine Phantasie an, zwingen ihn, von sich zu geben, was ihn bewegt, Glücksgefühle, Zweifel, Ängste, Zorn, Auflehnung, Geniessen und Betroffensein. Gewiss, der Maler ist nicht ein passiv Getriebener, der, ist einmal der Werdeprozess des Bildes in Gang gesetzt, keine Wahl mehr hat. Im Gegenteil, im Verlauf des Malvorgangs wächst seine Aktivität, er greift immer entscheidender ein, greift auf, was zunächst wie zufällig aussah, gibt ihm seinen Sinn, verbindet das eine konsequent mit dem anderen, stellt formale und farbige Bezüge her, hebt das eine als das Wichtigere über das andere empor. Solch zunehmendes Organisieren des Bildes über den unentschiedenen, amorphen Anfängen kann ebenso wissend wie intuitiv sein. Ein willentlicher Entschluss jedenfalls ist das Aufhören.
Willy Rotzler

Das grosse Glaswandbild 2,56 x 13 m im Alterswohnheim Leimbach, Zürich

Bauseits war vorgesehen, eine Malerei auf eine bestehende Trägermauer auszuführen. Mein Entwurf wurde zur Ausführung genehmigt. Thema: Circus-Performance.
In New York verwarf ich den genehmigten Entwurf. Den Entschluss, den bereits genehmigten Entwurf abzulehnen, begründete ich aus architektonischen Überlegungen. Der Saal war ringsum verglast. Ich befürchtete, dass der Raum statisch zerstört würde, würde ich auf der Betonwand malen.
Es sollte ein festlicher Raum werden – Glasflächen. Die Farben wurden aufgedampft. Rückseitig wurden die Farben mit Silber, matt glänzend bespiegelt – durch die Farbe durchzugehen. So entstand eine Festlichkeit, wie sie in Festsälen vergangener Jahrhunderte wirkte.
Ich arbeitete über Monate bei der Firma Galvolux in Lugano mit Italienern und hatte zur wesentlich teureren Ausführung einen grossen Sponsoren zur Seite.
Hans Falk

Auf der «Insel der sieben Winde» wohnte er, gerade dort, wo Rossellini und Ingrid Bergman ihre Leidenschaft füreinander entdeckten. Die anthrazitfarbige Lava und das Kalkweiss der Häuser regten ihn zu Bildern in ebendiesen Farben an. Erst malte er dunkel, dann kalkweiss. Er «kaufte Ruinen, die mir als Atelier dienten», und entdeckte die «Farbigkeit der Unfarben» in einer archaischen Welt. Er mischte Erdtöne mit Schwarz und Gelb. Manchmal kam Rot dazu, die Farbe des Blutes, der Energie, aber auch des Todes. Falk wehrt sich dagegen, dass seine Bilder aus dieser Zeit als lyrische Abstraktionen oder «informelle Kunst» etikettiert werden, denn für ihn sind sie «in hohem Masse realistisch». Allerdings setzte sich Falk auf Stromboli mit einer längst vergangenen, mythischen Welt auseinander und in New York mit einer geschichtslosen, brutalen Gegenwart.

Obgleich Falk während seiner New Yorker Jahre mitten in Manhattan lebte, am Times Square, gesellschaftlichen Verpflichtungen nachging, die besten Museen und Konzerte der Welt besuchen konnte, hatte ich bei meinen Besuchen im Hotel «Woodstock» immer das Gefühl, dass er auch hier auf einer Insel lebte. Zu seinem Atelier hatte die lärmende Realität der Umgebung keinen Zutritt. Hierher kehrte er von den nächtlichen Wanderungen durch die Bars und hinter die Theaterkulissen zurück, mit zahlreichen Zeichnungen, die von seiner Sensibilität und Virtuosität geprägt waren. Wenn er jetzt die Zeit in New York mit der Formulierung zusammenfasst, «Suchthaft wollte ich ‹mein› New York schälen»; so ist dieses «sein» New York die Schöpfung eines Künstlers, der die Stadt als Aussenstehender erlebt hat. Für Saul Steinberg ist das allerdings die einzige legitime Ausgangslage für einen Künstler, wobei Steinberg betont, dass es nicht reicht, dass man Aussenseiter ist. Man muss auch Künstler sein.

Es gibt eine deutliche Kontinuität im Schaffen Falks. Formen und Farben kehren wieder, verändert und verdichtet, Ausdruck seiner Identität – zugleich hat hier auf Stromboli etwas Neues begonnen. Falk ist reifer geworden, er setzt ein, was er sich in den zwanzig Jahren zwischen seinen Aufenthalten auf Stromboli erarbeitet hat. Er wohnt nicht mehr in einer Ruine, sondern vereint in seinem Wohnhaus und seinem Atelier maurische Architektur, der Insel angepasst, und modernes Design. Er geniesst die Natur. «Ich werde nie einen Orangenbaum zum malerischen Thema nehmen, doch fasziniert mich das milchig fette Weiss – erregt mich die Farbe vom Kremser Weiss, woran ich ständig arbeite.» Falk spricht davon, dass das puderhafte bläuliche Weiss, das er in Farbpulversäcken da hat, «in eine sensible Symbiose mit dem Geschauten rückt». Er hat auf Stromboli das Gefühl, sehr viel Zeit zu haben, «sie mehrt sich im Tun». Die «grosse einfache Umgebung» bringt Spannung und zugleich Entspannung.

Die Nächte auf Stromboli sind «von samtener Tiefe, dunkel ist es nie». Das Licht ist «sphärisch». Falk erlebt die Bewegungen des Windes und der Fluten. Dieses «Mitdabeisein» und das Gefühl, Zeit zu haben, geben ihm Kraft und kommen in den Bildern zum Ausdruck, in der Spannung zwischen Hell und Dunkel, in unbeschwerten Spielen mit Motiven und der temperamentvollen Eroberung von Kraftfeldern, die den Betrachter nicht selten dazu verführt, die Strombolibilder Falks mit Vulkanausbrüchen zu vergleichen.

Erwin Leiser

Stromboli, 1990
225 x 380 cm
Acryl auf Leinwand

Stromboli, 1990
225 x 380 cm
Acryl auf Leinwand

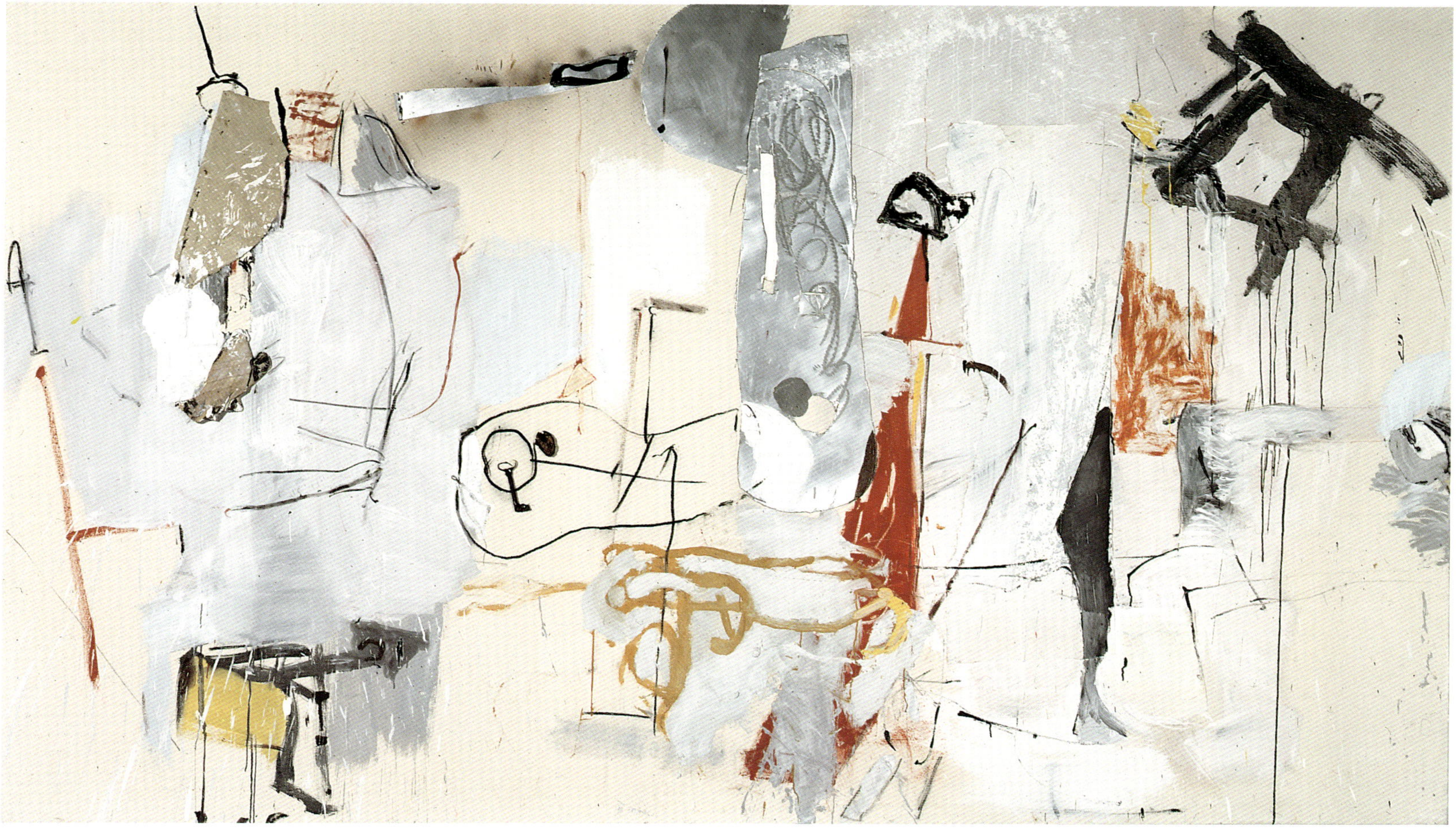

SCHWEIZER
helft Euern
heimgekehrten
Landsleuten
RÜCKWANDERERHILFE
POSTCHECK VIII 4146

**Das Plakatschaffen
im
Werk des Malers
Nicht nur Meisterwerke,
sondern
auch Bekenntnisse**

Im öffentlichen Plakataushang stellt sich ein Gestalter zu einem bestimmten Zeitpunkt üblicherweise nur mit einem einzigen Plakat vor, ausnahmsweise vielleicht mit zwei oder drei. Im friedlichen Wettstreit der Plakate lassen sich also nur punktuelle Beobachtungen über die Auffassungen, den graphischen Stil und den gestalterischen Rang des einzelnen Entwerfers machen. Dagegen bietet der Aushang stets die anregende Möglichkeit zum wertenden Vergleich dessen, was der Zufall aus der aktuellen Plakatproduktion zusammengewürfelt hat. Dabei ist jedes Urteil über ein bestimmtes Plakat stets durch sein Umfeld mitbestimmt: In einer Umgebung belangloser oder gar schlecht gemachter Plakate fällt schon eine mittelmässige Leistung erfreulich auf. Wo aber eine Anzahl vorzüglicher Plakate verschiedener Entwerfer, also unterschiedlicher Auffassung, im Wettstreit stehen, da bedarf es schon ungewöhnlicher Qualitäten, wenn ein Plakat künstlerisch «das Rennen machen» will. Nun entwirft in der Regel ein Gestalter nicht bloss einzelne Plakate, sondern im Laufe der Zeit mehrere, ja gar so viele, dass von einem eigentlichen «Plakatwerk» die Rede sein kann. Die Übersicht über ein solches Plakatwerk lässt sich nur in einer zusammenfassenden, retrospektiven Ausstellung, wohl auch in einer Zeitschriften- oder Buchpublikation gewinnen. Erst dieser Zusammenzug von Plakaten aus vielen

Im Jugendstil-Haus am Bleicherweg 47, Zürich, bezog ich 1943 mein erstes Atelier.

«das plakat», 1952
39 x 27 cm
Erster lithographierter Entwurf

«das plakat», 1953
128 x 90 cm
Originallithographie

Probe / Truhe

Mädchen im Rollstuhl
Studie zum
Plakat Pro Infirmis
22 x 20 cm
Originallithographie

«Die schwarze Spinne»,
Gotthelf-Freilichtaufführung
im Emmental, 1988
128 x 90 cm

Voli Geiler, Walter Morath,
Cabaret, 1949
90 x 57 cm
Originallithographie

Internationale Musikfest-
wochen Luzern, 1950
90 x 57 cm
Originallithographie

Pro Infirmis, 1948
128 x 90 cm
Originallithographie

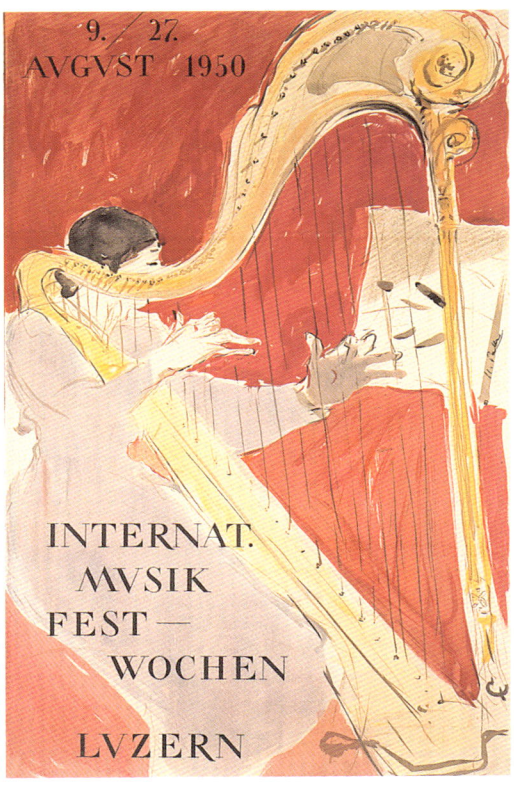

Schaffensjahren erlaubt es dem Beobachter, den persönlichen Stil des Entwerfers zu erkennen, seine stilistische Entwicklung im zeitlichen Ablauf zu verfolgen und sein Verhältnis zu den jeweiligen Plakataufgaben zu beobachten. Solche Rückblicke sind nicht in jedem Fall gleich ergiebig. Im Falle von Hans Falk machen sie mit einem an Umfang beachtlichen, an künstlerischer Qualität hervorragenden Plakatwerk vertraut. Für das spätere plakatgraphische Schaffen von Hans Falk ist nicht ohne Bedeutung, dass er in seinen Ausbildungsjahren Schüler von Malern war; in Luzern von Max von Moos, in Zürich von Albert Rüegg. Dass der Zwanzigjährige 1938 bei einem offiziellen Plakatwettbewerb für die Landesausstellung von 1939 aus über 900 Einsendern für die Auszeichnung mit dem zweiten Preis gewählt wurde, war eine erste Bekundung seiner Gabe für das als künstlerische Gestaltungsaufgabe damals im Aufwind befindliche Plakat. Die Mitarbeit im Atelier des spätern «Graphis»-Herausgebers Walter Herdeg, die Arbeitsgemeinschaft mit dem Photographen Werner Bischof, schliesslich nochmals eine Weiterbildung an der Kunstgewerbeschule Zürich bei Max Gubler und Walter Roshardt – einem Maler und einem Zeichner –, diese Jahre der künstlerischen Reifung gehen dem Hervortreten des Plakatgestalters Hans Falk unmittelbar voraus. Die eigenen zeichnerisch-malerischen Anlagen und diese Betonung des Künstlerischen in der Ausbildung haben die Intentionen des Plakatgraphikers Falk entscheidend geprägt: Sein Plakatstil sollte ein betont freier, zeichnerischer und malerischer Stil werden.

Eine weitere wichtige Voraussetzung gehört dazu: Falk hatte die Gelegenheit und das Interesse für eine intensive Auseinandersetzung mit den verschiedenen graphischen Techniken, ihren Möglichkeiten und Grenzen. Er erkannte, dass für die Realisation der Plakate, wie er sie haben wollte, nur die Handlithographie in Frage käme. In der Tat hat Hans Falk, mit nur ganz wenigen Ausnahmen, all seine mehrfarbigen Plakate eigenhändig auf den Stein gezeichnet. Kommt dazu, dass er stets auch die Drucklegung in allen Phasen überwachen wollte. Er wusste genau, was bei der Lithographie an Wirkungen möglich ist, und er forderte von allen Beteiligten stets das Äusserste an Arbeitsleistung. Hans Falk hat dadurch während Jahren als unbestechliche Instanz zur Hebung und Erhaltung der drucktechnischen Qualität des Schweizer Plakats beigetragen.

Zwischen 1942 und 1964, dem Jahr der «Expo» in Lausanne, hat Hans Falk rund 50 Plakate geschaffen; in grösserem Zeitabstand sind dazu lediglich zwei weitere gekommen. Diese Daten spiegeln bestimmte biographische Fakten: 1958 gab Falk die gebrauchsgraphische Auftragsarbeit auf, um sich von da an – meist im Ausland lebend – ausschliesslich der freien Malerei und der bibliophilen Buchillustration zu widmen. Überblickt man das Plakatwerk von Hans Falk, so fällt sofort auf, dass es in diesem halben Hundert Blätter deutliche Schwerpunkte gibt. Im Vordergrund steht einerseits das politische Plakat: Falk bekennt sich zur sozialdemokratischen und gewerkschaftlichen Politik und stellt ihr bei Wahlen und Abstimmungen nicht nur seine Gesinnung, sondern auch seine künstlerische Kraft zur Verfügung. Wohl kein zweiter Schweizer Künstler von Rang hat sich an der Plakatwand so oft und so eindeutig zum Sozialismus bekannt. Anderseits erscheint als zweite Dominante in diesem Plakatwerk das Bekenntnis zu grossen humanitären und sozialen Werken. Auch in diesem Plakatbereich hat kaum ein zweiter Gestalter so oft und so intensiv mit Plakaten zur Hilfe aufgerufen wie Hans Falk. Einzelne Hilfswerke (etwa «Für das Alter» oder «Pro Infirmis») sind fast nicht vorstellbar ohne die eindrückliche Visualisierung durch Hans Falk. Der Rest von Falks Plakatproduktion verteilt sich auf Messen und Ausstellungen, auf sportliche Veranstaltungen, auf Kabarett und Zirkus, auf Tourismus und auf Plakatausstellungen, am Schluss gefolgt von bloss vier Plakaten für wirtschaftliche Werbung im weiteren Sinne. Diese Gliederung von Falks Plakatproduktion nach Gattungen zeigt deutlich, dass der Künstler nicht einfach Auftragnehmer sein wollte, der seine gestalterischen Kräfte jedem zahlungsfähigen Auftraggeber zur Verfügung stellt. Offensichtlich verband Falk mit jeder Lösung einer Plakat-Aufgabe nicht nur eine künstlerische Verpflichtung, sondern weitgehend auch eine gesinnungsmässige. Anders gesagt: Zum grossen Teil sind seine Plakate nicht nur druckgraphische Meisterstücke, sondern auch Bekenntnisse.

Gleich das erste Plakat, mit dem Hans Falk 1942 vor die Öffentlichkeit trat – das frühsommerliche «Ferien» –,

Jubiläumsausstellung
Kunstkommission
Wettingen
1997 (Entwurf)
21 x 29 cm
Kreide, Kohle, Acryl

Für das Alter, 1945
128 x 90 cm
Photochrom

Hilf den Heimatlosen, 1946
128 x 90 cm
Originallithographie

Österreichisches
Flüchtlingskind, 1946
42 x 28 cm (Ausschnitt)
Rötel, Kreide

Ferien

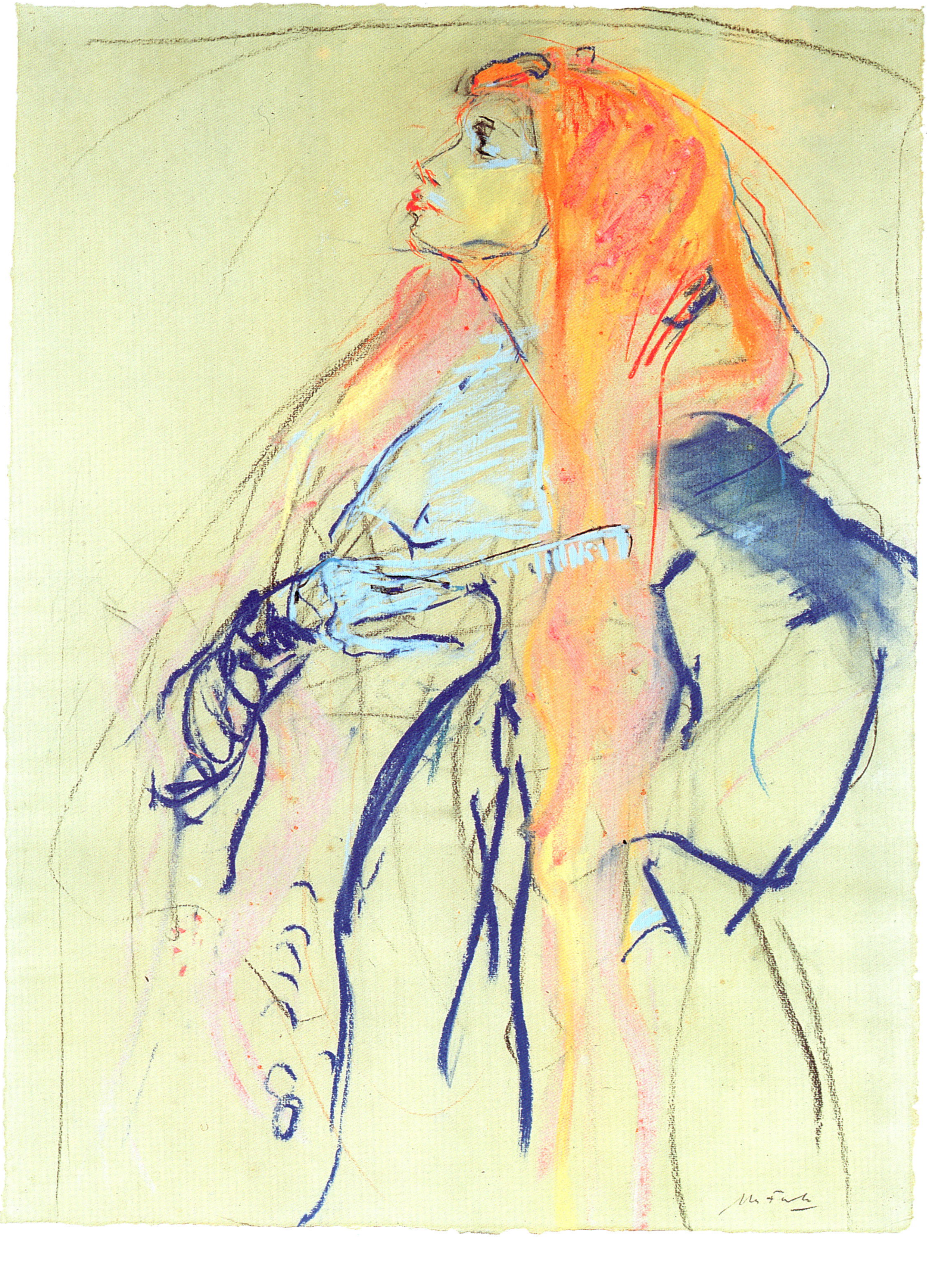

war in seiner zarten farbigen Haltung ein eigentlicher Wurf. Die Diagonalstellung der angeschnittenen männlichen Halbfigur mit Strohhut und geschultertem Spazierstock, das aufwärts ins Offene, Blühende gewandte brachte in jener schwiergen Zeit der Kriegs- und Aktivdienstjahre einen Optimismus in den Alltag, der weit über Touristikwerbung hinausging. Andere, ernstere Töne schlug Falk mit zwei Plakaten von 1944/1945 für die Schweizer Rückwandererhilfe an. Es galt, die Bevölkerung wachzurütteln für die Solidarität mit Schweizern, die im Ausland vielfach alles verloren hatten.

Im Jahre 1945 entstand das Plakat «Für das Alter», die Rückansicht einer gebeugten, am Stock gehenden Frau, die in der Haltung die Einsamkeit und die Mühen des Alters zum Ausdruck bringt. Die vorwiegend schwärzlichen Töne der silhouettenhaft gezeichneten Figur auf bräunlich-olivem, wie vom Alter verfärbtem Grund bildeten – damals – einen ergreifenden Kontrast zur appetitlichen Buntheit der Warenplakate. Mit diesem in seiner Einfachheit und Dichte grossartigen Plakat kam ein neuer Ton ins Schweizer Plakatschaffen; die freie zeichnerische Lösung der Aufgabe, die sich von aller «gebrauchsgraphischen» Routine freimachte gegen das Künstlerische hin. Mit dem Plakat «Hilf den Heimatlosen» im Auftrag der Flüchtlingshilfe verstärkte sich diese ausdruckshaft illustrative Plakatsprache sowohl stilistisch wie in der Intensität der Aussage. Dieses Plakat machte auch deutlich, dass Hans Falk ganz bewusst eine ruhmreiche Tradition der Plakatkunst aufnahm; diejenige der französischen «affiche artistique» vom Ende des 19. Jahrhunderts, der heroischen Zeit des Aufstieges des Plakats zum graphischen Kunstwerk – eine Entwicklung, die durch die Namen von Pierre Bonnard, Theophile Steinlen und Henri de Toulouse-Lautrec markiert wird.

Mit dem Plakat für den Raubtierbändiger Trubka im Circus Knie konnte Falk erstmals seine Liebe und Begabung für die Tierdarstellung und zugleich seine Passion für die Welt des Zirkus ins Spiel bringen. Er hat diese Zuneigung mit zwei weiteren Knie-Plakaten und dem Bildband «Circus» von 1981 zum Ausdruck gebracht. Zum aussagekräftigen Bildsymbol wird das Tier auf dem Plakat zur Ausstellung

Stadion Ja, 1953
(Entwurf)
einziger Zustand
138 x 93 cm
Originallithographie und Kohle

Vorhergehende Seiten

Ferien, 1942
128 x 90 cm
Tempera, ausgeführt in
Originallithographie

Cabarettistin
Elsie Attenhofer, 1950
85 x 60 cm
Pastellkreide, Kohle

Circus Knie, Tiger zu Pferd,
1978
(Entwurf)
128 x 90 cm
Kohle, Tempera auf Papier,
gedruckt in Offset

Circus Knie, grosse
Eisbärengruppe, 1948
128 x 90 cm
Originallithographie

Circus Knie, Voitech Trubka,
1946
128 x 90 cm
Originallithographie

Das Plakat als Zeitspiegel,
1949
128 x 90 cm
Originallithographie

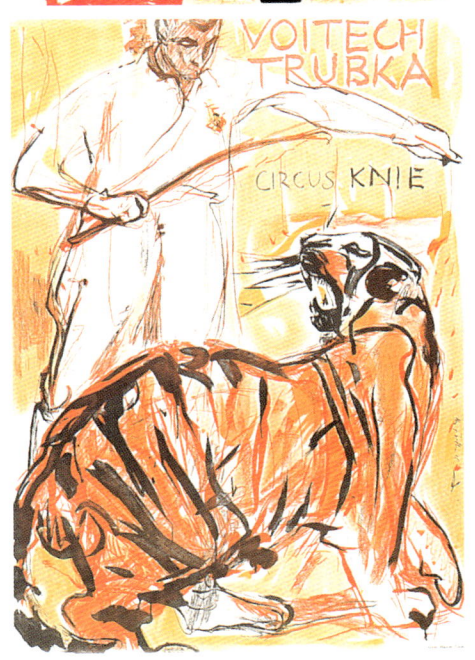

Pferderennen Dielsdorf, 1993
(Entwurf)
104 x 78 cm
Pastellkreide, Acryl auf Papier

Urs Suter, Jockey, 1993
47 x 43 cm
Kreide, Tusche, Tempera auf Papier

Pferderennen
Zürich-Dielsdorf,
1993 (Entwurf)
103 x 79 cm
Pastellkreide, Acryl, Tusche
auf getöntem Papier

Pferderennen Zürich-Dielsdorf

Expo 1964
1962–1963 entstanden
in Stromboli Dutzende
von Entwurfsskizzen
zum Thema
Spektrum Expo

Eine Auswahl der Studien
zu diesem Thema

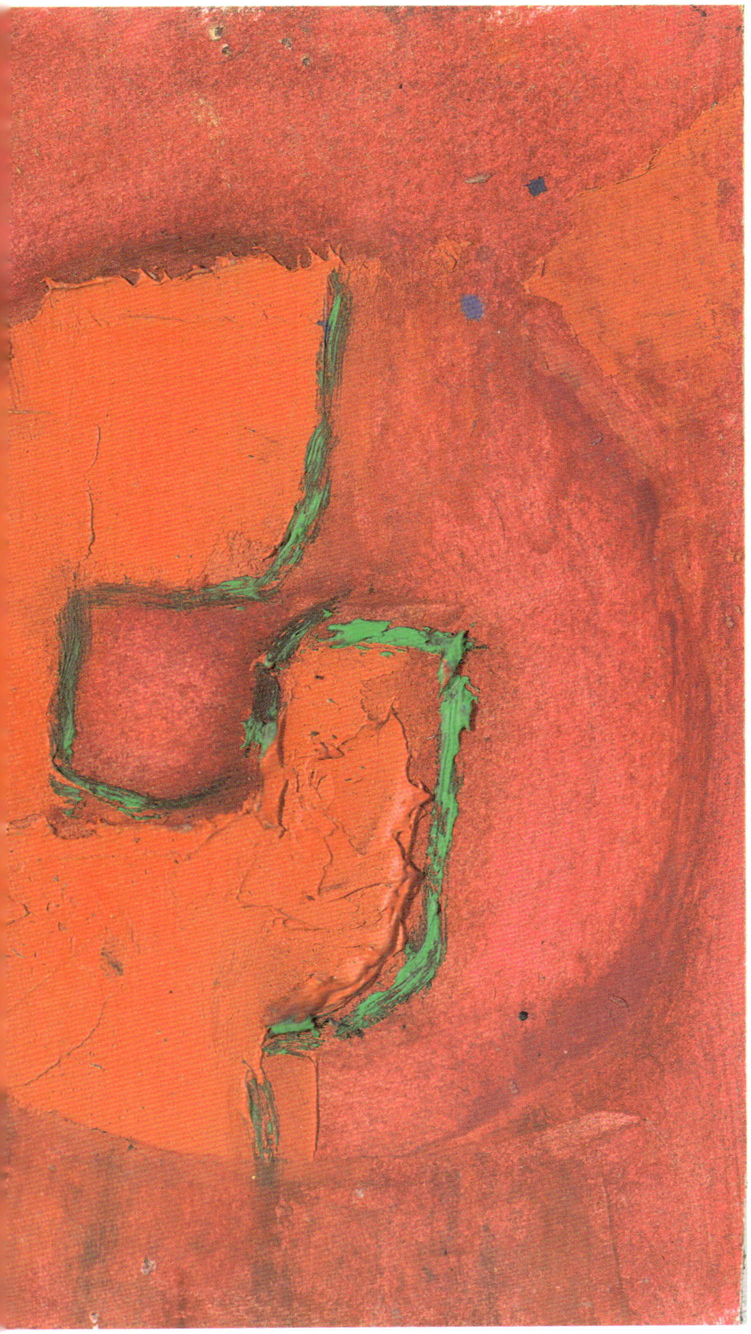

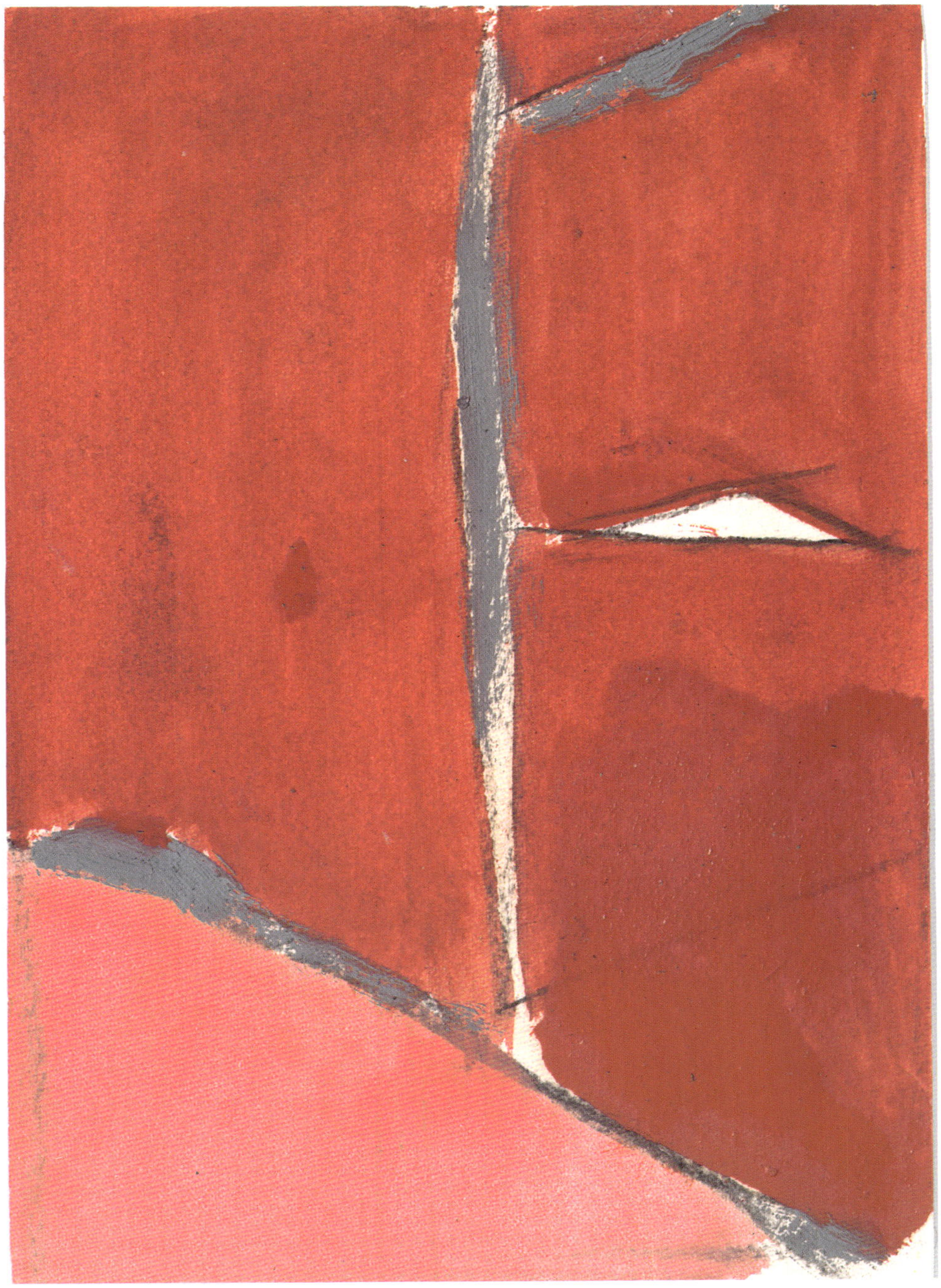

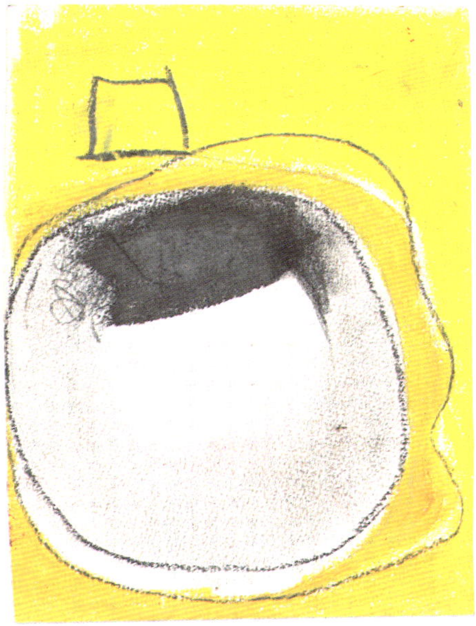

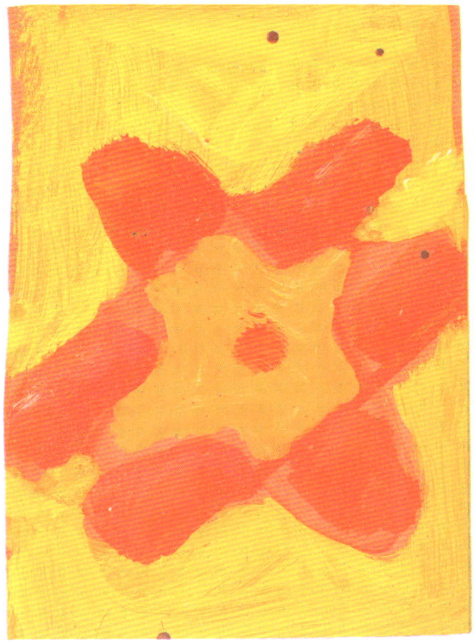

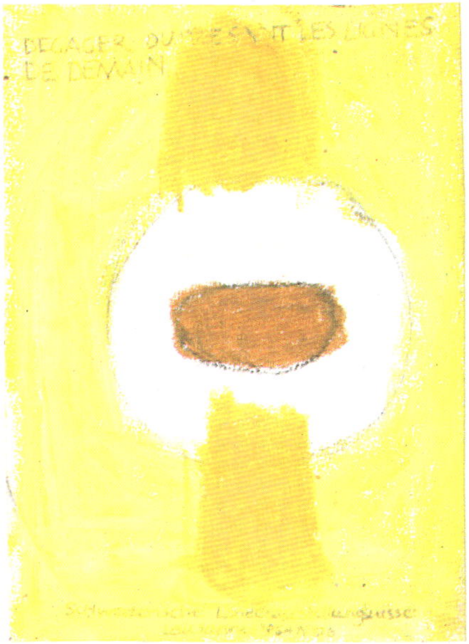
DEGAGER
LES LIGNES
DE DEMAIN

«Das Plakat als Zeitspiegel»: Von oben herab krächzt ein meisterlich gezeichneter Papagei das unten in die Ecke gedrängte Huhn mit seiner Werbebotschaft an. Nochmals erscheint das Tier auf dem packenden Plakat der «Pro Infirmis»: Eine skizzenhaft in Rückansicht gezeichnete, zart kolorierte Figur im altmodischen Rollstuhl ist begleitet von einem Blindenhund. Ohne Worte macht das Plakat eindrücklich darauf aufmerksam, welche Art von Hilfe zwei verschiedene Formen der Behinderung benötigen.
Mit einem völlig andersartigen, ausgesprochen spektakulären Beitrag beschliesst Hans Falk 1964 sein Plakatwerk: Für die schweizerische Landesausstellung in Lausanne, die «Expo», gestaltet er eine Serie von sieben Plakaten, mit denen Leitsätze der «Expo» visualisiert werden. In dieser Serie zeigt sich nicht mehr der expressive figürliche Zeichner, sondern eindeutig der Maler Hans Falk. Statt der Farblithographie benutzt er nun sinngemäss das Farboffset zur farbig satten Wiedergabe seiner mit breitem Pinsel hingemalten Originale. Es sind «abstrakte» Gestaltungen in der damals aktuellsten malerischen Sprache der «informellen» oder «tachistischen» Kunst, zu deren interessantesten Vertretern Hans Falk gehörte.
Diese eigenwillige Plakatserie ist nicht nur einer der seltenen Versuche zu einer in sich geschlossenen Bildfolge auf der Plakatwand, sie ist vor allem der kühne, vielleicht gar vermessene Versuch, das Plakat – fast – völlig frei von seiner werbenden Aufgabe zum reinen, vervielfältigten Kunstwerk im Strassenbild zu machen. Diese Kühnheit von Falks Konzept ist bis heute nicht übertroffen worden.
Willy Rotzler

Im Atelier in Urdorf ZH überarbeitete ich einige der Plakate.

Expo-Plakate – Auszug aus einem Interview (1964)

In Stromboli steckte ich inmitten einer Grauperiode. Dort erreichten mich die Bedingungen zum Wettbewerb für das Plakat zur Expo 1964. Es war Sommer, sehr heiss. Ich hatte meine Malerei unterbrochen. Die Idee des Spektrums, des Farbkreises, in den Bedingungen empfohlen, liess mich nicht mehr los.
Farbe – Farbe! Aus dem «Grau» heraus! Ich hatte ein unheimliches Bedürfnis, mich mit der Farbe auseinanderzusetzen. Die schwülstigen Slogans für die Plakate gefielen mir nicht, zu pathetisch.
Die Preisträger des ersten Wettbewerbes wurden zum zweiten Wettbewerb eingeladen.
Wieder in Stromboli mietete ich ein Zimmer. Getrennt von meinem Atelier wollte ich die zweite Wettbewerbsphase beginnen.
Im Zimmer stand der Sarg der Vermieterin. Sie sagte, dass sie diesen nicht entferne, dass alte Leute in Stromboli den Sarg lange Zeit vor dem Tode bestellen – mich störte er nicht.
Auf der gegenüberliegenden Wand fing die Farbe an zu «kochen», die Plakate wurden farbig.
Nichts Gestriges sollte entstehen. Die Serie von sieben Plakaten erhielten den ersten Preis. Sie ernteten auch kritische Ablehnung, Proteste, bis zu einer anonymen Todesdrohung – man sollte Sie erschiessen.
Hans Falk

Die sieben Expo-Plakate

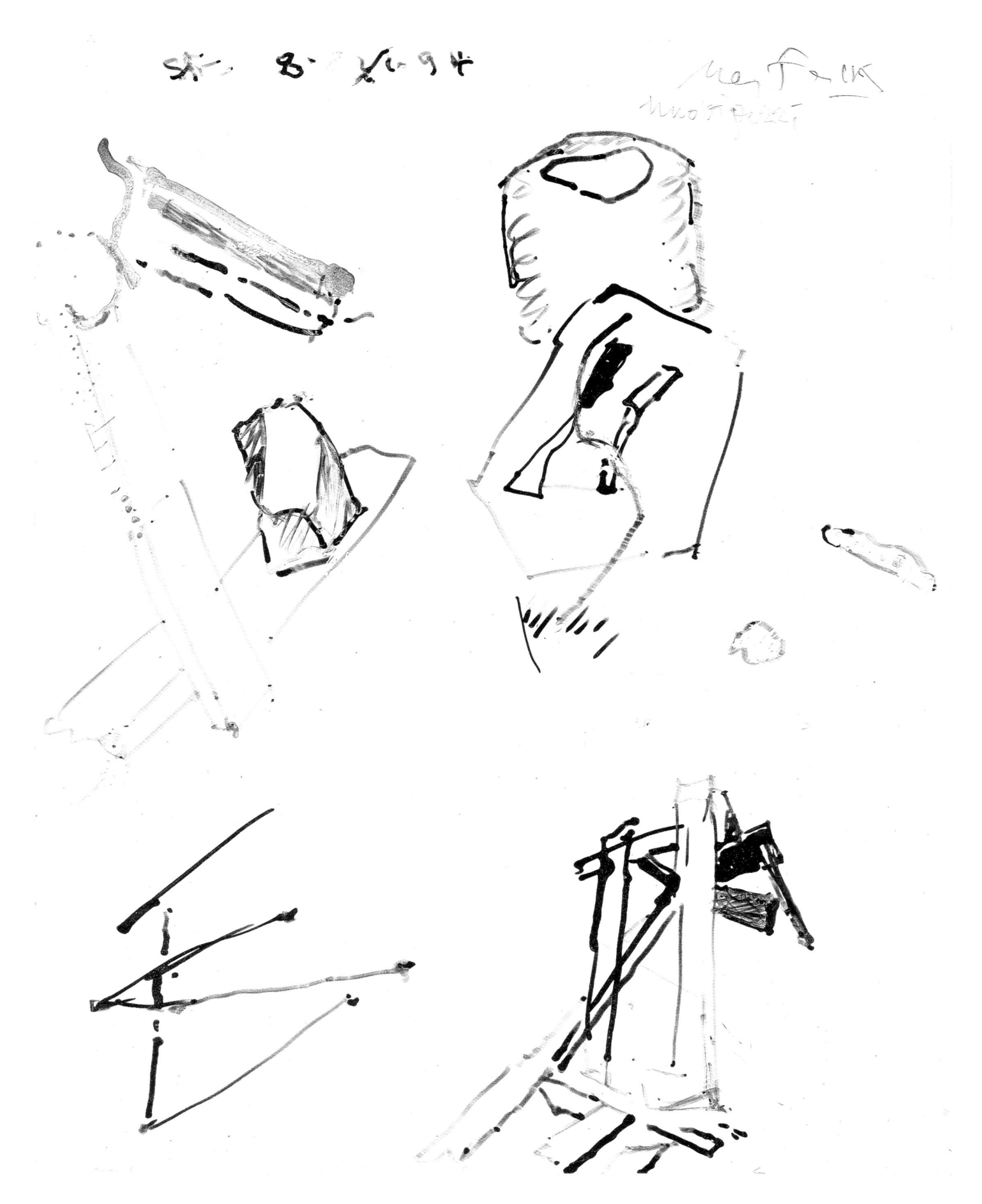

Stromboli, 1994
25 x 20 cm
Tusche auf Papier

Stromboli, 1988
32 x 24 cm
Bleistift, Acryl und Öl

Biographische Notizen

Hans Falk wurde am 16. August 1918 in Zürich geboren. An der Kunstgewerbeschule in Luzern war er Schüler von Max von Moos – Wegzug nach Zürich, wo er eine Lehre als Graphiker abschloss. 1938 erste Teilnahme an einem offiziellen Wettbewerb der Schweizerischen Landesausstellung (2. Preis aus über 900 jurierten Plakaten). 1942–1943 Kunstgewerbeschule Zürich, Schüler von Max Gubler, Ernst Gubler und Walter Roshardt. 1942 gelangt das Plakat «Ferien» als erstes Plakat von Hans Falk zur Ausführung. 58 Plakate für Sozialwerke, Theater, Kabarett und Ausstellungen entstehen bis 1958. In Grand-Saconnex, Genf, Studienaufenthalt 1945. Kriegsende, Reise nach Venedig (Lithographien). 1950–1955 Lehrtätigkeit an der Kunstgewerbeschule Zürich. 1951 Reise durch den Vorderen Orient: Libanon, Syrien, Jordanien, Irak, Persien, Türkei: Studium der assyrischen, sumerischen und achämenidischen Kulturen. 1954 längeres Absetzen von Auftragsarbeit; Aufenthalte in Cadaqués, Spanien, und Sète, Südfrankreich. 1955 Atelier an der Calle Joachin Costa 13, Algeciras, Spanien; expressive Figuration. 1956 Águilas, Spanien, Tripolis, Libyen, Atelier im arabischen Stadtteil, Ausstellung im Hof des Ateliers. 1958 Freundschaft mit Marcel Marceau; während seiner Auftritte in Zürich entstehen Zeichnungen und Gouachen; Herausgabe der bibliophilen Mappe Marcel Marceau, die in New York an der Ausstellung der International Society of Illustrators den «Award for Excellence» erhält. 1958–1960 Cornwall, England; Achill Island, Irland (konsequente Abstraktion). 1959–1960 Bau des Atelierhauses, Urdorf wird zum Domizil in der Schweiz. 1960–1966 Mitglied der Sammlungskommission des Kunsthauses Zürich. 1960–1968 Stromboli, Italien (Zeit des Informel). 1963 Beginn mit Entwürfen zur bibliophilen Ausgabe Friedrich Dürrenmatts «Der Besuch der alten Dame»; Lithographien und Gouachen werden 1974 abgeschlossen. 1963 Wettbewerb der Expo 1964, 1. Preis für die siebenteilige Plakatserie. 1976 Objets, Objet trouvé; längere Auseinandersetzung mit plastischen Körpern, sie führen zu der in London beginnenden Figuration. 1968 Malergast der Stadt Lenzburg. 1968–1973 London, Atelier an der St. Giles Passage 2 und Charing Cross Road 9; 60 grossformatige Bilder entstehen. 1972 In London und Zürich entstehen sechs grosse monochrome Malereien für den Club «Nova Nova Night». 1973 New York, Atelier 215 Bowery, zeichnet für Fortune Magazine New York, in Chicago, Salt Lake City, Spokane, San Francisco, Honolulu (Hawaii), Boston und Philadelphia. Ab Spätherbst neuer Wohn- und Arbeitsplatz Nähe Times Square; Einzug in das Hotel Woodstock, 127 West 43rd Street. November 1974 bis Januar 1975 Ausstellung bei Istvan Schlégl, Zürich (zeigt neue Arbeiten aus New York). 1975 erscheint die Monographie Hans Falk von Fritz Billeter mit einem Vorwort von Friedrich Dürrenmatt, ABC-Verlag, Zürich. Ausstellung im Centro d'Arte in Ascona und in der Galerie Orell Füssli, Zürich. Beginn der ersten Vorarbeiten zum Wandbild für die Stadt Zürich in der Alterssiedlung Mittelleimbach bei Zürich. Rückkehr nach New York. 1976 Weiterführung der Container-Bilder in New York. 1977 Reist 60 Tage im Wohnwagen mit dem Circus Knie. Zirkus-Zeichnungen zum Film «Circus Blues» von Olivier Meyer. Das bibliophile Buch von Henry Miller «Le sourire au pied de l'échelle» erscheint mit 22 Originallithographien bei André und Pierre Gonin, Lausanne. Ausführung der 13 x 2,5 m langen Glas- und Spiegelwand im Auftrag der Stadt Zürich. Weiterführung des Themas Zirkus, Zeichnungen und Skizzen. Rückkehr nach New York. Freundschaft mit Henry Miller. Pablo Nizon beginnt im Woodstock-Hotel, New York, mit den Notizen zum Buch «Hans Falk – Skizzenbücher, Woodstock». 1979 The Swiss Center Gallery, New York, Hans Falk, Lithographs to Henry Miller's «The Smile on the Food of the Ladder». Filmaufzeichnungen Hans Falk im Woodstock-Hotel, New York, die Skizzenbücher, Zeichnungen, Objekte für TV Schweiz. Entwürfe und Ausführung der Wandmalerei für die Union Bank of Switzerland, Wallstreet, New York. 1985 Rückkehr nach Urdorf, arbeitet während eines Jahres in Ennetbaden an 104 überarbeiteten Lithographien (Unikate). 1987 Rückkehr nach Stromboli. Erwin Leiser, Filmproduzent, Zürich, hat in New York und Ennetbaden ein 45minütiges Porträt «Hans Falk – Welt im Container» aufgezeichnet.

Erschienen sind die folgenden Bücher zum Werk von Hans Falk: Monographie, ABC-Verlag, Zürich, 1975. Paul Nizon «Skizzenbücher aus New York», ABC-Verlag, Zürich, 1979. Hugo Loetscher/Fritz Billeter «Circus zum Thema», ABC-Verlag, Zürich, 1981. Hans Falk «Transvestie – Der silberne Cocoon», ABC-Verlag, Zürich, 1985. Paul Nizon/Dr. Willy Rotzler «Werkjahr 1985/1986», Artefides, Luzern, 1986. Marion Bär/Josette Hüni «101 Rezepte», Orell Füssli Verlag, Zürich, 1990. Marco Meier/Richard Meier, Ein Buch erscheint mit Abbildungen verschiedener Finanzplätze. Sie werden an der Börse Zürich ausgestellt. Effektenbörsenverein Zürich, 1996.

Ausstellungen (Auszug)

1951 London, International Poster Exhibition und
BRD, Plakatausstellung (Pro Helvetia)
1953 Ausstellung «Das Plakat», Kunstgewerbemuseum
1954 Stockholm, Plakatausstellung (Pro Helvetia)
1955 Paris, Musée des arts décoratifs, Alliance graphique internationale
1956 Stockholm, Galerie Blanche
Cincinnati, USA
1957 Singen, Hohentwiel, Singener Kunstausstellung
Zürich, Graphische Sammlung der ETH, «Die farbige Zeichnung»
1959 Ljubljana, Expositions internationales de gravure
Zürich, Kunsthaus, GSMBA
Arbon, Schloss Arbon, «Das graphische Kabinett»
Toronto, Royal Ontario Museum
1960 Zürich, Galerie Charles Lienhard
1961 Pittsburgh, USA, Int. Carnegie Exhibition
Rom, Galerie Il Segno
1962 Schaffhausen, Museum zu Allerheiligen, Querschnitt Schweizer Malerei
Zürich, Galerie Charles Lienhard
1963 Zürich, Zürcher Kunstgesellschaft, Helmhaus, Schweizer Buchillustrationen
1964 New York, Time & Life Art, Rockefeller Center
1965 Varese, Musei, Struttura della Visualità
1966 Hannover, Kunstverein Hannover, Kunstmuseum
1967 Stuttgart, Galerie Günther Galetzki
1968 Oslo, Galerie K.B., Kare Berntsen
1969 Zürich, Kunsthaus
1972 Aarau, Aargauer Kunsthaus
1973 Jerusalem, Bezalel Building, Zurich Artists in Jerusalem
Haifa, Modern Arts Museum, Zurich Artists in Haifa
Basel, Internationale Kunstmesse Basel
Essen, Plakatausstellung (Pro Helvetia) «Das politische Plakat der Welt»
1974 Basel, Art 5/74, Internationale Kunstmesse Basel
Zürich, Galerie & Edition Schlégl, Künstler der Galerie
1975 Zürich, Kunsthaus Zürich, Galerie der Plakanda, Klassische Schweizer Plakate II
1977 Im Manoir de Martigny
1979 New York, Swiss Center Gallery, Zeichnungen zum bibliophilen Buch zu Henry Millers «The Smile on the Foot of the Ladder»
1982 Kunsthaus Zürich, Sammlungen Hans und Walter Bechtler
Galerie Jamileh Weber, Zürich
1986 Kunstverein Ludwigsburg, Deutschland
Kunstverein Siegen, Deutschland
Kunsthaus Zürich, Zeichnungen und Druckgrafik
Art Basel 17/86
1987 Baden-Baden, Friedrichsbad, Deutschland
Erwin Leiser zeigt erstmals das filmische Porträt «Hans Falk – Welt im Container»
ASB Gallery, Janine Rensch, London
Art Basel 18/87
Richard Kasvin Gallery, Chicago
1988 ASB Gallery, Janine Rensch, München
ASB Gallery, Janine Rensch, Barcelona
1990 ART Köln, Internationale Kunstmesse
1995 Altes Schützenhaus, Kunstverein Zofingen
1995/96 Art Management Rolf Kallenbach, München
1997 Galerie im Gluri-Suter-Huus, Wettingen
Kulturforum Urdorf, Verleihung der Ehrenbürgerschaft der Gemeinde Urdorf
1998 Druckgrafik, 1918–1998
Grafische Sammlung der ETH Zürich
1999 Art Management Rolf Kallenbach, München

Hans Falk, Stromboli 1964
Im Steindruck-Atelier Steiner, Baden
Mit Romy in Schottland, Geburtstagsfeier
Installiert sein Atelier im Woodstock-Hotel, New York
Mit Guido Baumann am Times Square, New York
Stromboli, Ruinen-Atelier 1964

MELON
LIQUEUR
ONE
Coca-Cola
littering is filthy & selfish so don't do it!
Castro

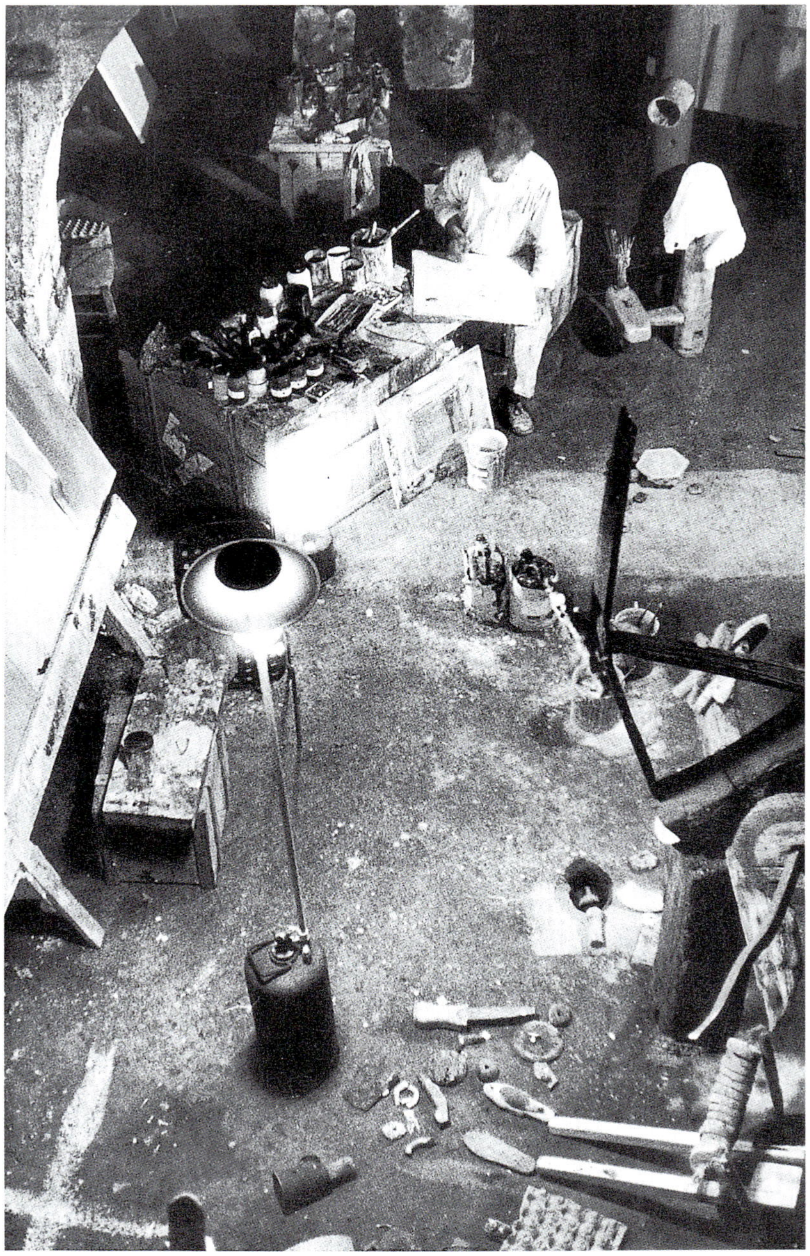

© 1999 Weltwoche-ABC-Verlag, Zürich
© sämtliche Abbildungen Hans Falk
Alle Rechte vorbehalten

ISBN 3-85504-168-7   Printed in Switzerland

Fotonachweis
Werner Erne, Aarau
sämtliche Reproduktionen
Eugen Laurents, New York
Kurt Wyss, Basel
Georg Stärk, Zürich
Willy Spiller, Zürich
Andreas Wolfensberger,
Winterthur

Verlegerische Gesamtleitung
Weltwoche-ABC-Verlag, Zürich

Buchgestaltung und Konzept
Hans Falk

Fotolitho
Nievergelt.pps.ag, Zürich,
Gerhard Mühlebach, Robert Lehmann

Typografie
Küng & Co., Zürich, Didier Küng

Druck
Druckerei Winterthur AG, Winterthur

Einband
Buchbinderei Burkhardt AG, Mönchaltorf